U0453274

生态链视角的产业集群网络化创新研究

孙小强 著

中国社会科学出版社

图书在版编目（CIP）数据

生态链视角的产业集群网络化创新研究/孙小强著.—北京：中国社会科学出版社，2018.12
ISBN 978-7-5203-2044-3

Ⅰ.①生… Ⅱ.①孙… Ⅲ.①产业集群—技术革新—研究—中国 Ⅳ.①F269.23

中国版本图书馆 CIP 数据核字（2018）第 027470 号

出 版 人	赵剑英
责任编辑	戴玉龙
责任校对	王洪强
责任印制	王　超

出　　版	中国社会科学出版社
社　　址	北京鼓楼西大街甲 158 号
邮　　编	100720
网　　址	http://www.csspw.cn
发 行 部	010-84083685
门 市 部	010-84029450
经　　销	新华书店及其他书店
印　　刷	北京明恒达印务有限公司
装　　订	廊坊市广阳区广增装订厂
版　　次	2018 年 12 月第 1 版
印　　次	2018 年 12 月第 1 次印刷
开　　本	710×1000　1/16
印　　张	16
插　　页	2
字　　数	238 千字
定　　价	75.00 元

凡购买中国社会科学出版社图书，如有质量问题请与本社营销中心联系调换
电话：010-84083683
版权所有　侵权必究

摘　　要

人造板产业集群是国家重点扶持的特色产业集群，但从目前来看，各地集群发展相对缓慢，创新能力不足是制约集群发展的最大瓶颈，而集群获取竞争优势的源泉也正在由低成本和政策等要素驱动转向集群内各主体的协同创新能力驱动。因此，完善集群创新网络，建立网络化创新机制是提高人造板产业集群网络化创新能力的重要路径。本书从生态链视角出发，分析人造板产业集群创新网络结构及其网络化创新机制，并对山东省人造板产业集群网络化创新进行了理论与实证研究，以期为提高该地区人造板产业集群创新能力提高及其转型升级提供决策参考。

本书第一章阐述了研究目的和意义，通过近年来理论界对产业集群网络化创新研究现状的梳理，运用生态链思想构建人造板产业集群网络化创新的基本理论框架。第二章通过对生态学理论与产业集群创新等相关理论的回顾，对产业集群创新及创新网络的内涵与特征进行梳理，并对本书的相关概念进行界定。第三章揭示了人造板产业集群创新网络与自然生态系统的特点与运行机制的相似与切合，以此为逻辑起点，将生态链思想嵌入人造板集群创新网络中，揭示了集群创新网络的内涵与生态学特征，构建了人造板产业集群创新网络，并对基于生态链的人造板产业集群创新网络系统种群内、种群之间以及群落与环境的系统关系进行了分析。第四章以创新网络为载体，对人造板产业集群网络化创新的机理进行了理论分析。从网络主体、网络结构、网络环境等网络系统要素层面对集群网络化创新的作用进行了深入分析，并根据经典的 Logistic 生态学模型，对集群网络化创新机制进行了研究，还从网络主体关系协同、网络目标要素协同以及网络主体与环境协同维度对协同机制进行探讨。第五章从集群网络结构、网络主体行为、网络环境方面对山东省人造板产业集群网络化创新现状与问题展开了分析。第六章将传统 SCP（市场结构—市场行为—市场绩效）范式加以改进，按照网络结构—网络主体行为—网络创新绩效的研究框架，构建了人造板产业集群网络化创新能力评价指标体系，并运用复合 DEA 模型，以山东临沂、山东菏泽为评价对象和以浙江嘉善、江苏邳州、河北文安为比较对象，对山东省人造板产业集群网络化创新能力进行了评价与比较研究。第七章基于上述理论与实证研究，提出了山东省人造板产业集群网络化创新的路径与对策。包括以主生态链的完善和链合的优化来搭建网络化创新路径和从辅链推进、纵横联结、建立外部联合等方面提出网络化创新对策。第八章总结概括了全书的主要结论，并提出研究展望。

综上所述，本书运用生态链思想，结合经济学、管理学等学科知识，对山东省人造板产业集群网络化创新的理论与实证研究，是以集群网络化创新的可持续发展为根本目的，通过生态链网的构建及其网络化创新能力的研究，发挥集群网络化创新效应，实现人造板产业集群的转型升级。其研究成果有利于进一步完善集群创新网络系统，提高集群网络化创新能力，丰富集群创新理论，规范集群网络主体行为，为地方政府制定人造板产业集群发展政策提供决策参考。

关键词：人造板产业集群；创新网络；生态链；网络化创新；创新能力

Abstract

As a special cluster, artificial board industrial cluster (ABIC) are being significantly supported by our country. However, the lack of innovation has seriously hindered the development of industrial cluster. In addition, its competitive advantage is transferring from factor – driven mode such as low cost and policies to innovation – driven mode in which all main bodies in a cluster collaborate together. Therefore, upgrading innovative network and establishing networking innovative mechanism are the keys to improve the innovation ability of an ABIC. In this work, we analyzed the innovative network structure and networking innovative mechanism of ABIC from the perspective of ecological chain. We also conducted theoretical and empirical researches on the networking innovation of ABIC in Shandong province, which is expected to provide experience and reference on the innovative ability as well as the transformation and upgrade of ABIC in this region.

First, we described the aims and significances of the research. By integrating the current study of networking innovation of industrial cluster, basic theory framework of networking innovation of ABIC was proposed from the view of ecological chain. Second, the similarity and correspondence between the features of innovative network of ABIC and the operating mechanism of ecological environment were disclosed by retrospecting the related theories such as ecology and innovative network of industrial cluster. Then, the idea of ecological chain was incorporated into the innovative network of ABIC by using similarity and correspondence as logical starting point. We revealed the connotation and ecological features of innovative network of clusters and formulated the innovative network of ABIC. In addition, we determined the inner - and inter - population relation, and the relation between population and environment by analyzing the innovative network of ecological chain - based ABIC. Third, based on innovative network, we theoretically analyzed the influencing factor and innovative mechanism of networking innovation of ABIC. The influencing factors of networking innovation of cluster were also analyzed carefully from the view of network body, structure, environment and other network system factors. According to classic Logistic ecological mode and ecological niche phenomenon, this passage involved the networking innovative mechanism of cluster. The collaborative mechanism was also discussed from the aspects of coordination of network main body relation, coordination of network target factor as well as coordination of network main body and environment. Forth, this passage analyzes the situation and problems of networking innovation of ABIC of Shandong province. Fifth, we improved the traditional SCP normal form, and proposed the research framework of network structure——network main body behavior——network innovative performance. A system was built to evaluate the networking innovative ability of ABIC. Sixth, we evaluated and comparatively studied the networking and innovative ability of ABIC in Shandong province. Linyi and Heze which belong to Shandong province were selected as evaluation object, and Jiashan (Zhejiang Province), Pizhou (Jiangsu Province), and Wen'an (Hebei Province) were selected as comparison object. During the analysis process, complex DEA model was used. Finally, based on the above theoretical and empirical research, methods and counter measurements of networking innovation of ABIC in Shandong province were proposed, including the establishment of networking innovation methods through improvement of main ecological chain and optimization of link, and networking innovation counter measurements such as auxiliary chain promotion, horizontal and vertical connection and establishment of external alliance.

In general, this work is involved in the theoretical and empirical research on networking innovation of ABIC in Shandong province. We used the idea of ecological chain in combination with disciplinary knowledge such as economics and management to conduct the research. The aim of research is the sustainable development of networking innovation of cluster. The establishment of ecological chain network can exert the effect of networking innovation of cluster, and thus maximize the comprehensive effect of ABIC. This work is beneficial to further upgrade innovative network system of cluster and improve networking and innovative ability of cluster. It also can enrich innovation theory of cluster and regulate main body behavior of cluster network. Finally, it can provide reference for local governments to formulate development policies of ABIC.

Key Words: artificial board industrial cluster; innovative network; ecological chain; networking innovation; innovative ability

目 录

第一章 绪论 1

第一节 选题背景、研究目的和意义 1
 一 选题背景 1
 二 研究目的 2
 三 研究意义 3

第二节 国内外相关研究现状与评述 4
 一 国外学者相关研究 4
 二 国内学者相关研究 11
 三 国内外研究述评 18

第三节 研究的思路及主要研究内容 21

第四节 研究方法与技术路线 22
 一 研究方法 22
 二 技术路线 23

第二章 相关理论基础与概念界定 25

第一节 生态学理论 25
 一 种群生态学理论 25
 二 生态链理论 26
 三 生态系统理论 28
 四 生态位理论 29

第二节 产业集群创新相关理论 30
 一 产业集群创新理论 30

二　产业集群创新网络理论 …………………………………… 32
第三节　相关概念界定 ……………………………………………… 35
　　一　人造板产业范围界定 ……………………………………… 35
　　二　人造板产业集群创新网络的概念 ………………………… 35
　　三　人造板产业集群网络化创新的概念 ……………………… 36
第四节　本章小结 …………………………………………………… 36

第三章　基于生态链的人造板产业集群创新网络及其结构分析 …………………………………………………………… 37
第一节　产业集群创新网络的生态学属性分析 …………………… 37
　　一　产业集群创新网络系统与自然生态系统的类比 ………… 37
　　二　生态链思想与产业集群创新网络的融合 ………………… 41
第二节　基于生态链的产业集群创新网络的提出 ………………… 43
　　一　产业集群生态链 …………………………………………… 44
　　二　生态链思想在产业集群创新网络中的嵌入 ……………… 45
第三节　基于生态链的人造板产业集群创新网络特征分析 ……………………………………………………………… 47
第四节　基于生态链的人造板产业集群创新网络系统结构分析 ……………………………………………………………… 49
　　一　创新网络系统构成 ………………………………………… 49
　　二　创新网络系统结构分析 …………………………………… 50
第五节　基于生态链的人造板产业集群创新网络系统关系分析 ……………………………………………………………… 58
　　一　创新种群关系分析 ………………………………………… 58
　　二　创新群落与环境关系分析 ………………………………… 62
第六节　本章小结 …………………………………………………… 63

第四章　基于生态链的人造板产业集群网络化创新机理分析 …… 64
第一节　人造板产业集群网络化创新要素分析 …………………… 64
　　一　网络主体要素 ……………………………………………… 64

二　网络结构要素 ……………………………………………… 67
　　三　网络环境要素 ……………………………………………… 68
第二节　人造板产业集群网络化创新机制 ……………………………… 72
　　一　网络化创新的一般机制分析 ……………………………… 72
　　二　网络化创新的协同机制分析 ……………………………… 89
第三节　本章小结 ……………………………………………………… 100

第五章　基于生态链的山东省人造板产业集群网络化创新现状与问题分析 ………………………………………………………… 101

第一节　我国人造板产业发展现状 …………………………………… 101
　　一　我国人造板产业发展历程 ………………………………… 101
　　二　我国人造板产业产品结构 ………………………………… 102
　　三　我国人造板产业组织状况 ………………………………… 103
第二节　山东省人造板产业发展现状 ………………………………… 104
　　一　山东省人造板产业组成情况分析 ………………………… 105
　　二　山东省人造板产业与主要省份对比分析 ………………… 105
　　三　山东省人造板产业区域分布及其集群的形成 …………… 109
第三节　山东省主要人造板产业集群网络化创新现状分析 ………………………………………………………… 110
　　一　临沂人造板产业集群网络化创新现状分析 ……………… 111
　　二　菏泽人造板产业集群网络化创新现状分析 ……………… 119
　　三　山东省人造板产业集群网络化创新环境分析 …………… 124
第四节　山东省人造板产业集群网络化创新问题分析 ……………… 127
　　一　网络主体问题 ……………………………………………… 127
　　二　网络结构问题 ……………………………………………… 131
　　三　网络环境问题 ……………………………………………… 133
第五节　本章小结 ……………………………………………………… 136

第六章 基于生态链的人造板产业集群网络化创新能力评价指标体系构建 ……138

第一节 产业集群网络化创新能力评价研究的理论综述 …… 138
  一 创新能力内涵的研究 ……138
  二 创新能力评价的研究 ……138

第二节 人造板产业集群网络化创新能力评价指标体系构建 …… 140
  一 构建思路 ……140
  二 设计原则 ……143
  三 指标体系的构建 ……144

第三节 人造板集群网络化创新能力指标分析 ……145
  一 S：网络结构指标 ……145
  二 C：网络主体行为指标 ……149
  三 E：网络环境指标 ……152
  四 P：创新绩效指标 ……153

第四节 本章小结 ……154

第七章 基于生态链的山东省人造板产业集群网络化创新能力评价与比较研究 ……156

第一节 评价方法选择 ……156

第二节 复合DEA分析方法 ……157
  一 复合DEA方法的原理描述 ……159
  二 复合DEA方法的模型选择 ……160
  三 复合DEA模型的经济意义 ……161

第三节 山东人造板产业集群网络化创新能力评价 ……162
  一 问卷设计和数据收集 ……162
  二 信度和效度分析 ……166
  三 评价指标数据的处理 ……170
  四 评价结论 ……179

第四节　山东人造板集群网络化创新能力比较研究 ………… 180
　　　　一　投入指标比较分析 ……………………………………… 180
　　　　二　产出指标比较分析 ……………………………………… 189
　　第五节　本章小结 ……………………………………………… 194

第八章　基于生态链的山东省人造板产业集群网络化创新路径
　　　　与对策 ………………………………………………… 196
　　第一节　山东省人造板产业集群网络化创新路径 …………… 196
　　　　一　优化集群网络结构要素 ………………………………… 196
　　　　二　引导网络主体创新行为 ………………………………… 205
　　　　三　完善集群网络创新环境 ………………………………… 208
　　第二节　山东省人造板产业集群网络化创新优化对策 ……… 210
　　　　一　促进辅生态链向主生态链的资源推进 ………………… 211
　　　　二　鼓励横向生态链的合作关系 …………………………… 215
　　　　三　建立网络外部合理链合 ………………………………… 217
　　第三节　本章小结 ……………………………………………… 219

第九章　结论及展望 ………………………………………………… 220
　　第一节　结论 …………………………………………………… 220
　　第二节　创新点 ………………………………………………… 223
　　第三节　研究的展望 …………………………………………… 224

附　录 ………………………………………………………………… 225

参考文献 ……………………………………………………………… 230

第一章 绪论

第一节 选题背景、研究目的和意义

一 选题背景

随着经济全球化的发展,产业集群作为一种世界性的经济现象,已成为经济组织发展的重要方向和多学科的研究热点。发达国家的成功经验表明,产业集群可以促进合作与创新,其竞争优势的关键在于低成本和创新能力,集群的可持续发展取决于以创新能力形成的持久核心竞争力。在我国,产业集群正扮演着日益重要的角色,目前主要集中在沿海地区,如浙江、广东、福建、江苏、河北等地。现阶段的集群效应主要通过外部经济而获得成本的节约,然而低成本型集群的发展有可能出现"逐底"效应,创新能力不足使集群发展缓慢,某些集群甚至已经出现衰退的迹象。

我国是世界重要的人造板产业大国。自20世纪90年代以来,随着人们生活水平与消费能力的提高、消费需求的改变,家具、装饰以及建筑等行业得到了迅猛发展,人造板产业从中得到了发展机会,取得了快速而有序的发展。进入21世纪后,我国人造板产量年均增速超过20%,已成为全球人造板生产、消费及进出口贸易第一大国,尤其是在山东、河北、江苏以及浙江等地形成了大型的人造板材生产基地。2013年,我国人造板产量达27220.58万立方米,山东、江苏、河南三省产量居全国前三位,合计占全国比重高达50.60%。虽然我国人造板产业集群快速发展,但从整体来看,国内人造板产业集群仅处于初级阶段。集群内关键企业、龙头企业实力较弱,"散、乱、小"情况普遍存在;企业粗放式经营、外延式扩张的矛盾日益凸显;企业间联系不紧密,分工协作程度低;集群创新能力不足、低水平重复建设严重等一系列问题已成为影响我国人造板产业发展壮大的主要瓶颈,加快我国人造板产业集群创新已成为当务之急。

人造板产业集群因集聚在带来知识外溢、信息共享、规模经济效益、交易费用降低等正外部效应的同时,由于"资源—产品—污染"的单向流动和以劳动与资本密集型为主、低成本扩张的传统模式,还造成了资源紧张与环境污染问题,这一问题随着人造板产业集群的快速扩张和广泛实践而日益严重。

集群系统与自然界的生态系统在内部构造和运行机制等方面,存在着千丝万缕的联系和作用。因此,本书从生态学与创新网络两个视角对人造板产业集群展开研究。在人造板产业集群内,上游有提供原材料的个人或企业,中游有对原材料进行加工与销售的企业,下游有最终的消费者,这些要素即构成产业生态链。同时,集群内的生产企业、科研机构、中介服务机构、政府部门等组成要素间纵横交错的复杂关系又构成了一个集群网络。运用技术创新实现集群的生态网络化发展,构建完整创新网络,又进一步增强了国内人造板产业集群的适应性及灵活性,提高产业集群网络化创新能力,带动我国人造板产业集群的健康成长。

二 研究目的

随着我国改革开放进程的加快,产业集群已经成为许多行业发展的重要组织形式,人造板产业集群也获得了蓬勃发展的机会,但从目前发展现状来看,人造板产业集群还属于走低端道路的成本型产业集群,创新能力不足、技术水平低是制约集群发展的最大瓶颈,因此,如何把握人造板产业集群特征和运行机制,提高集群创新能力,促进产业集群升级,是我国人造板产业集群转型升级中亟待解决的重要问题。

产业集群创新,是多主体的协同创新,在技术创新过程中,企业的创新活动已由过去的内部独立创新发展为多方互补性合作、协同创新的网络化创新阶段。同时，产业集群网络化的创新主体主要由各类企业、中介、科研、金融等机构构成，创新环境由政策、科技、文化等要素构成，创新主体与创新环境互相影响、相互作用，形成一种良性的创新网络系统，该系统与自然界的生态系统存在相似之处。因此，如何基于生态链思想构建人造板产业集群创新网络是推动人造板产业集群网络化创新不断发展的重要方向。

因此，本书以山东省人造板产业集群为研究对象，运用生态链思想分析人造板产业集群创新网络系统结构，研究山东省人造板产业集群网络化创新机制，进而提出一套网络化创新能力评价指标体系，通过山东省人造板产业集群网络化创新的实证研究，为山东人造板产业集群网络化创新能力的提高和集群的转型升级提供理论与实践指导。

三　研究意义

从生态链角度研究产业集群网络化创新是一个新的研究视角，仿生态链的集群网络化研究有助于增强网络系统的稳定性，从而促进集群创新活动的实现，提高集群创新能力。本书基于生态链的山东省人造板产业集群网络化创新研究，对尚处于网络化发展初期的山东省人造板产业集群具有重要的理论意义与现实意义。

（1）理论意义

我国对产业集群的研究历史较短，研究范围狭窄，国内很多研究只是简单地重复国外理论，自身创新研究较少，对产业集群网络化创新的研究比较零散，尚未形成完整的系统，而从生态链视角对人造板产业集群网络化创新问题的研究更是处在空白阶段。本书从生态学视角出发，来研究产业集群网络化创新的意义在于：①以生物学的相关原理为依据，将生态系统与集群创新网络系统的要素与机制进行融合，对产业集群网络化创新研究形成认识问题和解决问题的新视角和理论依据，对集群创新具有重要战略意义。②运用自然生态中的法则、规律对产业集群内的各种关系进行研究，重新认识产业集群生态链及创新网络的特征和机制，弥补了集群网络化创新的生态学研究，进一步丰富和完善了产业集群创新理论。③基于生态链的思想，构建产业集群创新网络模型，寻找集群网络化创新的最佳网络环境、合理的内部结构，对提高集群创新的整体效率，创造可持续的竞争优势有积极的促进作用。④通过对山东省人造板产业集群的现状分析与创新能力的实证研究，弥补了我国人造板产业集群定量研究不足的缺憾。

（2）现实意义

近年来我国人造板产业规模增长迅速，但人造板产业发展仍然面临严峻的形势，人造板企业科技创新能力不足、行业技术与产品的科技含量低、市场竞争力不强、集群产业链结构不合理、集群聚而不群等问题比较突出，加快人造板产业集群网络化创新，提升人造板产业集群网络化创新能力亟待提高。基于生态链对人造板产业集群在结构、特征、创新机制等方面进行网络化创新，解决了集群网络化发展如何更有效地作用于集群创新行为，促进集群创新能力提升的现实问题，有利于政府按照集群网络化特征与机制来制定切实有效的主导战略与产业政策，进而增强政策制定的科学性、合理性与有效性。通过山东省人造板产业集群网络化创新能力的评价与比较研究，找到提升网络创新能力的显著因素，从而确定山东省人造板产业集群网络化创新的着力点，可以在产业集群发展中少走弯路，找出山东省人造板产业集群发展与升级切实可行的路径与对策。长远看，从生态链角度对集群网络化创新的探索，对于实现山东省人造板产业集群创新及区域经济增长具有重大的实践意义。

第二节　国内外相关研究现状与评述

一　国外学者相关研究

（一）产业集群创新内涵与创新机制的研究

产业集群理论发展经历了三个阶段，首先是工业化前期阶段，产生了集聚经济理论、地域生产综合体理论和产业区理论，主要目的是节约运输成本、获得外部规模经济；其次是工业化后期阶段，产生了新产业空间理论、新竞争经济理论、新经济地理理论和新产业区理论，主要目的是减少交易成本及费用；最后是知识经济阶段，产生了产业集群创新理论，主要目的是提高劳动质量与效率。这些集群创新理论研究主要集中于集群机理、集群与企业绩效和经济增长的关系、集群与技术创新和组织创新关系集群的实证分析等方面。

(1) 缄默知识论

这一观点的基本逻辑假设是：知识分为编码化知识和隐性知识，编码化知识可在远距离快速传递和扩散，而隐性知识只能通过面对面的交流获得；隐性知识的获取需要创新主体在地理上邻近，彼此之间频繁互动（Feldman，1994；Lundvall，1992；Von Hippel，1994）。杰夫（Jaffe）[1]的研究表明，在地理上相互邻近的地区内发生知识溢出的可能性更大，跨区域的自由流动并不容易发生知识溢出。斯多普（Storper，1995）[2]研究了包括小规模定制、高科技、大规模生产以及大规模精益生产这四种生产系统类型的运行特征后发现，其系统内部广泛存在让技术学习活动本地化的内在动力，其形成的主要原因是隐性知识的存在和面对面交流的必要性。

(2) 创新环境论

创新环境论率先由欧洲创新环境研究小组提出。该理论认为创新环境指代高科技和创新密集型中小企业集聚区。创新企业是根植于其本地或区域环境中的，欠发达地区的经济发展要依靠集中的新技术和新产业活动空间提供能量。之后该小组提出了"创新网络"的概念（Camagini，1991）[3]，指出在技术、市场环境不确定的情况下，区域网络的连接是企业发展和创新过程中最重要的战略行为，也是区域内各行为主体发展的必要条件。进一步的研究表明创新环境的改善又有利于"创新网络"和创新功能的进一步发育和提高，从而形成"创新环境"和"创新网络"的互动观（Bramanti & Maggioni，1997）[4]。Capello（1999）[5]则提出创新网络与创新环境之间的互动机制是"集体学习"，其具体表现在新企业区内衍生、当地企业间互动以及当地企业间的人才流动等过程（Keeble et al.，1999）[6]。

(3) 集群创新系统

Cooke 和 Schienstock（2000）[7]认为集群创新体系由具备明显地理界限的机构以及集群创新网络组成，这些机构与创新网络以正式关系或非正式关系发生作用，从而实现集群创新产出的提高。阿歇姆等（Asheim et al., 2000, 2002）[8-9]认为区域创新系统主要由两种类型的主体以及相互之间的互动构成。一类主体是区域内主导产业及相关支撑产业的企业构成；另一类主体是制度基础结构，包括高校、科研机构、中介机构、金融机构等，这些机构对区域创新同样起到支撑作用。

(4) 当前其他集群创新理论

Bell 和 Albu（1999）[10]的研究表明，发展中国家产业集群创新能力由集群内部网络化的创新结构决定。经济合作与发展组织（OECD，2001）[11]的研究结论也证明了集群化对于区域整体创新绩效具有明显的拉动作用。该组织通过对13个成员国产业集群的实证分析得出结论，产业集群可以视为一种简化的国家创新体系，其系统要素有利于增进国民经济各领域的创新。此外，OECD 对于产业集群关于国家创新系统的研究包括产业集群的界定、创新方式、创新风格、政策设计原则及政策意义等方面。

(二) 产业集群创新网络的研究

(1) 创新网络概念

弗里曼（1991）最早提出创新网络的概念[12]，他在对国家创新系统的研究中，提出创新网络是应对系统性创新的一种根本制度安排，网络中的创新合作关系成为创新网络的主要连接机制，其关系中除正式关系联结外还包含非正式及隐含特征，这种非正式网络关系对于集群创新研究具有重要意义。德博勒逊和阿曼斯（1991）[13]概括论述了集群创新网络，提出产业集群可以看作网络的一种形态，从技术创新角度将网络分为10种。

(2) 探讨集群网络与创新的关系

克鲁格曼（1991）[14]认为集群网络内部存在知识溢出效应，集群内企业由于地理上的邻近，相互间技术创新合作具有更大优势，新产品、新技术、新工艺流程的溢出效应也更加明显。这种外溢效应可以使集群内企业最大限度地获得技术创新所需要的各种知识，从而提升技术创新效率，在集群中形成强正反馈效应以提升整个集群的创新水平。Camagni（1991）[15]认为区域内网络化连接是企业创新活动中的重要战略行为，在技术和市场条件不确定的情况下，网络化连接是区域内创新主体发展的必要条件。吉博森（1998）和帕特卯（1998）[16]提出了GME（环境，Groundings；市场，Markets；产业，Enterprises）模型，这一模型是在研究产业集群创新系统时提出的，同一空间范围内聚集的相关要素，在集群内扩散的相互之间的创新成果、发明信息等，都加速了企业技术创新过程。巴普蒂斯塔（1998）[17]指出，创新活动通过企业及相关机构的地理集聚后，会由一个单向的过程进入一个双向的过程，从基础科学研究到产品工艺开发，最后进入市场化阶段，本来没有反馈的直线过程变成了一个反馈过程，客户可以与研究人员交流表达自己的需求，从而使技术创新活动在集群内大量发生。Tracey和Clark（2003）[18]在集群创新网络中的联盟关系探讨中，指出企业相互间结成的紧密关系是创新活动取得成功的必要条件。Geoffrey（2005）[19]对集群、网络和创新三者的关系进行研究，指出企业在集群内外的位置决定其创新效果，集群内的企业比集群外的企业拥有更大的创新优势。

（3）从影响集群创新因素方面开展研究

Schiffauerova和Beaudry（2009）[20]认为集群的吸引力取决于高技能劳动力、知识溢出效应和地理距离等影响集群创新产生速度的多种直接和间接因素。

（三）从生态学角度对产业、产业集群的研究

生态学是研究生物和周围自然环境关系的科学。从生态学角度看，产业集群的组织机制和生物的群聚机制类似，以此对产业及产业集群的研究主要分为四个领域。

（1）产业生态学

产业生态学（Industrial Ecology，以前译为"工业生态学"）起源于20世纪70年代开始发展的生命周期评价理论（LCA）。著名地球

化学家 Preston Cloud（1977）[21]在德国地理学年会上宣读的会议论文中，最早出现了作为专业术语的"产业生态学"定义。1989年，通用汽车的 Frosch 与 Galloupoulos[22]指出，未来工业不应对资源一次性使用而应开展全方位的循环使用。Paul Hawken（1993）[23]指出产业生态是通过提供一种大规模整合的管理工具来设计产业基础结构，形成与自然生态系统密切相关的人工生态系统，同时指出设计一种可持续发展的商业模式才是生态环境保护的唯一出路。Graedel（1993）[24]等人提出了产业生态系统三级演化理论，指出自然界中的物质、能量转换经过上亿年的进化进程，经历线性流动、不完全循环和完全循环的阶段，最终成为今天相对稳定和完善的自然生态系统。Daniel C. Esty（1998）[25]认为产业生态学如果运用到企业层面上，可以帮助公司沟通生产过程及其供应链的上下游，从而找到提高价值和降低成本的有效途径，进而提高企业竞争力。

（2）种群生态学

20世纪70年代末，Hanmm 和 Freeman 借用生物种群理论进行组织研究，提出种群生态学，指出种群是一系列进行类似活动，利用相似资源，对相似资源或相近顾客展开竞争的组织。种群生态学以组织研究为基础，并不是把组织个体当作研究对象，而是从群体的层面进行研究，这是与其他组织理论的不同之处。种群生态学试图揭示组织的生存与消亡现象。提出的基本假设是种群组织会因争夺相似资源展开激烈竞争，而竞争会对组织生存构成影响。Hannah 和 Freeman（1989）[26]认为，组织种群是一个在相同的物质和社会环境中，拥有相似资源的组织集合。组织生存取决于环境对组织形式的选择。Douglas 和 Susan（1991）[27]指出整个产业中由一系列机制决定企业的数量与进出方式，种群生态理论解释了企业进出方式的影响因素，并提供了一个非常好的理论解释框架。Hannan 和 Carroll（1992）[28]从种群的生态密度角度对产业集聚度的变化规律进行描绘。Maggioni（2002）[29]指出集群的产生与发展过程可以用生态模型的经济学含义进行解释。

（3）工业共生相关理论

工业共生理论是伴随着工业生态学理论的发展，从自然生态系统的共生含义中演化发展而来。它强调通过企业合作，对资源充分利用，实现从传统的"资源—产品—废物"工业发展模式向"资源—产品—再生资源"模式的转变。工业共生网络是企业通过相互利用副产品而实现产业链联结形成网络。[30] Hakansson（1987）[31]提出工业共生的定义，所谓工业共生是指工业企业通过资源的传递与转换活动所形成的正式或非正式的共生关系。Frosch 和 Gallopoulos（1989）[32]提出工业共生较为具体的概念，是"优化物质与能量，使输出端的产品成为输入端的原材料"，也是生态产业链的原型。Ayres（1989）[33]认为工业系统与自然系统都是物质转换的系统，工业代谢可以使物质流和废物流向更高效率的方向流动。Schwarz 和 Steininger（1995）[34]为建立生态产业链提供了理论基础，提出生态产业链是企业在相互匹配的生产过程中形成的联结，一个流程产生的废物，变成下一个流程的输入，实现对"上游废物"的再使用。Reid Lifset（1997）[35]认为，产业共生体现了生态产业链上企业之间通过合作对废物进行充分利用。Kassinis（1997）[36]探讨了企业间网络如何提高资源的利用效率，以及如何增强关系到基础设施、信息流及制度执行的环境管理方面的经济性的问题。但其忽略了企业群体的网络关系，这是共生网络运行的主体要素。Boyle 和 Baetz（1997）[37]对美国特立尼达岛上的企业间工业共生展开研究，分析岛屿污染与资源浪费原因，提出关于资源循环利用的相关建议。Miratat（2005）[38]指出工业共生网络是区域企业间通过物质、信息、知识、技术的传递所形成的长期合作共生的关系联结，并在此基础上实现环境效益与竞争效益的网络组织形式。Teresa Domenech 等（2011）[39]以卡伦堡生态园为例，运用复杂网络理论研究工业共生网络的结构和特征，分析了卡伦堡生态园工业共生网络的运行模式。Zheng（2011）等[40]对网络节点的功能和作用以及整个网络中各子群的联系进行定量分析，建立了工业共生网络的评价指标体系。Zeng 等（2013）[41]根据生态工业园的特征，构造级联模型对生态工业园共生网络的脆弱性进行定量的评价。Long. C.（2011）[42]通过对产业集群内企业共生关系的研究发现，随着集群产业化的发展，集群内企业的合作加强，对外部条件的依赖减弱。

(4) 产业集群生态化理论

当今世界环境下，可持续发展[43]、低碳经济[44]和清洁生产[45]等环保的企业生产观念已逐渐受到各国的重视，产业生态化理论迅速发展。产业集群的生态化基于产业生态化理论发展而来，其核心思想是资源循环利用[46]。产业集群生态化体现了社会与经济的平衡关系，以对废弃物实现循环利用，来提高资源利用率，提高经济发展的质量和规模，最大限度降低对环境的影响，这是对传统产业化模式进行的深刻反思[47]。Lundvall (1992)[48]等人指出，产业集群的创新活动和演化过程是一种社会生态过程。Kennedy (1999)[49]提出了地方政府与企业的联合对于污染物的处理与环境污染的改善起到关键作用。Wallner (1999)[50]认为具有区域集聚特征的组织在谋求经济发展的同时更应关注对周边环境的影响，建立生态型产业集群是产业可持续发展的重要途径。Korhonen (2001)[51]建立了产业集群规模的关联指数模型，指出产业集群的发展是与环境因素相互影响的过程，产业集群生态系统具有地理聚集性、个体多样性、循环开放性和渐变性。H. Shi 和 Marian Chertow (2010)[52]指出产业集群生态化是通过构建类似于自然界生态链的产业链以提高集群经济效益。L. Chen (2010)[53]对产业集群生态化从驱动和优劣势方面进行定义，指出实现集群生态发展要在外部政治、经济的驱动下，合理利用内外部资源。G. Oggioni, R. Riccardi 和 R. Toninelli (2011)[54]从生态学角度，以世界水泥工业为例，进行工业生态效益评价，提出工业发展必须是与生态和谐稳定的发展。Karim (2013)[55]通过探讨产业集群与集群中小企业的关系，提出集群可持续发展需要集群内企业与集群外部协同发展。

(四) 木材加工产业集群的研究

国外学者的研究集中在不同国家和地区木材加工产业集群的现存问题及发展动力来源等问题。德国的哈根 (1867) 提出"森林多效益永续经营理论"[56]，指出满足社会对木材和其他林产品的需要是林业经营的根本出发点，强调森林木材的永续利用。Hazely (2000)[57]

认为欧盟木材产业集群的发展得益于其存在许多有形资产，但这些资产难以转移，欧盟一些国家的历史在这些木材产业集群发展中起了巨大作用，因为数百年来许多公司和地区积累了大量知识。Esa Viitamo（2001）[58]对芬兰林业产业集群开展研究并得出结论，集群形成内部外部数据传输网络，将更高效地实现集群在相关支持性产业中的竞争优势。Dott（2001）[59]对意大利木制家具产业集群展开研究，指出木材供应链，产品分散化，加工机械化，相关服务是集群发展的动力，应加强企业间的交流、技术和设计创新、促进集群企业的沟通等方面。Manuel（2002）[60]等人对阿根廷林业产业进行研究，指出其发展中存在产业垂直整合和水平整合较弱、产业协调能力不足等问题，只有成功地满足国内消费者苛刻的需求才能满足国际市场的要求。Kadri（2005）[61]等人对爱沙尼亚林业与木材加工产业进行研究，指出在其林业集群知识流中，最弱的是大学和科研机构，虽然集群技术水平经历了消化吸收阶段，但依然需要政府扶持，消化吸收能力依然较弱。Vanhanen（2005）[62]提出森林资源管理、保护及其产品加工科学研究水平不足，木材加工产业应以科学研究为基础，要与产业的技术创新紧密相联。Mrosek 和 Schulte（2007）[63]对德国 NRW 林业产业集群提出了发展思路，该思路适用于优化林业不同产业分支组织。

二 国内学者相关研究

（一）*产业集群创新内涵与模式的研究*

（1）产业集群创新内涵

魏江（2002）[64]提出产业集群内部存在纵横联结关系。何明升与徐占忱（2007）[65]等人指出区域集群创新并不局限于创新个体，而是更强调复杂的网络关系。基于地理、社会和行业接近性所形成的创新网络是创新产生的基础，有助于实现主体间的知识共享与交流，使集群整体协同进化，促进创新活动的发生。于洪波与郑文范（2008）[66]指出由于集群内企业比集群外企业具有最早获知先进技术、先进设备供应商、专业服务及市场信息等方面的优势，就可以更快地采用新技术，从而促进集群创新的扩散。程郁与王胜光（2010）[67]指出集群创新不同于企业创新与国家创新，是介于市场和企业间的中观层面的一种组织创新。

(2) 创新模式的研究

汪少华 (2003)[68]对浙江集群成长模式和创新模式进行了深入研究，依赖于集群人文环境和内部完整创新链的形成对集群成长模式及其绩效具有重大影响，具有历史渊源、人文特征的集群经过创新链的渐次繁衍会产生较强的生命力。吴晓波 (2003)[69]等人分析了企业集群的技术创新环境和技术创新的主要模式。并指出在微观层次上，在有限的地理空间内，集群中的企业的竞争行为增加了向外部获取知识的动力。地理临近性与文化根植性加快了集群内的知识、信息的流转，减少知识转移的模糊性，增强企业间相互学习的接受和吸收能力，因此，竞争压力、相互学习构成集群创新动力。

(二) 产业集群创新网络的相关研究

(1) 集群创新网络的内涵

王德禄、张丰超 (2000) 认为区域创新网络是指处于同一区域的企业、大学、政府等主体之间以区域创新为目的结成关系网络。盖文启 (2002)[70]指出集群创新网络提高了产业集群创新优势与竞争优势。魏江 (2003)[71]从网络整体和网络个体成员两个方面对小企业集群创新网络产生原因进行分析，指出创新网络有助于实现产业集群规模优势和成本优势，还在一定程度消除了市场失灵与政府失灵问题。魏江 (2004)[72]从空间视角系统阐述了集群创新网络，把空间视角的区域与产业两个属性结合到一起，自然延伸出集群创新网络的组织形式。池仁勇等 (2005)[73]指出创新网络是中小企业共享外部创新资源的平台，使创新资源的配置得到优化。高勇等 (2006) 指出区域创新网络是处于同一区域内的政府、企业、高校等创新主体间在长期的正式合作和非正式合作中形成长期而稳定的网络系统，其实质是由相互关联的政府、企业、大学及其他创新主体形成的区域创新共同体。魏旭等 (2006)[74]提出劳动分工引致的知识分工的深化与创新合作网络的扩展是集群创新网络形成与发展的主要原因。创新网络有效解决了外部知识资源的嫁接问题，并获取知识分工所形成的递增报酬。黄中伟 (2007)[75]提出产业集群创新网络结构是由社会关系网络和市场关系网络叠加而成的复合网络,在网络创新机制下,能够提高创新成功率,降低创新风险,加快创新成果的扩散。张玉明和刘德胜(2009)[76]认为区域创新网络是由企业、大学、研究院所等创新主体共同参与,各个主体之间相互合作,形成的一种具有资源配置和创新能力的组织形式。

(2)集群创新网络的影响因素

关军(2010)[77]在基于知识链的产业集群创新网络研究中发现,创新网络的结构特征、知识溢出、创新环境要素(金融、政策等)是影响集群网络化创新能力的主要因素。陆立军(2010)[78]通过对集群竞争力的研究发现,提高产业集聚程度、构建和完善创新网络能够有效提升集群企业的竞争力。林秋月等(2010)[79]指出,集群活动越倾向于探索式创新,创新网络中的创新路径越短,网络的内聚性越高,反之,集群活动也倾向于利用式创新,创新网络密度越低。

(3)集群创新网络的内在机制研究

雷如桥等(2005)[80]通过对纺织产业集群发展模式的研究得出结论,纺织产业集群网络创新对集群发展起到重要作用,并从正式网络与非正式的社会网络两方面分析集群创新网络的形成演化机理。蔡宁和吴结兵(2005)[81]通过分析集体学习的过程,指出产业集群网络式创新能力的实现机制的关键是集体学习机制,并基于知识、学习构建网络式创新能力关系模型。叶文忠等(2007)[82]指出集群式创新网络能够增强区域国际竞争力,其集群式创新的主要影响因素表现为创新动力机制、创新成员的合作创新、创新速度等方面。李文秀(2007)[83]指出非正式创新网络是影响产业集群升级的重要因素,具体表现在非正式交流、个人间的信任和文化三个方面。王建国(2008)[84]分析了产业集群创新网络的功能结构和运行机制,提出培育集群创新网络是促进集群升级的战略选择。付丙海、韩雨卿、谢富纪(2014)[85]基于协同资源网络和结果的视角提出产业知识基础、产学研协同创新网络结构对企业技术能力的促进作用。黄玮强、庄新田、姚爽(2011)[86]基于企业间学习机制和知识要素的动态互补性研究,在构建的集群创新网络演化模型中引入创新潜力变量。林明、熊庆云、任浩（2015）[87]提出创新网络内企业间关系能力形成的内外路径是联盟经验的组织学习与利用网络位置增强网络内竞争优势。刘闲月、孙锐、赵大丽（2014）[88]探讨了网络结构对市场型集群知识分布与企业创新的影响。

（4）从实证分析角度对集群创新网络的创新绩效、创新能力进行评价

任胜钢、胡春燕、王龙伟（2011）[89]从实证分析角度研究了区域创新网络结构特征对区域创新能力的影响。王凯（2009）[90]从网络结构视角去构建集群创新能力评价指标体系。

（三）从生态学角度对产业集群的研究

国内学者主要从三方面展开研究。

（1）产业集群生态系统研究

吴德进（2004）[91]提出产业种群生态系统的概念，是由在一定区域范围内的各产业相互间通过一定规律结合在一起而形成的经济结构单元，也可简称为产业群落。杨毅与赵红（2004）[92]指出企业生态系统是由企业集群与集群生态环境构成，中介机构、政府、大学及科研机构和其他环境因子以及集群相关的外围因子构成集群的生态环境。傅羿芳（2004）[93]提出制造型创新网络、外部创新生态环境、中介类辅助创新亚群落、研究类创新种群及集群内部创新生态环境是高科技产业集群持续创新生态系统的五个子系统。

刘友金与易秋平（2005）[94]对生态重组进行定义。指出从"营养结构"与"形态结构"对技术创新生态系统结构的生态重组，可实现系统中物质的封闭循环流动，促进技术创新群落的可持续发展，实现生态效益、经济效益、社会效益的多方共赢。曹玉贵（2005）[95]提出产业集群具有合作共生和协同进化的生态特征，是一个互惠共生、协同进化的共生系统。罗亚非与张勇（2008）[96]运用生态学的理论与方法，基于生态系统网络结构分析，构建奥运科技集群创新生态系统模型。顾骅珊（2009）[97]对浙江省产业集群进行研究，通过对浙江创新生态系统建设中的现存问题研究，提出构建产业集群生态系统要从加强创新链、产业链建设，强调产学研合作等方面对产业集群生态系

统发展提出建议，以促进浙江经济转型升级。陈宇菲、丁静、刘志峰（2009）[98]从生态系统思想对集群的结构、演化机理和运行机制进行研究。赵进、刘延平（2010）[99]指出集群生态系统具有生态群落特征，集群内部多层次协同演化有助于增强集群稳定性。吴松强（2009）[100]对产业集群生态系统从集群企业间差异性角度进行研究，认为集群企业间应保持一定差异性与分工合作关系，积极构建集群生态产业链，保持集群生态系统平衡发展。赵云君（2010）[101]提出产业集群是一个开放性系统，通过与外部环境的交互以保持平衡。陈秋红（2011）[102]以福建省产业集群为研究对象，对福建省产业集群的产生条件及相关问题进行分析，并提出产业集群创新生态系统升级的具体措施。

（2）产业集群生态化研究

杨毅与赵红（2001）[103]从生态学角度对集群与生态系统之间的生态联系展开研究，赋予集群生命的特征。吕品（2004）[104]提出应从产业技术生态化、产业链循环生态化及产业制度人本化等方面发展小企业集群的产业生态化。成娟与张克让（2006）[105]从集群规模定额化、结构柔性化及生产技术绿色化三个方面，制定产业集群生态化发展原则及相关对策。陈永红和何鹏（2006）[106]运用产业生态学理论提出"自然资源—产品—再生资源"的集群生态化发展模式，以促进产业集群生态化的发展。揭筱纹等（2006）[107]指出生态化的中小企业产业集群是在特定的空间范围内中小企业集群通过专业化分工、协作集聚，充分循环使用资源，形成的一种良性"产业生态链"。慈福义（2006）[108]指出产业集群基于循环经济的思想，在集群企业间建立生态联系，实现企业内部生产循环和企业之间生产循环，使废弃物进入新的循环生产，得以充分利用，变线性的产业链为产业环。耿焜（2006）[109]对苏南地区产业集群展开生态化研究，分析集群生态化存在的问题及成因，并提出苏南产业集群生态化发展的对策。朱玉林（2007）[110]提出，产业集群生态化指对产业集群进行生态系统构建，企业与企业之间形成耦合、共生关系，其实现载体与路径是生态产业园模式。吴飞美（2008）[111]提出从循环经济视角实现产业集群生态化，并指出产业生态化的过程包含四部分：产业集群环境建设、产业集群参与者组装、产业生态网络配置、产业集群生态系统自调节机制。杨迅周、王玉霞、魏艳、任杰（2010）[112]基于循环经济特征构建集群生态产业链，并提出生态产业链的定量分析评价方法。胡孝权（2011）[113]指出产业集群生态化的关键在于建设生态工业园区，构建生态产业链。张建斌（2012）[114]运用"J""S"两种种群增长模型探讨外部资源与环境对于产业集群发展的限制作用。沈建红、张弘（2014）[115]运用循环经济特征构建产业集群生态化评价指标体系，利用循环经济理念引导产业集群的有序发展。张治河等（2014）[116]研究武汉光谷产业集群，提出新兴产业集群生态化发展需要政府、市场共同努力。李英和张怀（2014）[117]指出目前关于产业集群生态化发展的政策主要有传统集群低碳改造模式、高新集群低碳定位模式、生态工业园发展模式三种。

（3）种群生态学研究

罗珉（2001）[118]运用种群生态学理论解释环境对种群发展的影响力。周浩（2003）[119]认为集群与生物种群在进化现象上具有相似性，运用生态学中种群成长模型 Logistic 方程对产业集群进行研究，分析产业集群内部企业间的竞争，指出企业竞争的结果是达到共生的稳定状态。吴德进（2004）[120]从组织生态学视角指出产业集群是一个产业种群生态系统。李文华与韩福荣（2004）[121]从种群演化规律角度对电视机产业进行实证研究，指出产业适应外部环境变化的两种方式：一是改变种群自身特征适应环境；二是进入行业的企业能力的提高。何继善与戴卫明（2005）[122]运用种群生态学理论，从集群内部成员的均衡条件展开分析，提出集群的生态平衡依赖于个体间的差异化以及完善的分工协作网络。刘天卓与陈晓剑（2006）[123]运用生态学中的种群成长动态模型，分析产业集群的生态特征。武晓辉（2006）[124]基于生态学中的生态位理论，分析区域产业集群规模和特点，提出建立区域产业集群生态位模型。沈勋丰与胡剑锋（2008）[125]从种群生态学角度提出了网络内部企业具有竞争、互利及捕食等生态关系。

(四) 木材加工产业集群的研究

目前，国内对木材加工产业集群的研究还处于实践探索阶段，且大多数是以经济发达省份为研究对象。陈建伟（2003）[126]对浙江木材加工产业集群进行研究，通过浙江南浔木材加工产业集群的优势分析，指出推动区域经济发展的关键是产业集群专业化。朱华晟（2004）[127]指出浙江嘉善木材加工产业集群的外资与民营企业的融合方式和程度对推动当地产业集群发展具有重要作用。娄海（2005）[128]从微观、中观和宏观层面对邳州市人造板产业集群进行了市场、产品及空间上的发展战略定位。沈文星与杨红强（2005）[129]为政府提出了促进木材产业发展的对策建议。政府应该加强森林资源产权界定及监管制度建设；完善木材加工产业政策环境；完善林业产业结构政策措施；加快木材加工产业技术支持，建立规范森林认证体系。程宝栋与宋维明（2007）[130]从产业集群发展的不同阶段对嘉善木材加工业演化过程进行分析，对嘉善木材产业的发展从产业布局、产业资源、产业组织三方面进行总结。陈麟（2007）[131]通过对江苏邳州人造板产业集群的现状与问题分析，提出邳州人造板产业集群的相关发展建议。赵海民与李建民（2008）[132]对河北文安县人造板产业集群进行研究，分析了我国北方区域的人造板产业集群发展的制约因素，指出集群所存在的原材料短缺、技术创新能力弱、缺乏专业化分工、管理水平低、缺乏品牌意识等问题。樊纪亮与陈永富（2008）[133]运用因子分析法对浙江木材加工产业集群发展的影响因素进行回归分析，得出影响浙江省木材加工产业集群发展的主要因子的结论是政府推动及商业环境因子。程秀芳（2008）[134]以邳州板材产业集群为例，分析了劳动力成本上升、原材料价格上涨及人民币升值等影响因素，并提出板材产业集群升级的对策与建议。吕柳（2010）[135]对河北文安、山东临沂、江苏邳州、浙江嘉善四大典型人造板产业集群发展概况和特征进行了研究，指出了集群发展存在的普遍问题，为人造板产业集群升级提出若干建议。王兆君（2013）[136]对我国木工机械产业集群进行转型研究，通过我国木工产业集群发展现状与问题研究，从系统分析角度提出木工机械产业集群的发展路径及对策。

三 国内外研究述评

（一）产业集群创新述评

通过国内外的文献研究发现，国外学者对产业集群研究起步较早，而国内学者的研究起步较晚。从众多国内外学者对产业集群创新的研究成果来看，集群创新的研究已从传统的线性创新范式向网络创新范式转变，主要聚焦于集群网络与创新的关系，创新网络的内涵、结构以及影响因素的研究，目前主要形成以下共识：第一，产业集群内部存在多种行为主体，并在特定区域内的集聚构成了集群创新的系统环境。第二，集群创新网络的形成进一步促进了主体之间知识的创造过程，集群中所形成的正式和非正式网络，有利于集群内的知识扩散和集体学习，形成知识传播路径。第三，创新网络特别强调成员之间在创新方面的相互影响，创新网络中的关系能够通过不断调节和优化以适应创新的要求。现有研究成果中的不足是对集群创新网络的内在运行机理缺乏系统化研究，明确集群网络主体如何交互结网、创造知识对于提升集群网络创新能力是极为必要的，产业集群网络化创新得以实现有赖于集群内资源利用、学习、合作、激励和协同等机制的完善和有效运行，本书拟对此进行系统化研究和理论创新。

（二）产业集群的组织生态研究述评

根据国内外研究成果，产业集群的组织生态研究建立在产业集群与生物种群或群落在本质上具有相似性的基础上，运用生态学原理对产业集群的特征与运行机制的相关研究，既丰富了当前生态学领域的研究内容，又拓宽了对传统产业集群理论的研究范围与思考模式。目前国内外学者从组织生态学视角将产业集群的研究主要分为五个分支：一是对单个组织进行研究，即从个体生态学的角度分析产业集群内部的企业个体问题；二是对不同行业的组织种群进行研究，即从种群生态学层面分析产业集群内部种群深化过程，体现为"变种—选择—保留"的过程；三是对不同行业的组织或产品具有替代性、互补性及独立性功能的分析，即研究产业集群的生命周期、演化机理及规模等；四是对将组织与其所处的环境看成一个完整的生态系统，从系统角度研究组织及其所处环境的关系及演化问题，包括系统的稳定性、演化性及共生性等，即环境因素与产业集群的发展是交织在一起的，并非是简单地提供给产业集群发展的空间；五是从循环经济的角度研究产业集群生态化发展。

从以上国内外文献的梳理得出，目前国内外对产业集群组织生态的研究成果还比较零散，没有形成系统化的研究，对产业集群内部的企业之间、企业与环境之间生态关系、生态机制的研究以及产业集群形成原因、运行机制的剖析不够深入。本书拟从生态链的视角构建产业集群创新网络，揭示产业集群网络及网络化创新的生态学属性，进一步深入探讨产业集群创新网络内部的生态关系及生态机制。

（三）木材加工产业集群研究述评

国外对木材加工产业的研究主要集中于木材加工制品的贸易条件与市场环境方面，从微观经济学视角分析木材加工产品的市场条件、价格、企业经营战略及木材加工制品的认证等问题，从产业集群层面对木材加工业进行分析的成果较少；国内学者关于木材加工产业集群的研究成果则主要集中在某个区域木材加工产业集群的发展状况、存在的问题、产业结构及产业政策、产业比较优势等方面，但这些研究具有明显的区域性，对区域的指导具有一定现实意义，但由于理论研究相对较少，对提升我国木材加工产业集群的总体竞争力缺乏理论性指导；从创新视角研究木材加工产业集群的成果很少。从总体来看，以往的研究中以定性分析为主，而定量分析较少；研究多选取木材加工产业集群发展某一方面情况，缺乏对产业集群整体的分析，缺乏对产业集群发展中各因素间的逻辑联系认识。同时，根据文献梳理发现，国内外的木材加工产业集群普遍存在技术创新能力薄弱的问题，多篇文献提出集群发展应以科学研究为基础，加强与科研机构的合作，促进不同利益相关方的交流合作，构建集群创新网络的建议。

（四）综合述评

综上所述，可以得出以下结论：

（1）国内外学者从不同角度对集群创新进行了有益探索

创新研究视野已经从企业内部创新转向集群创新，集群创新形式也从"线性创新范式"向"网络创新范式"转变，集群网络化创新这一研究领域已经受到关注，但现有研究中，集群网络化创新的动态研究还处于一个初级探索阶段，虽然少数学者运用复杂系统理论对其动态演化进行了初步探索，但定量研究中忽视了网络的非量化因素（文化、制度、生态）的影响，另一部分学者将集群创新网络看作类似生物学上的反馈系统，但忽略了产业网络本身的经济特性，事实上集群创新网络是产业网络与生态网络共同嵌套作用的结果。笔者认为，现有研究的缺陷在于对集群网络化创新的运行机理缺乏系统研究与梳理，只有在运行机理指导下，才能更好地揭示集群网络化创新的一般规律。因此，以上问题都为本书提供了伸展的余地。本书拟突破以往单纯从产业集群内少数创新主体孤立的行为研究集群创新，从集群网络创新研究出发，对其内涵、结构、影响因素及运行机理进行系统研究与梳理。

（2）运用生态学原理对集群创新的研究尚处于前期探索阶段

目前的研究成果只是诸多研究领域的"边缘成果"，研究范围比较零散，鲜少有从生态链的原理对集群网络特征、网络创新要素、网络结构与运行机理进行系统化的研究。应采用学科交叉的研究方法，充分考虑集群网络化创新的生态特性，构建研究分析框架，创新研究方法。本书将生态链思想与产业集群网络化创新相融合，建立基于生态链的集群网络化创新分析框架，进行系统构建与机理分析，从而达到集群网络生态创新协同效应，实现产业集群可持续发展与综合效益的最大化。

（3）目前的研究对人造板产业集群创新的研究成果十分稀少，而从生态链视角对人造板产业集群网络化创新的研究更是处于空白，因此亟待发展与完善

我国是全球重要的人造板产业大国，近年来国内人造板产业取得了一定的成就，但企业粗放式增长、外延式扩张、低水平重复建设及创新能力不足等问题依然存在且已十分严峻，对我国人造板产业发展

造成严重的障碍。因此，要实现我国人造板产业集群的健康成长，还应从集群创新视角对人造板产业集群进行深入分析，通过人造板产业集群网络化创新能力的提升，切实提高我国人造板产业的国际竞争力。

有鉴于此，本书针对前述问题，以山东省人造板产业集群为研究对象，对集群创新理论与生态学等理论进行交叉研究，旨在揭示人造板产业集群创新网络系统结构及网络化创新机制模型，并构建人造板产业集群网络化创新能力评价指标体系，将其应用于山东省人造板产业集群网络化创新的实证分析中，以期为提高人造板产业集群创新能力提供有效借鉴。

第三节　研究的思路及主要研究内容

当前我国人造板产业成长迅速，山东省人造板产业集群的发展规模虽然居于全国前列，但整体竞争力依然薄弱。本书对山东省产业集群网络化创新问题进行研究，结合生态链的内在机理与特征构建人造板产业集群创新网络，并对山东省人造板产业集群网络化创新机制及其创新能力进行理论与实证研究，指出其存在的问题并提出相关对策建议。具体研究内容如下：

第一章：绪论。提出基于生态链的人造板产业集群网络化创新研究背景、目的、意义；对国内外的相关理论研究进行评价；介绍了本书的研究思路、主要内容、研究方法和技术路线。

第二章：相关理论基础与概念界定。介绍了生态学理论中的种群生态学理论、生态链理论、生态系统理论和生态位理论以及产业集群创新理论中的集群创新理论、集群创新网络理论。

第三章：基于生态链的人造板产业集群创新网络及其结构分析。首先，将生态链思想与产业集群创新网络进行融合，提出人造板产业集群创新网络的内涵及生态学特征。其次，对创新网络系统结构及系统关系进行分析。

第四章：基于生态链的人造板产业集群网络化创新机理分析。提出并分析人造板产业集群网络化创新要素，运用集群创新理论和生态学理论分析产业集群网络化创新的一般机制和协同机制。

第五章：基于生态链的山东省人造板产业集群网络化创新现状与问题分析。首先，分析我国人造板产业发展现状和山东省人造板产业发展现状。其次，分析山东省的临沂和菏泽人造板产业集群网络化创新现状。最后，对山东省人造板产业集群网络化创新的问题进行探讨。

第六章：基于生态链的人造板产业集群网络化创新能力评价指标体系构建。基于传统 SCP 范式的改进思路，按照网络结构—网络主体行为—网络环境—创新绩效的 SCEP 体系框架构建人造板产业集群网络化创新能力评价指标，并对各指标的内涵进行分析。

第七章：基于生态链的山东省人造板产业集群网络化创新能力评价与比较研究。以山东临沂和菏泽为评价对象，并以浙江嘉善、江苏邳州、河北文安为比较对象，运用复合 DEA 评价方法，对山东省人造板产业集群网络化创新能力进行了评价分析与比较研究。

第八章：基于生态链的山东省人造板产业集群网络化创新路径与对策。以主生态链建设为主导，提出山东省人造板产业集群网络化创新路径，为保证上述路径的实现，还提出山东省人造板产业集群网络化创新优化对策。

第九章：结论及展望。对全书内容进行梳理与总结，提出本书创新点与不足，并对未来的研究加以展望。

第四节 研究方法与技术路线

一 研究方法

（1）统计调查研究法

对山东、浙江、江苏、河北的人造板集群进行了实地考察调研，通过问卷和访谈等方法获得第一手资料和五个样本集群的规范化定量信息，为实证分析与定量研究奠定基础。通过从人造板产业的各类研究报告以及人造板产业相关的年鉴、工业普查资料中收集数据，进行数据二次整理和分析，对山东省人造板网络化创新的现状与问题进行研究。

（2）比较分析法

本书将产业集群同生物种群进行比较，将产业集群的复杂网络同生态系统中的生态链进行比较，找到相似特征，并将生态学中的分析方法移到产业集群的研究中，运用 VENSIM 建模工具建立集群生态链模型。

（3）理论研究法

从生态学理论、产业集群创新理论出发，运用逻辑推理构建人造板产业集群创新网络系统模型，并对其影响因素、创新机制进行分析。

（4）种群竞争模型分析法

本书采用经典的 Logistic 生态学模型来分析产业集群创新种群竞争关系和互利共生关系，并据此阐述了产业集群网络化创新的生态平衡机制。

（5）复合 DEA 评价法

运用改进的复合 DEA 评价方法，对山东省人造板产业集群网络化创新能力进行了评价与比较研究。以山东临沂、菏泽人造板产业集群为评价对象，以江苏邳州、浙江嘉善、河北文安为比较对象，得出多个产业集群网络化创新能力状态，以及不同产业集群影响创新能力提升的显著影响因素。

二　技术路线

本书的技术路线如图 1-1 所示。

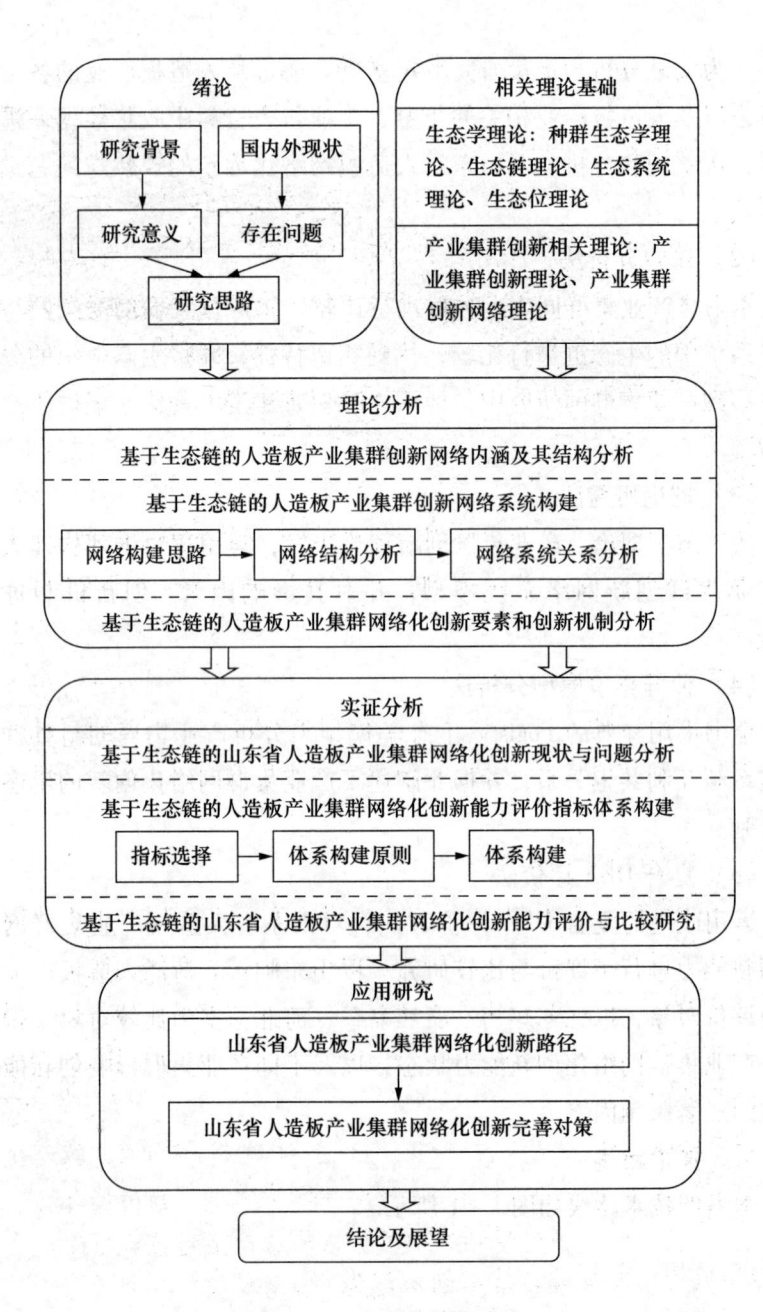

图 1-1 本书的技术路线

第二章 相关理论基础与概念界定

第一节 生态学理论

在生态学领域中有由一群生物组成的群体,其有三种不同的组成层次:种群(population)、群落(community)和生态系统(ecosystem)。种群指由某一种生物组成的群体;群落指在某一栖息环境中,所有种群组成的群体;而生态系统则为群落生物以及无生命的自然环境(即生态因子)所组成的体系。

一 种群生态学理论

种群生态学理论指出,生活在一定空间内,同种个体的集合称之为种群。作为生态系研究的基础,种群是物种存在的基本单位,也是生物群落的基本组成单位。种群生态学是研究生物与生物之间,种群与环境之间相互关系的科学。1789年Malthus提出的人口增长曲线,成为描述种群增长的基础曲线。达尔文在《物种起源》中论述了动物生存斗争与物种形成。这些早期的论述为种群生态学奠定了重要的基础[137]。

生态学中,种群具有以下特征:(1)空间特征。种群均占据一定的空间。其分布表现为聚集分布、随机分布和均匀分布。(2)数量特征。种群是由多个个体所组成的,出生率、死亡率、迁入率和迁出率等种群参数决定了种群数量。种群的年龄结构、性别比例、内分布格局和遗传组成等特征又对种群参数构成影响,从而形成种群动态。(3)遗传特征。由于种群是同种个体的集合,因此具有一定的相对稳定的遗传组成，构成一个基因库，而不同种群的基因库不同。基因频率在种群中世代相传，在进化过程中不断发生改变以适应环境。（4）系统特征。种群是一个以特定生物种群为中心，以环境为空间边界的自组织、自调节的系统[138]。

本书在集群网络化创新研究中，将网络中不同类型的创新主体看作不同的创新种群，借助种群生态学理论，分析创新种群的生态学特征，利用种内关系、种间关系探讨集群网络化创新机制和协同机制。

二 生态链理论

在自然界的某一栖息环境里，种群会形成复杂的生态群落。群落中，种群内部、种群之间，种群与环境之间都存在着复杂的有机联系，整个群落可持续发展的保证是必须获得持续的物质和能量循环，也就是必须形成以食物链和营养链为核心的物质、能量循环体系，维持群落的动态平衡。生态学中把这种由营养链和食物链组成的链式结构称为生态链[139]。

生态链以能量和营养的联系形成食物关系链状排列，根据生物的捕食与被捕食关系，划分生物的角色为生产者、消费者、分解者。生产者主要指生态系统中的绿色植物，在自然界中进行初级生产，利用简单的无机物质制造食物。太阳辐射只有通过生产者，才能不断地输入到生态系统中并转化为生物能，成为消费者和分解者生命活动中的唯一源泉。消费者主要指自然界中的各种动物，包括草食动物、肉食动物、杂食动物和寄生动物等。分解者主要指细菌和真菌，也包括某些原生动物和大型腐食性动物。它们分解动植物的残体、粪便和各种复杂的有机化合物，将有机物分解为简单的无机物，无机物又归入环境，被生产者重新利用进入下一个物质循环。分解者是物质、能量循环流动的关键环节，分解者也称为还原者，大约有90%的陆地初级生产量要经过分解者的还原作用归还给大地，再传递给生产者进行光合作用，实现在生态系统中的物质与能量在生态链中的传递、环境交互与循环，见图2-1。

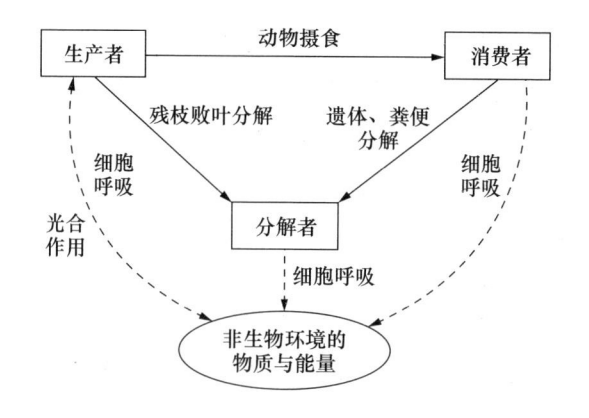

图 2-1　生态系统中的物质能量循环

生态链可分为捕食链、腐食链（碎食食物链）和寄生链。捕食链为生态系统中的主要链条，它是以植物为基础建立起来的，捕食者以被捕食者为食，大多数的食物链都属于捕食链，如青草—羚羊—狮子。腐食链，动物通过捕食碎食物而形成的食物链，如树叶碎片或小藻类—虾（蟹）—小鱼—大鱼。寄生链以大动物为基础，小动物通过在大动物体内或体表的寄生获得食物而形成的食物链条，如哺乳类动物—跳蚤—原生动物。

生态链的特点主要体现在以下几个方面：（1）生物富集性。因此食物链有累积和放大的效应，称为生物富集。当有毒物质被食物链底层部分所吸收，再经过逐层传递，有毒物质会在不同等级的生物体内积累，不易分解也难以排出。（2）能量逐级递减性。生态链上每个环节都为一个营养级。每一营养级上的生物，它所摄取的能量除了用于自身活动消耗、生存及繁殖外，还有部分要被分解者利用，余下的才会输送到下一营养级。因此，能量在生态链上沿不同营养级流动的过程中逐级减少，流入到下一层营养级的能量仅为上一层的十分之一。相应地，每一营养级的生物个体数量逐级递减，就形成了生物个体数量金字塔。（3）同生态位的生物竞争性。即链条上各环节的生物间存在明显的相互竞争关系。（4）动态稳定性。生态链具备良好的信息反馈机制，使生态链具有相对的动态稳定性。

随着可持续发展战略在全球范围的实施，生态链理论的基本思想正逐渐渗透向环境、工业、文化、经济、政治等领域，运用生态链原理分析一定区域内社会、经济、自然耦合而成的复杂系统的结构及组成成分间的复杂关系，以满足社会经济发展中可持续发展的需要。本书正是运用生态链理论分析集群网络的联结方式及系统运行特征。

三　生态系统理论

生态系统是指在一定的时间和空间内，由生物群落与非生物环境组成的一个整体，各组成要素间借助物质循环、能量流动、信息传递而形成相互联系、相互制约，自我调节的复合体。生物以生产者、消费者、分解者角色分布在生态链上。非生物环境包含理化环境，如温度、光、湿度、pH值、土壤等；无机物质，如碳、氢、氧、氮、二氧化碳及各种无机盐等；有机物质，如蛋白质、碳水化合物、脂类和腐殖质等。环境影响生物的生长、发育、繁衍、分布。生物离开环境无法生存，并逐渐适应环境。非生物环境与生物相互影响、相互制约共同构成生态系统[140]。生态系统中，生态链上一种生物可以取食多种食物，而同时该种生物也可能被其他多种生物所取食，因此生态链会以多点向外联结，形成复杂的生态链网结构。一个复杂的生态链网是保持生态系统稳定，维持生态平衡的重要条件。一般情况下，某一生态系统中生态链网的构成越复杂，该生态系统抵抗外力干扰的能力就越强；反之，则该生态系统就越容易发生波动和毁灭。

生态系统具有以下几大基本特征：(1) 由生物和非生物成分组成的网络式多维空间结构的复杂系统。(2) 是一个开放系统。生态系统与系统外界进行能量和物质的输入和输出。通过开放，生态系统不断地摄入能量，并将代谢过程中所产生的熵排向环境[141]。(3) 各要素有机地组织在一起，具有能量流动、物质循环、信息传递等功能。(4) 有自适应、自调控功能。在自然生态系统中，生物经过长期进化适应环境，并与环境建立起相互协调的关系。(5) 有动态的、生命的特征。生态系统具有产生、发展的演化过程并形成自身特有的演化规律。

自然生态系统的构成要素、系统结构与产业集群存在相似性，本书运用生态系统理论探讨产业集群网络系统结构与系统特征,以物质能量的循环流动性对集群网络进行再设计,以生物与环境的生态适应性探讨集群网络主体行为与环境的适应、调控关系。

四 生态位理论

Grinnell(1917)最早提出生态位理论,该理论成为生态学中的重要基础理论,其"空间生态位"理论,认为生态位是恰好被一个种或一个亚种所占据的最后分布单位,代表生物物种所需要的环境资源和占据的空间位置。Charles Elton(1927)提出的"功能生态位"理论在生态位理论中最具代表性,认为生态位可以说明生物在生物环境中的地位及其与食物和天敌的关系,突出物种在群落营养关系中的角色,这一定义实际上说明生态位描述的是生物在所处群落的功能位置,被称为功能生态位或营养生态位[142]。Hutchinson(1957)提出的"多维超体积生态位",第一次对生态位给予了比较严密的数学定义,从空间、资源利用等多方面考虑引入数学中点集理论,提出了生态位的 n 维超体积模式。把生态位描述为一个生物单位(个体、种群或物种)生存条件的总集合体,并在此基础上提出基础生态位和现实生态位概念[143]。基础生态位是一个物种在理论上所能生存占据的最大资源空间。与此相对,实际生态位是物种在存在竞争或捕食者时实际占用的资源空间。实际上没有一个物种能占据全部基础生态位。因为在群落中当物种之间有竞争时,必然出现该物种只占据基础生态位一部分的结果,如果竞争的物种越多,它所占据的基础生态位就可能越少。

总而言之,某一物种要想维持其种群的生存和发展,只能在符合特定条件的资源空间中活动,其所占据的地位及与相关物种发生的功能关系构成物种生存的生态位。在某一时期某一环境范围内一个物种的生态位,不仅反映了该物种所占据的空间位置,还反映该物种在生态系统的物质循环、能量流动和信息传递过程中的角色,同时,生态位会随着该物种的生长发育而发生改变[144]。

生态位理论解释了自然群落中物种竞争与共生机制,在种间关系、群落结构及种群进化研究中广泛应用。稳定和谐的生态系统关系并不意味着不存在竞争。首先，各个种群之间不是孤立分散的，总是要与其他种群发生联系，竞争能够促进种群之间的协同进化。另外，竞争现象还广泛地存在于种群的内部，种群内部的竞争有利于促进每个个体的资源利用效率，最大限度地满足自己发展的需求，从而体现出种群水平上的整体进化。

生态位现象不仅发生于生物界，而且可以解释人类经济领域和社会领域的相关现象，因此，生态位理论逐渐受到越来越多经济管理和社会领域的学者的关注。在集群网络系统中，每一个创新种群都应该选择适合自己的生态位。生态位的选择要适度，在资源有限的情况下，过宽的生态位可能导致成本的增加，反而不利于创新种群的发展。此外，创新种群的生态位并不是一成不变的，会随种群成长变化而发生改变。对于竞争程度激烈的种群，通过改变生态位走差异化路线是一条可行的路径。

第二节 产业集群创新相关理论

一 产业集群创新理论

（一）产业集群创新的内涵

产业集群创新是指同一产业或相关产业的企业，以专业化分工和协作为基础，协同产业集群内的科研机构、金融机构、中介机构、政府等相关行为主体，通过地理上的集聚产生创新聚集效应，并在竞争压力和持续比较下，推动创新发生、传播、溢出和扩散的集群协同创新过程[145]。

这一定义具体包含四个方面：（1）专业化分工和协作是集群创新的前提；（2）同一产业或相关产业的企业与相关机构是集群创新主体；（3）创新主体借助于地理位置的邻近产生创新聚集效应形成集群创新方式；（4）以通过集群内的竞争压力和持续比较推动创新，获得持续创新优势作为集群创新目标。

(二) 产业集群创新的特征

根据以上产业集群创新的内涵可以看出,产业集群创新是一项复杂的系统行为,需要集群内企业及相关机构的相互合作,资源共享与互补才可实现。产业集群通过创新,可以为集群内企业降低成本,提高技术创新能力,从而实现产业集群的可持续发展。具体而言,产业集群创新有以下特征。

(1) 协同共生性

现代创新理论认为,创新是一个协同交互过程。产业集群为企业创新提供了一个交互空间,群内的企业与相关机构形成协同共生体,产业集群内各部分通过协同关系构成系统,产生整体大于部分之和的系统协同功能。同时,产业集群内的各部分结成共生关系,共享同类资源或互补异类资源,改进集群内部或外部的直接或间接的资源配置效率,增加了产业集群的经济效益和社会效益。在这种协同共生的集群创新模式下,集群内各组织更注重与其他组织的互动关系,共享信息和知识,集体学习成为创新的动力。因此,协同共生性是产业集群合作创新的本质特征。

(2) 资源共享与互补性

在产业集群技术创新过程中,创新资源是制约创新的关键因素,资源共享、优势互补的集群特征可以弥补单个企业创新资源不足的缺陷。集群内的创新主体可以共享交通网络、研究中心等基础设施,利用共同的信息资源、专业人才市场平台。随着技术研究与开发的全球化合作趋势加强,创新主体之间的产学研合作、技术联盟的数量激增,彼此间的知识资源互补行为也加速了知识溢出,促进了产业集群的创新,提高了集群的整体竞争力。

(3) 根植性

根植性是指当经济行为主体的活动嵌入特定社会关系的文化环境之中时,由于具有较强的地方属性,使其他区域难以模仿。对于产业集群创新而言,具有很强的产业根植性、地理根植性和文化根植性。产业根植性指由于只从事某一产业的生产和服务,产业集群内的成员企业建立起广泛的专业化分工和长远关系的合作。地理根植性指由于在地域上相互邻近，产业集群的所有成员共同"锁定"于一个区域所具有的显著地域相关特征。文化根植性指集群内成员对集群文化网络整体的融入和适应，并受其规制，受到弥漫在整个集群内的人文氛围的影响。由于产业集群内创新主体深深根植于当地社会文化、历史传统、制度和空间背景，其创新过程也根植于当地复杂的社会文化环境和制度环境中，根植性强化了集群的竞争优势，产业集群合作创新正是依赖于这种根植性而强化了产业集群创新的路径依赖。

（4）竞争性

虽然产业集群内的企业在创新过程中存在相互依赖关系，但企业经营的本质是追求利润最大化，因此，各企业间必然存在着竞争关系，且这种竞争存在于产业集群的各个角落。然而，企业间竞争关系的存在并不会阻碍产业集群的整体创新行为，与之相反，竞争关系使集群内企业有足够的动力去进行持续创新，并对创新环境保持高度的警觉性与灵敏性。根据波特的观点，若缺少有效的竞争，产业集群将难以生存。有效竞争引导产业集群内企业建立一种竞争状态下的协作关系，企业间既是竞争对手，也是产业链条上的合作伙伴。

（5）低成本性

在产业集群内的企业，由于彼此具有同质性且关联度较高，创新产生的某些新的产品或工艺技术，在集群内部得到快速传播、溢出及渗透，使集群的单个创新活动向"集群创新"转变。这些创新产品、技术及知识在集群内成为公共产品，使集群内企业获得极大的成本优势；但对于集群外企业，这些创新的转移，尤其是一些隐性知识的转移，往往伴随着高昂的交易费用。因此，产业集群创新能够加速技术知识的传播，使集群内后进企业可以利用技术创新先进企业的经验、技术等信息的溢出效应，通过模仿与学习逐步缩小与技术创新先进企业的差距，降低企业相关成本，使企业以低成本优势推动产业集群创新。

二 产业集群创新网络理论

(一) 产业集群创新网络的内涵

产业集群创新网络是指集群内创新主体为了获取创新资源，实现创新功能而与其他行为主体在互动过程中以正式或非正式关系联结成的创新网链式结构。正式关系是价值链活动中发生的垂直与水平联系，与辅助机构间的正式契约关系及企业与集群外合作主体间的正式契约关系。非正式关系指基于共同的经历、社会文化背景及彼此信息基础上建立起的人际间社会网络关系。

产业集群创新网络不同于普通的网络。首先，集群创新网络内大部分成员分布于同一区域内，即有地理上的集聚性；其次，知识成为集群创新网络的关键资源，特别是受空间限制的隐性知识更是集群创新网络获得竞争优势的特殊资源；再次，集群创新网络的核心主体是企业，企业与大学、科研机构等部门之间紧密的合作与协同创新；最后，集群创新网络的主要联系方式是建立的正式关系及非正式关系，即集群创新网络不但包括产业网络，还包括社会网络、文化网络等[146]。

(二) 产业集群创新网络的特征

产业集群创新网络的形成是产业集群行为主体在长期的发展过程中，为适应创新的复杂性而相互作用、相互学习的必然结果。因此，产业集群创新网络除了具有集群创新的特征外，还具有开放性、动态平衡性以及自适应性的网络化特征。

(1) 开放性

开放性是指个体（或系统）与外界的联系，即在信息方面有双向的交流。开放性第一个要求是创新网络中不存在孤立的节点，即网络中的各个成员均与其他成员在物质、思想、信息等方面进行传递及互补；第二个要求是创新网络本身不能是孤立的，必须与其他网络有一定的沟通。对于产业集群创新网络而言，集群内产业链上下游及横向行为主体间在生产要素交流、组织学习及知识创新等方面进行互动，同时集群创新网络内的节点还与外部网络节点发生多方位、多层次的联结，通过寻找新的合作伙伴、开辟新的市场、拓展区域创新空间等行为，使集群内节点获得远距离的知识与互补性资源，实现与集群外部网络的合理链接。由此可见，集群创新网络的开放性是集群与外界资源互动、保持持续创新能力的关键。

(2) 动态平衡性

动态平衡性是指虽然事物处于不断的变化中，但在发展的某个特定时期，事物处于相对稳定的状态。产业集群创新网络的动态平衡性体现在以下两方面：第一，集群创新网络时刻处于不断变化和更新的状态。由于市场的不确定性，集群创新网络中的联系并非一成不变，有时候强有时候弱，甚至有些时候会失去联系。对于创新积极性不强、缺乏创新活力的一些落后企业会被创新网络逐渐淘汰，取而代之的是从外界吸纳的一些具有较强的创新积极性和活力的企业，使集群创新网络得以不断更新。第二，集群创新网络在一定时期处于相对稳定的状态。由于事物的推陈出新需要一个循序渐进的过程，因此集群创新在一段时间内会保持相对稳定的网络结构。若网络结构变化过于频繁，会使产业集群时刻面临变革，集群网络内企业会缺乏安全感，从而无法集中精力从事创新行为，影响产业集群的网络创新。

(3) 自适应性

自适应性是指事物能够根据环境的变化而改变自身的性质，以满足其生存与发展的需要。对产业集群创新网络而言，随着市场环境的不断变化，创新网络的结构、性质等特性都会适时地做相应的调整。在日益追求创新和效率的知识经济时代，科学技术和经济增长方式时刻在发生重大的改变，产业集群网络的结构与运作方式在宏观经济和区域产业的发展要求下会做出相应的调整、若原有的创新网络已经不适应新的形势，就会促使自身进行优化，以适应产业集群创新的需要。集群创新网络的自适应性主要依靠企业和政府的调节作用来体现。一方面，企业面对新的经济状况，会采取技术改造、管理变革等方式，提高企业自主创新的能力，以适应经济发展的新要求。另一方面，政府会通过宏观调控，对集群创新网络中一些不适应经济发展要求的元素加以改造，包括淘汰那些设备陈旧、管理落后的企业，改善集群内企业与其他机构之间的关系，引进一些行业技术先进、管理科学的优秀企业进入集群网络等手段，使产业集群创新网络符合新形势的发展要求。

第三节 相关概念界定

一 人造板产业范围界定

按照《国民经济行业分类》(GB/T4754—2002)，木材加工及木、竹、藤、棕、草制品业（行业代码20）包括：201锯材、木片加工；202人造板制造；203木制品制造；204竹、藤、棕、草制品制造。

202人造板制造，是指用木材及其剩余物、棉秆、甘蔗渣和芦苇等植物纤维为原料，加工成符合国家标准的胶合板、纤维板、刨花板、细木工板和木丝板等产品的生产，以及人造板二次加工装饰板的制造。

主要包括以下几个小类：

2021 胶合板制造：指具有一定规格的原木经旋（刨）切成单板，再经干燥、涂胶、组坯、热压而成的符合国家标准及供需双方协定标准的产品生产。

2022 纤维板制造：指用木材碎料（包括木片）、棉秆、甘蔗渣、芦苇等植物纤维作原料，经削片纤维分离，铺装成形，热压而成的产品生产。

2023 刨花板制造：指用木材碎料（包括木片）和其他植物纤维作原料，制成刨花，经干燥、施胶、铺装成形，热压而成的产品生产。

2029 其他人造板、材制造：指人造板二次加工装饰板及其他未列明的人造板材的制造。

二 人造板产业集群创新网络的概念

人造板产业集群创新网络就是以人造板产业为主导产业，上下游配套产业为辅助产业，政府机构、行业协会、大学及科研机构、金融机构等支撑机构在一定区域空间内，因长期稳定的创新合作关系以网络结构在特定区域产生创新聚集，在外部环境制约影响下形成具有较大创新能力和竞争优势，兼顾社会、经济、生态多重利益的网络化产业组织形式。

三 人造板产业集群网络化创新的概念

人造板产业集群网络化创新是以集群创新网络为载体，以人造板产业或相关产业的企业及机构以专业化分工和合作为基础，以集群内部正式和非正式网络联系为纽带，通过集体学习对创新要素进行整合，促进技术、知识在集群网络中的创造、积累、应用和扩散的过程。

人造板产业集群网络化创新的实现体现为产业集群综合创新能力的提升和竞争优势的形成，包括集群组织结构及其运作制度与行为、集群的发展战略、技术研发以及集群的运行环境等要素的综合创新，最终目标是通过人造板产业的转型升级，提高我国人造板产业的国际竞争力。

第四节 本章小结

本章主要阐述了与产业集群创新网络研究相关的基础理论。以集群创新理论和生态学相关理论作为本书的理论基础。生态学理论包括种群生态学理论、生态链理论、生态位理论和生态系统理论，对于研究产业集群创新网络的内在机理及运行机制提供了重要启示。集群创新相关理论具体包括了产业集群创新理论、产业集群创新网络理论。主要对产业集群创新的内涵与特征、产业集群创新网络的内涵与特征进行梳理，对本书产业集群创新网络下一步的深入研究奠定了坚实的理论基础。最后，对本书的相关概念进行界定。

第三章　基于生态链的人造板产业集群创新网络及其结构分析

第一节　产业集群创新网络的生态学属性分析

一　产业集群创新网络系统与自然生态系统的类比

基于生态链理论对产业集群创新网络与自然生态系统进行比较，从系统要素构成和系统特征的类比，找出二者间的相似与差异，有助于了解产业集群创新网络的内在结构和发展规律，并借鉴自然生态系统结构特征构建产业集群创新网络系统，以促进产业集群发展。

（一）产业集群创新网络系统与自然生态系统构成要素类比

产业集群创新网络系统由众多要素有机组合形成，其构成要素与自然生态系统中的构成要素具有相似性，因此，本书用自然生态系统中的要素内涵对产业集群创新网络系统的构成要素进行界定类比[147]，见表3-1。

（二）产业集群创新网络系统与自然生态系统特征类比

（1）相同点分析

集群创新网络系统与自然生态系统存在许多相同之处。集群创新网络由网络节点、链条构成，链条以节点联结相互交织构成复杂的创新链网。从宏观系统层面看，集群创新网络系统是一个集政策环境、经济环境、社会环境、技术环境及自然生态环境等为一体的综合有机体，它同自然生态系统一样存在着系统层次性。从中观群体层面看，集群创新网络内的企业间的竞争与合作体现出与生物群落共同的特征，

表 3-1　自然生态系统与产业集群创新网络系统构成要素类比

自然生态系统要素	要素内涵	产业集群创新网络系统要素	要素内涵
生物个体	完整的具有生长、发育和繁殖等功能的生物有机体	创新主体	独立的创新个体,如企业、高校、科研单位等机构
生物种群	在自然生态系统中,具有相同基因频率、形态和生理特征的生物个体集合	创新种群	在产业集群中,具有相似资源能力和产品的创新实体的集合
生物群落	在特定生态环境下,各生物种群与环境相互作用,形成的具有一定结构和功能的生物集合体	创新群落	在产业集群中,各创新种群与环境相互适应,形成的具有一定结构和功能的创新个体集合体
食物网	自然界的物质、能量通过一系列的捕食和被食关系传递而形成的网络关系	创新网络	各创新种群通过长期稳定的创新合作关系形成创新技术传递的网络关系
生态系统	在一定时空内,生物群落与环境之间不断进行物质、能量和信息交换而形成的统一体	创新网络系统	在一定地域内,产业集群创新网络与环境相互作用而形成的具有内在创新能力与外在创新条件、协调互动的统一体
生态环境	生物个体和群落生活的具体生态环境	创新网络系统环境	创新主体所处的具体创新环境,如政策环境、经济环境、科技环境、生态环境等
生态位	在特定时空内,一个生物单位对各类资源的利用和对环境适应性的总和	创新生态位	在特定区域内,创新组织对各类资源利用和对环境适应性的总和
协同进化	为适应环境,各种群通过相互作用、相互适应而共同进化	协同创新	在外部环境和内部因素的作用下,创新主体既竞争又合作,协同发展

企业群落中的种群间也会有生物种群间的竞争、捕食和共生等关系。从微观个体层面看,节点是由企业及各类经济、服务、辅助组织构成,如同生物有机体,位于生态系统食物链的各营养级上,承担着各

自的职责和任务，任何角色缺失都会造成系统损失。具体的相同点分析如下。

第一，能量流动性。能量流动是自然界生态网络的一个重要特征，能量通过网络中的食物链发生流动。集群创新网络中的能量传递表现为信息、物质、技术等资源在企业及相关机构的交换与共享，其传递形式与食物链类似。由于链条上不同组织创造的价值不同，所需资源不同，所产生的利润在一定时期、一定程度上也存在差距，但这种差距不能过大，也不能持续时间过长。如果链网中某一环节的获利太少，会导致该环节的组织数量减少，导致产业链条发展不完善，无法给其他节点提供有效服务资源，最终导致集群生态链的解体，影响产业集群发展。

第二，协同进化性。集群网络系统与自然生态系统的另一共同特征是具有种群的协同进化性。生态学中的协同进化，是指某种物种的性能特征随另一物种性能特征的改变而做出相应的反应；反之，后一物种也会随前一物种的变化而做出反应。这种相互影响、相互适应、相互变化的过程称为协同进化。在集群创新网络中，创新种群通过集体学习、知识交流，彼此影响，产生协同进化效应。具体表现在种群内个体之间的协同效应，促进种群发展，以及种群间通过非线性相互作用，实现整个群落的协同进化。在这一过程中，技术创新作为创新种群协同进化的内在推动力，受到政治、经济、社会文化、自然生态等网络环境的影响。其协同进化的结果又成为影响或干预整个集群网络环境的重要因素。

第三，相对稳定性。自然生态系统中，种群具有相对稳定性是经过了漫长的系统演化，食物链上分布的种群在没有强烈的外界环境干扰下，会长期保持相对稳定状态。集群网络系统存在与自然生态系统相似的稳定性特征。集群网络结构会受到外部环境变动的影响，当外部市场需求增加及竞争环境稳定时，会增加企业节点数量；反之，如果市场需求减少竞争加剧，则会导致企业节点数量减少。产业集群经过市场竞争、优胜劣汰的过程，会逐渐形成一个相对稳定的网络结构，除非外部环境发生重大变化，否则集群创新网络的稳定性可以长期保持下去。

第四，信息反馈性。在自然生态网络中，生物体受到外界刺激后，会通过条件反射做出相应的反应，即对刺激信息做出反馈。产业集群网络中也具有信息反馈特征，信息的传递与反馈对于产业集群网络的发展更是起重要作用，各创新主体间的合作依赖于信息的传递与反馈。在产业集群创新网络中，任何一个环节出现信息交流不畅，都会对整个集群生态网络产生影响。企业作为网络节点，只有拥有良好的信息反馈机制，才会更好地利用集群优势，增强集群的竞争力。

（2）不同点分析

基于生态链的产业集群创新网络与自然生态网络还存在许多不同之处，具体分析如下：

第一，结构不同。自然生态网络中各营养级呈现金字塔式结构，这是因为能量在食物链传递过程中，每经过一个营养级就会出现大量的能量损失，营养级级别越高，物种数量就越少。而在集群生态网络中，也可以把构成集群生态链的上下游企业群落看成由低到高的营养级，但结构和自然生态网络中食物链的金字塔式结构不同，并不遵循逐级递减原则。由于国家对一些资源行业的控制，集群生态链上游企业往往行业集中度较高，数量较少，而由于销售面对众多消费者反而产生数量较多的销售企业[148]。

第二，能量分布不同。在自然界中的能量传递遵守"十分之一"法则，即食物链中的能量，在传递中每经过一个层级就会损失90%。因此，各营养级形成了金字塔形结构。但集群生态链的价值分布却没有固定的法则。因为产业集群存在不同类型，其生产方式、成本构成及资源结构等方面均存在不同，致使有些集群高价值的创造环节集中在生态链的前端，而有些集群则集中在末端。

第三，种间关系不同。自然界中纵横交错的食物链上的相邻生物种群体现的是捕食与被捕食关系，同一生物种群间体现的是种群的竞争与合作关系，由此构成生态系统网状结构。而产业集群生态网络中，集聚在一起的上下游企业之间体现的是对成本、利润和价值分配上互利互惠的合作共生关系，竞争企业之间体现的是竞争中求合作的关系。企业与各利益相关方之间体现的是利益共享关系。

第四，能量物质循环路径不同。在自然生态系统中，大部分的生态链是以绿色植物为起点，经过与太阳的光合作用，转化为能量贮藏，之后，贮藏能量的植物被初级消费者捕食，经过层层物质能量传递，能量逐级递减，物质在最后环节被分解者微生物充分分解在土壤里，又被生产者以养分形式重新吸收，物质得到充分的循环利用，见图3-1。在集群创新网络中，虽然产业价值链上也存在着生产者企业、消费者企业和分解者企业，但无论是能量还是物质都呈一种开放的耗散状态，总有大量废弃物从系统排出，造成生态环境污染。

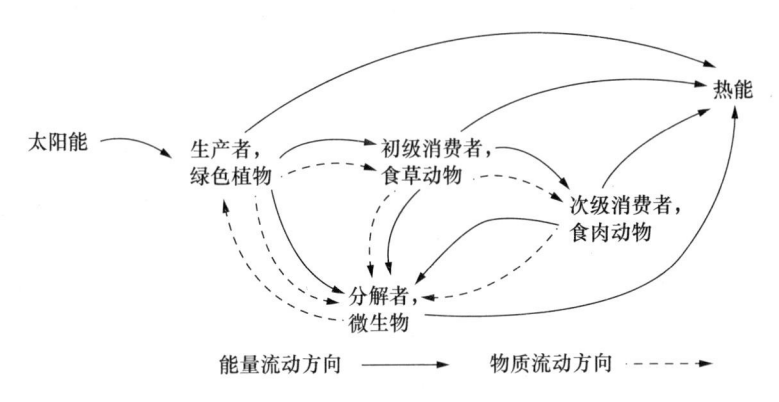

图3-1 生态链上能量物质循环路径

二 生态链思想与产业集群创新网络的融合

（一）宏观目标的融合

集群创新理论认为，只有充分发挥各种资源要素的协同作用，实现优势综合集成，才能使创新系统的整体功能发生质的跃变，从而形成独特的创新能力和竞争优势。本书提出将生态链思想融入产业集群创新网络，是因为其自然生态目标与网络创新目标具有一致性。生态链的存在，是提供一种能量与物质的流动方式，复杂的多级链条结构有益于维持整个生态系统的稳定性，实现自然生态系统的可持续发展。同时，生态链的良性运行也依赖于自然生态的保护和环境的可持续发展，因此，自然生态的宏观目标是促进生态系统的可持续发展。

集群创新网络中网链结构实现了知识、信息、技术、物质的传递，通过网链结构结网方式的高级演化，有助于网络系统的良性运行，加速集群创新速度，从而实现产业集群网络的可持续发展，因此，网络化创新的宏观目标是促进集群网络的可持续发展。因此，将致力于自然生态可持续发展的生态链思想融合于集群可持续发展的网络化创新研究中，对集群网络进行生态链式构建，将有助于集群网络整体功能改进，从而提升集群网络化创新能力，更好地实现企业、集群及社会的综合效益。

（二）内在结构的融合

根据前文分析，产业集群创新网络与自然生态网络的内在结构及发展规律存在相似性。这种相似性为产业集群创新网络模拟自然生态网络进行系统构建提供了理论依据。自然生态网络在长期的发展演化过程中，生态链上各物种通过自然选择而建立起来一种相互协调的动态平衡关系，达到生态平衡的生态网络相应地也就达到了相对稳定的阶段，生态链上的生物量相对最大，并且具有稳定结构，自组织能力和环境适应能力较强。与自然生态网络一样，在复杂的产业集群创新网络中，每一个创新种群都具有自己的生态位，当种群之间的竞争与互利关系达到一定的平衡时，就能在一定程度上保持一定数量的聚集个体和相当密切的聚集关系，这时整个集群网络就能稳定、协调地发展。但集群创新网络是由自然、社会、经济耦合而成的复合生态网络，它的系统结构要比自然生态网络更加复杂、功能更加强大。

（三）内在动力的融合

在自然生态系统中，生物与非生物环境相互影响、相互制约。生物在与环境的相互抗衡和相互作用中，为了能够更好地生存繁衍，不断地从自身形态、生理、行为等多方面进行调解，以适应环境的变化。自然界的这一现象称为"生态适应"，也正是生物的生态适应行为成为助推生态链不断结网、不断完善演化的内在动力。在集群创新网络系统中，技术创新是集群创新网络形成的根本动力，影响网络主体的创新行为与结网方式，进而影响到网链中物质、能量、信息的循环与反馈。由于受到网络系统环境的影响，技术创新成功的关键取决于对系统环境的生态适应性。在生态适应过程中，经济效益、社会效益、生态效益形成技术创新的外部生态驱动力，内部生态位的建构形成技术创新的内在生态驱动力。从生态学视角看，技术创新活动在与环境的互动过程中表现出来的生态性通过与技术自身的建构逻辑之间的耦合，可以激发出技术创新动力系统的适应性选择能力。这种适应能力越强，技术创新活动越容易持久与成功，有助于生态链式的网络构建，进一步促进整个集群创新网络的良性运转。

第二节　基于生态链的产业集群创新网络的提出

产业集群创新网络与自然生态系统在内在结构及发展规律方面存在相似性。这种相似性为产业集群创新网络的研究提供了一种新思路。产业集群创新网络发展过程中，在实现经济效益的同时要关注社会效益与生态效益的有机统一。本书提出，将生态链思想引入创新网络的研究中，模拟自然生态链结构及原理构建产业集群创新网络，并仿照生态学原理探索创新网络系统的创新机制，以生态适应性建立网络系统的内在动力，以生态平衡关系提升网络系统的平衡性与稳定性。

集群创新网络发展过程是通过技术、知识及信息的流动实现创新，同时这种创新是在生态学思想的引导下，以对环境的生态适应为前提，形成满足经济效益与生态效益的既持久又有潜力的创新技术。自然生态系统中的种内关系及种间关系同样可以在人造板产业集群创新网络内实现，种内关系表现以竞争和互利关系为主，若集群达到一定的生态平衡，种内关系会表现出更多的互惠互利，并减少激烈的竞争行为；集群创新网络中种间关系表现以捕食与互利共生为主，生态平衡会使各级创新种群数量达到稳定状态，使集群创新网络获得更大产出。稳定的网络结构能够促进人造板产业集群创新网络内部的知识交流与共享，从而实现更多的技术合作与创新。

一　产业集群生态链

产业集群生态链是按照经济社会发展和生态环境保护需求而设计建立，模拟自然生态链结构及物质循环、能量梯级利用、信息反馈的原理并通过不同层次的创新种群的协同，形成环环相扣的链状序列。产业集群生态链的基本功能为维持网络系统内种群的平衡，促进种群的协同进化。

在集群生态链中具有主辅之分，如同自然生态链有捕食链、分解链、寄生链。捕食链是生态系统中最重要的生态链形式，它通过捕食与被捕食的关系联结生产者与消费者而形成。分解链是生态系统物质循环的关键部分，是生物通过分解作用将生物能还原回归土地的链条环节。寄生链是指生态系统中一些营寄生的生物之间存在的营养关系。本书将产业集群生态链分为主生态链和辅生态链。主生态链承担了物质循环、能量传递的主要职能，类似捕食链与分解链的种间关系。辅生态链则具有辅助、促进物质、能量流动的作用，类似寄生链的种间关系。

主生态链将产业集群中的上下游企业按照捕食、分解的种间关系组织起来，效仿自然生态链的运作规律构成一个能量梯级流动、信息传递、资源循环利用的链条，增加能量在各环节的利用率，建立封闭的物质循环体系，需要通过网络节点的广泛合作，积极开展以循环经济为目标的集群技术创新活动，使产业集群网络实现经济效益、社会效益及生态效益的统一。主生态链一般由具有三种功能的企业组成，分别为资源初加工企业、产品生产企业和分解企业（见图3-2）。资源初加工企业相当于"生产者"角色，从外部环境中获取生态链的原始能量，再生产转化为初级产品，如同自然生态链最底层的植物通过光合作用转化为能量，生产产品；产品生产企业相当于"消费者"角色，利用资源初加工企业的主副产品作为自身生产的原材料生产产品，而这类产品生产企业随着专业化分工的深入，往往分为多个层级，如同自然生态链中初级消费者（草食动物）、次级消费者（小型肉食动物）、三级消费者（大型肉食动物），每传递到下一个阶段的产品都实现了增值；最终产品经过生态链的不同环节后，到达终极消费者手中。同时资源初加工和产品生产企业在生产过程中均会产生废弃物。这些废弃物进入分解企业进行加工处理，然后以资源的形式返回到资源初加工和产品生产企业和最终消费者手中，加以重复利用，因此分解企业则相当于自然生态系统中的"分解者"。产业集群生态链就是在业务上具有关联关系的企业聚集在一起，企业之间建立生态联系，使网络内的各企业互相利用各自的"废物"、副产品和产出，通过废料的资源化和再利用，变线性链条为高效率的循环生态链，实现经济和生态效益最大化。但这一套循环机制受到技术、经济、政策多重因素影响，要满足技术可行、制度约束与成本核算的条件，网络的生态功能才能更好地发挥。

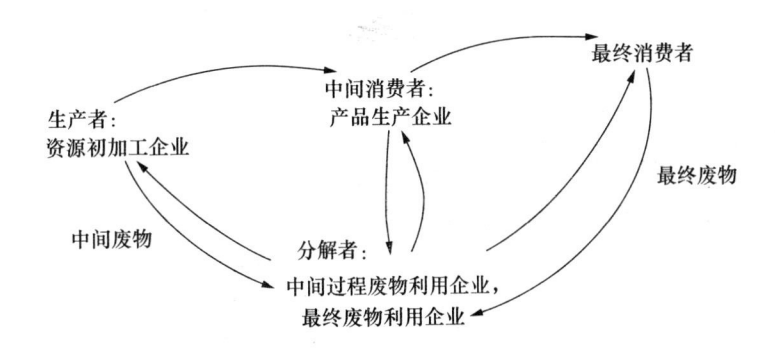

图 3-2 产业集群主生态链结构

辅生态链是由核心主生态链企业节点向外纵向扩展的链条，如政府与企业联结的政策链条、高校、科研机构与企业联结的技术链条以及金融机构与企业联结的金融链条，依照互利共生关系所建立，对主生态链的技术创新、价值创造等活动具有辅助与推动作用的生态链。辅生态链的辅助功能发挥得越好，越能加速主生态链内物质、能量的流动，加速主链创新活动的实现。

二　生态链思想在产业集群创新网络中的嵌入

产业集群创新网络结构与自然生态系统的生态链网结构类似，自然生态系统的稳定与可持续发展，依赖于一个完整的生态链循环体系，顺利实现各环节的物质与能量交换，并与环境相互适应。因此，将生态链思想嵌入集群创新网络发展中，以实现系统的稳定与可持续发展，应具备以下条件：（1）集群内的创新种群应对环境具有一定的适应性，并且在环境中占据一定的生态位。（2）按照自然生态链的结构与原理，根据生态文明建设要求，建立完整的循环生态链。（3）建立能够维持系统生态平衡，实现生态适应的网络创新机制。

以生态链机理与结构构建的集群创新网络，其生态链上分布的网络主体因物质、能量、信息交流的需要与其他链条的节点发生联结，从而形成多条生态链纵横交错的生态链网。以主生态链网为核心层，其网络主体是构成"生产者—消费者—分解者"生态链关系的资源初加工企业、中间产品生产企业和分解企业，以生态链机理运行，实现资源、能源、生产原料、副产物及废弃物的循环流动，以循环经济推动生态文明建设，形成低消耗、高效率的创新链条，体现技术创新的生态适应性。网络核心层的是科技中介层，其网络主体是科技中介机构。科技中介层外围是创新资源层，其网络主体是政府、金融机构、大学及科研机构。每一层级之间由辅生态链联结，建立政策、技术、金融推进链条，由系统外围向核心传递知识、信息、技术、资金等营养成分。对主生态链的技术创新、价值创造等活动具有辅助与推动作用，加速主链创新活动的实现。

与传统集群网络相比，基于生态链的集群创新网络在追求目标、运行规律、资源利用、功能结构、产业选择、持续能力、外部效应等方面都有所区别，见表3-2。基于生态链的集群创新网络改善了传统集群的生态环境，提高了传统集群的经济效益，在本质上颠覆了传统集群网络的运营模式，符合可持续发展的产业模式。

本书将基于生态链的人造板产业集群创新网络内涵定义为大量相关人造板企业及其相关支撑机构因长期稳定的创新合作关系以生态链网结构在特定区域产生创新聚集，在外部环境制约影响下形成具有较大创新能力和竞争优势，兼顾社会、经济、生态多重利益的网络化产业组织形式。该集群创新网络按照经济发展和生态环境需求，核心层建立闭合物质循环主生态链网，以辅链向外结网，形成开放的系统环境，按照生态学原理建立运行机制。

表 3-2　　基于生态链的集群创新网络与传统集群网络比较

	传统集群网络	基于生态链的集群创新网络
网络目标	产值和利润	综合效益
网络运行规律	以经济规律为主	包含生态规律的各种规律
资源利用	一次性、单一性	循环利用型
网络功能结构	突出经济功能	经济、社会、生态功能整合
产业选择	以增加产出为主要取舍标准	以构建循环经济体系为取舍标准
可持续发展能力	弱	强
外部效应	部分吸收、负外部效应强	充分吸收、负外部效应逐渐弱化

第三节　基于生态链的人造板产业集群创新网络特征分析

基于生态链的人造板产业集群创新网络作为一种新型的创新网络，不仅具有创新网络的基本特征，同时还具有重要的生态学特征。

(1) 模式特征——互利共生性

在自然生态系统中，物种进化过程中表现出来的互利共生关系是生物在适应环境中的自组织过程，这一自组织过程有助于实现生态系统中的生物多样性。复杂的生态系统往往由多样性的生物种群构成，物种与物种之间形成完整的食物链，构成物质与能量流动的良性循环，多样性有助于系统的稳定性。

人造板产业集群网络内的众多企业间存在着天然联系，原木采伐、旋切、加工制造、家具组装等上下游企业间通过功能、优势互补结成专业化分工合作的互惠共生关系，以弥补单个企业创新资源不足的缺陷，强化自身核心竞争力，提高环境适应能力。在人造板集群创新网络中，互利共生性体现了创新网络合作模式特征[149]。成功的网络化创新取决于主生态链上企业识别自身核心能力，而将自身不擅长的环节与其他企业进行互补，利用对方的创新特长，联合研发，实现生态链上的专业化分工与协作，专业化分工越充分，链条结构就越稳定。

（2）运行特征——协同竞争性

人造板产业集群生态链上的创新种群以协同合作竞争关系得以发展，网络化创新主体之间不仅具有专业化分工的相互依赖性，也具有显性化的相互竞争。通过竞争和协同，系统内各网络主体会将一些明显的竞争趋势进行优势化，从而控制整个网络系统从无序向有序发展，保持集群创新动力和高度灵敏性。人造板产业集群创新网络中竞争与合作并存的状态，进一步促进了创新网络的知识整合和信息交换，竞争为技术创新提供动力，合作是实现创新活动的保障，是保证产业集群创新网络生存和发展的关键。可见，协同竞争性是人造板产业集群创新网络的运行特征体现。

（3）环境特征——系统根植性

根植性是指经济行为主体的活动嵌入到特定社会关系的文化环境之中，具有较强的地方属性，其他区域难以模仿。首先，人造板产业集群创新网络根植于政治、经济、社会、生态环境中，创新主体行为受到环境的制约，主体成员之间建立起广泛的劳动分工和紧密的、基于长远关系的合作。其次，以地理靠近为特征，产业集群的企业和相关机构（包括政府、大学或科研机构、中介机构、金融机构等）在地域上相互邻近，而且共同"锁定"于一个区域所具有的显著地域相关特征。根植性使集群网络内成员拥有熟悉和共有的背景知识、语言和交易规则，更加容易交流并达成合作，能够有效地防止各种机会主义行为，为正常的市场交易提供便利。因此，这种基于共同的环境所产生的信任、理解和相互合作体现了人造板产业集群创新网络的社会环境特征。

（4）结构特征——系统开放性

人造板集群网络内的各个节点不断与集群区域外的人造板企业及相关机构发生多方位、多层次的联结，寻找新的合作伙伴，开辟新的市场，拓展人造板集群创新空间，以获取远距离的知识和互补性资源，完成人造板集群外部的合理链合[150]。具体表现为以下几个方面：一是人造板企业购买国外技术，为网络引入技术源，在网络内引发对新技术的吸收和再创新。二是吸引外商投资，增加技术、知识、信息等方面的创新资源，增强集群网络化创新能力。一般认为，集群网络化创新向高水平的发展一定伴随着系统开放程度的提高，因为系统内资源是有限的，只有不断从系统外界吸收知识、信息、技术等能量，才能长久保持集群创新网络的创新活力。

（5）经济特征——循环经济性

循环经济性是人造板产业集群创新网络构建时的基本目标，这种基于社会、经济、生态发展的构建思想与自然生态系统存在明显的差别。在人造板产业集群生态链中，上下游企业通过分工合作形成环环相扣的生产与消费关系的产业链条，同时存在着分解者角色的创新主体，当每一个环节产生的废料经过分解者的有效回收、分解、再利用，就形成了循环生态链，充分发挥人造板产业链条的循环经济性可以为整个人造板产业集群网络创造更多的经济效益、社会效益和生态效益。

第四节　基于生态链的人造板产业集群创新网络系统结构分析

一　创新网络系统构成

根据前文构建的思路与原则，本书构建了基于生态链的人造板产业集群创新网络系统。其中，人造板企业、大学及科研机构、政府机构、金融机构及中介机构等网络主体成为分布于网络中的网络节点，节点联结形成纵横交错的垂直创新生态链与水平创新生态链，在外部政策、经济、社会及生态环境的影响与制约下，模拟自然界生态链的运行机理运行，通过不同节点间的合作与创新组成整个人造板产业集群创新网络（见图3-3）。

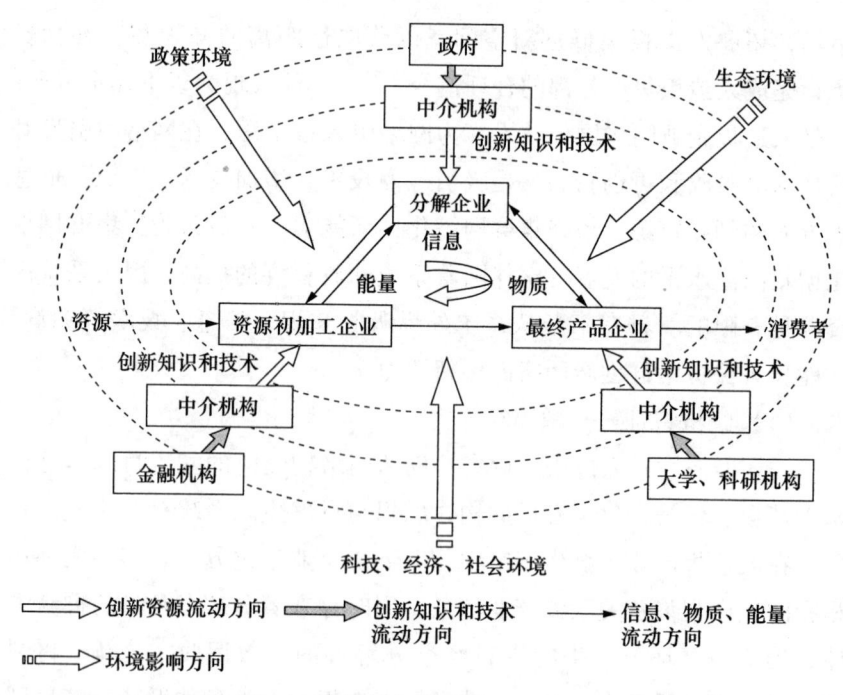

图 3-3 基于生态链的人造板产业集群创新网络模型

二 创新网络系统结构分析

集群创新网络形成的关键因素在于节点联结,节点联结的目的在于形成资源传递的链条,促进网络创新,节点联结的方式遵循自然生态系统运行方式促使网络产生稳定性、循环性及自适应性等优势。在人造板产业集群创新网络内部有多条传递不同资源的链条,这些链条纵横于各个层次的节点之间,成为创新网络发展的关键。其中,垂直创新生态链代表在创新资源推动下,创新知识和技术的流动、转化方向;水平创新生态链代表资源(政策、资金、技术、人才、信息、物质、能量)的横向交流、共享。

(一)网络节点

人造板产业集群创新网络内,企业、大学及科研机构、政府机构、金融机构及中介机构等创新主体分布于网络中,构成网络节点,借助创新网络这个载体,通过信息流、知识流、政策流、人才流的汇聚与转化,共同促进产业集群网络化创新能力的提升[151]。

(1) 群内企业

人造板产业集群创新网络内企业是最重要的经济单元，也是参与创新、实现创新增值的核心行为主体，具体指人造板原木采伐企业、原木旋切生产企业、各类人造板生产企业以及建材、家具企业等。人造板企业基于利益及竞争的需要，主动寻求与不同的组织机构合作，从而不断跨越自身组织边界，与网络外部进行交流，使企业间合作范围跨越区域，扩大至全国甚至全世界，并通过自身规模及创新实力改变影响集群创新网络内资源的配置。创新网络内企业的生命在于持续的技术创新行为，但技术创新需要多个行为主体的合作才可以实现，因而，企业相对于其他网络节点更需要创新网络，会采取各种措施不断完善自身及其他行为主体，促进了集群创新网络的完善。

(2) 大学及科研机构

大学及科研机构作为人造板产业集群创新网络内知识、技术的原始创新主体，为创新网络提供了创新来源，是人才流和技术流的主要供给者，不但能够创新思想，还通过教育、培训及成果转化等方式促进知识、信息及技术等扩散或市场价值的实现。首先，在物质资源方面，大学及科研机构为人造板及相关企业有偿或无偿地提供研究场地及"孵化"设备，间接地参与到创新活动中，并为企业节约了投资成本，有利于企业将更多的资金用于创新行为。其次，在人力资源方面，大学及科研机构为人造板产业集群创新网络源源不断地输送各类型人才，并提供给企业员工终身教育及在职培训，有利于网络内人力资源创新能力的提升，同时又促进了网络内的技术创新行为。最后，在技术资源方面，大学及科研机构既可以直接为企业提供大量的先进技术及成果，又可以与企业在技术创新方面展开合作，有利于企业创新能力的提升及网络内各类科技成果的转化。

(3) 政府机构

人造板产业集群创新网络内，政府机构并不是创新活动的直接参与主体，但却承担着创新过程政策制定、制度维护的主体职责，在积极营造区域发展的创新环境、促进集群创新网络的形成及创新、有效规范地方市场行为及挖掘集群内创新资源等方面，发挥着十分的重要作用。可见，政府机构在人造板产业集群创新网络内充当着桥梁的作用，即通过在网络内营造"创新空气"，促进知识及信息的传递与扩散更加准确及有效，使网络内的创新过程更加顺畅。其功能发挥主要体现在以下两方面：第一，政府机构为创新网络提供良好的创新硬环境。政府机构不但为集群网络内各节点提供土地、交通、能源及通信等工业经济体必需的基础设施，还提供信息网络系统、教育培训系统、社会资源服务系统及传媒系统等知识经济体必需的基础设施。通过加强及完善各种基础设施建设，促进创新活动高效进行。第二，政府机构营造有利于创新网络发展的氛围及软环境。政府机构营造出有利于当地企业家及创新行为的文化氛围，鼓励尝试、宽容失败，引导知识的水平流动及配置等，并通过税收、价格等激励政策体系，地方产业政策及科技政策体系，官产学研合作协调政策体系等体系的确立，对创新网络内主体间的关系规范、协调及指导，以加速网络内创新活动的开展。同时，政府机构还要培育集群创新网络内的非正式社团，为其提供必要的资金及技术等方面的支持，通过培育非正式社团为集群网络增加一定的创新渠道。

（4）金融机构

人造板产业集群创新网络内的金融机构是技术创新资金的提供主体，主要包括银行金融机构（商业银行、城市信用合作社、农村信用合作社等）、非银行金融机构（信托公司、金融租赁公司、证券公司、保险公司等）和创投机构。这些机构对创新行为的产生及增值过程的实现有着直接影响。人造板产业技术创新行为具有投资大、风险高及市场不确定等特点，企业必须有金融机构的融资支持才能保证其创新行为顺利实施。金融机构为企业的技术创新行为提供融资，解决企业技术更新、产能扩张及营运资金不足等问题，有利于集群网络内企业实现生产专业化及规模化。特别是集群网络内的中小企业，得到金融机构的资金扶持后，获得创新的内在动力，有利于加快人造板产业集群网络的整体创新速度。另外，金融机构还能凭借其丰富的投资经验及市场信息分析能力，为创新网络内企业的创新战略提出一定的参考意见及建议等，有利于降低集群网络内各企业的经济风险。

(5) 中介机构

人造板产业集群创新网络中，中介机构与政府机构相似，其本身并不直接参与创新活动，而是在其他网络主体的创新活动中起着间接的辅助与促进作用。中介服务机构包括半官方性质的行业协会，以盈利为目的的金融机构、律师事务所、信息咨询机构、技术推广机构、人才中介机构等部门，由于兼具市场的灵活性及公共服务性的特点，中介机构可以对集群创新网络内企业的市场行为起到有效协调与规范，对各类资源进行合理配置，协助政府机构及市场激活资源，从而增强集群网络的创新活力。一方面，中介机构能够促进人造板产业集群网络内各行为主体间的网络联系、产学研合作等，为各类创新资源及行为主体牵线搭桥，使它们以较低的风险及交易成本实现协同创新。另一方面，各类中介机构由于集聚了信息、技术、管理及法律等领域的专家，能够为人造板及相关企业提供专业化的服务，有利于各企业获得市场机会及信息，为企业降低了经营风险，又促进行业科技发明成果进入人造板产业集群创新网络，并加快相关技术成果的转化等。

(二) 垂直创新生态链

人造板产业集群创新网络的垂直创新生态链表示在各类创新资源推动下，创新网络内的知识与技术的流动及转化方向，由主生态链和辅生态链组成。

(1) 主生态链

在自然生态系统中，生产者、消费者和分解者通过捕食与被捕食关系构成了生态链。在人造板产业集群中模仿这种关系建立主生态链，集群中具有专业化分工的企业是人造板产业集群创新网络内最重要的创新活动主体。人造板集群创新网络的主生态链由上下游企业构成，资源初加工企业—产品生产企业—分解企业及用户联结成链。资源初加工企业主要指原木供应企业、原木旋切企业等，产品生产企业指胶合板、细木工板和木丝板等人造板加工企业，分解企业则指对原木加工剩余废料（木屑、纸浆、木炭）进行回收再利用的企业，如纤维板、刨花板加工企业、纸浆生产企业、木炭生产企业等。为了将人造板主生态链上的物质充分循环,废物得到充分利用,本书还将人造板生态链延伸到了人造板下游产品链条,纳入延伸产品企业。延伸产品企业指人造板及其废料利用的下游企业如家具生产企业、木地板加工企业、建材企业、造纸企业及将相关废料燃烧用于发电的企业,见图3-4。

消费者:人造板生产企业 胶合板、细木工板等人造板产品

消费者:延伸产品生产企业 家具、木地板、造纸、发电

生产者:资源初加工企业 原木供应、单板旋切等初加工业务

最终消费者

分解者:资源回收再利用企业 废料回收、分解业务;纤维板、刨花板等人造板产品;再生环保人造板产品

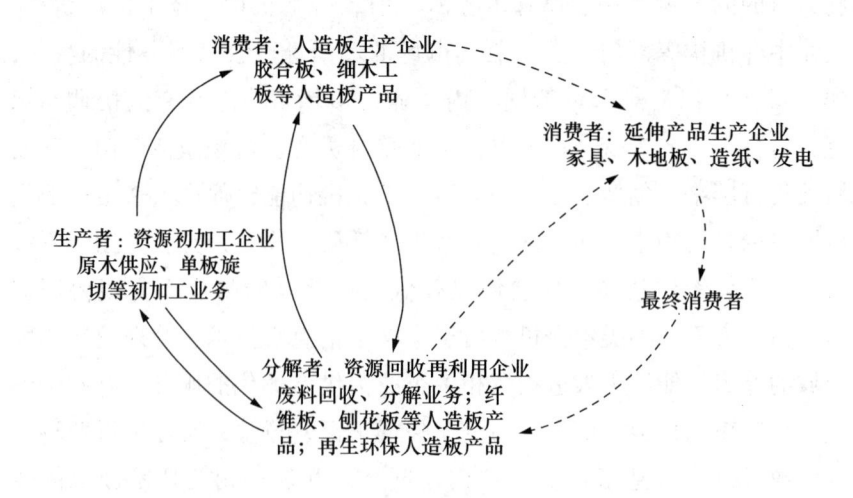

图 3-4　人造板产业集群主生态链结构

原有的人造板产业链条,如原木—锯材—实木家具,原木—胶合板、薄木—装饰材料,"三剩"—刨花板—家具、装饰材料,"三剩"—纸制品,以及小径木—木制品的产业链条,都是单一的耗散链条。当最终产品流入消费者手中后,我国对于使用后报废的木质材料大多采取随同其他垃圾焚烧或填埋方式。而随着我国房地产业近些年的快速发展和城市危房改造的深入,每年产生的各类废旧木质材料约7000万吨,对废旧木材的回收利用将大大解决木材原料短缺问题,提高资源利用率。促进废旧木材有效应用成为人造板集群网络主生态链构建的重要一环。发达国家的废旧木材循环利用已经发展得相当成熟,出于经济利益和生态保护原因,各国政府纷纷立法,对废旧木材的回收利用进行管理,如德国在2003年专门颁布实施了一项有关废旧木材回收的法律文件《废旧木材管理法令》,禁止随意填埋废旧木材。意大利的 Mauro Saviola 集团是利用废旧木材生产人造板的企业,

年产刨花板 150 万立方米。美国、法国、日本等国也分别在 20 世纪 90 年代实行木质废弃物的回收利用。

在我国，由于废旧木材回收及二次利用的高成本，关于废旧木材的循环利用研究成果不少，但实际应用寥寥无几。在人造板行业，浙江丽人集团开先河，与上海环卫系统合作回收废旧木材，并以此为原材料生产环保人造板。废旧木材的循环利用采取不同工艺，与不同材料混合可生成再生刨花板、再生纤维板、无机胶结人造板、木塑复合材料、纸质结构板、集成材、细木工板、胶合板。我国人造板集群创新网络在这一环节的推进主要致力于降低循环利用成本，提高回收技术，以达到再生木材使用标准，实现生态和经济效益双赢。

本书基于生态学视角，在循环经济目标导向下，提出模拟自然生态系统的闭合生态循环链构建人造板产业集群创新网络的主生态链，资源、能源、生产原料、副产物及废弃物的循环流动，将形成低消耗、高效率的创新链条。这条主生态链上的节点依靠相关机构及外部创新资源进行新产品开发、环保技术、资源循环利用等创新活动，并实现科技成果转化，是企业创新过程中实现增值的最重要链接，各节点通过信息、物质及能量的传递，实现人造板产业集群创新网络的生产、消费及分解等生态功能。

（2）辅生态链

垂直创新生态链的辅生态链由政策链条、技术链条及金融链条构成，对主生态链的技术创新、价值创造等活动起到辅助与推动作用。

①政策链条

政策链条由政府机构—中介机构—企业联结而成。政府机构作为政策链的源头，承担着为集群创新网络营造创新市场环境、完善政府法律环境的重任，对创新网络的构建及稳定起着重要作用。政府要对人造板产业发展、技术创新行为等给予政策、资金等方面的扶持，并对违背及侵害集群利益的企业执行强制制裁。例如，加大对人造板产业集群生态网络的财政支持，使处于网络节点的企业可以从生态合作中获得更大的收益，以规避企业为追求经济效益而损害生态效益的逆向行为；鼓励银行等金融中介机构加大对人造板产业集群创新网络的信贷支持，降低企业的融资成本；主导集群网络内的创新计划，包括科技攻关计划、"产学研"联合开发工程等。通过政府、中介机构及企业间的交互联系，以政府政策为引导，实现人造板产业集群创新网络内各节点的协同发展。

②技术链条

技术链条由大学及科研机构—中介机构—企业构成。大学及科研机构作为技术链条源头，将创新信息、技术及人才等通过中介机构向集群生态网络的核心层企业推进。集群生态网络核心层功能的发挥取决于技术可行、成本核算，这是由核心企业是否具备技术创新优势所决定的。因此，企业必须与大学及科研机构建立联结，通过"产学研联合体"的方式，共同承担科研项目，科技中介机构在其中起着技术协同创新的沟通及协调作用。通过三方的联结与合作，加速人造板产业集群创新网络的科技创新行为及成果转化。

③金融链条

金融链条由金融机构—中介机构—企业构成。集群创新网络内企业的创新与发展需要资金的支持，金融机构正是企业研发资金的重要来源。金融机构在政府政策的引导下，为人造板产业集群创新网络内企业提供扶持资金；企业利用中介机构提供信用担保等方式，加强与金融机构的沟通及合作，与其建立战略合作伙伴关系，从而形成金融机构与企业间的双向互动环境及氛围。集群网络中建立金融链条的目的在于为集群网络中的企业提供业务开展所需的便捷服务，帮助其减少因信息不对称而导致的信用风险及项目风险等，提高融资效率。

（三）水平创新生态链

人造板产业集群创新网络的水平创新生态链表示政策、资金、信息、技术及人才等资源在网络内的横向交流与共享，由内向外依次为核心层企业链、辅助层中介链及外围层资源链。

（1）核心层企业链

核心层企业链是由同类人造板企业横向联结而成。企业是集群创新网络内的重要节点，同类人造板企业间存在着紧密的分工与合作关系，网络联结越紧密，企业间的知识共享、集体学习行为就越有效，增强了人造板企业间的合作性并减弱其竞争性,加速产业集群网络内的各项创新活动。同类人造板企业处于同样的发展环境中,面对共同的市场,企业之间相互模仿、相互竞争,企业要打败竞争对手,需要研发先进技术及先进产品等,这一过程促进了信息、技术等资源在网络内的流动,加速集群网络内的创新活动;另外,各人造板企业间还会建立一定的合作关系,包括合作研发某项新技术或新产品、结成联盟占领市场、合力战胜其他更强的竞争对手等,合作的人造板企业通过知识共享、集体学习等行为,促进了集群网络的创新行为。

(2) 辅助层中介链

辅助层中介链主要包括联结企业和政府、市场的行业协会;联结企业和科研机构的生产力促进中心、科技企业孵化器、科技咨询评估机构、技术市场、科技情报信息机构等科技中介机构;联结企业与银行、投资公司的金融中介机构;为企业提供人才信息、物流服务等各类服务中介机构。各中介机构相互交流与合作,负责整合集群创新网络内的相关资源,为核心层企业的科技创新活动提供专业化的服务,对集群创新网络的协同创新起着沟通与协调的作用。由于中介机构在集群创新网络内的声誉较高,受到人造板企业、大学及科研机构、政府机构及金融机构等节点的青睐,可以充分发挥其在集群创新网络内的沟通与协调作用。

(3) 外围层资源链

外围层资源链由政府机构、金融机构、大学及科研机构等节点组成,这些节点为人造板产业集群创新网络提供政策、资金、技术及人才等创新资源,并对科技中介机构起到指导方向与传递资源的作用。金融机构与科研机构的创新活动受到政府政策的指引,同时政府机构需要科研机构提供决策支持,需要金融机构提供资金支持,三大节点通过资源流动及共享,为人造板产业集群创新网络提供充足的创新资源保障。

(四) 网络环境要素

任何产业集群都不是孤立存在的,必然会受到周围环境的影响。因此,基于生态链的人造板产业集群创新网络的发展,不但需要网络节点间的紧密联结，还需要适应一定外部环境的变化，以保障其与其所处的宏观环境协调发展。人造板产业集群内嵌于外部环境中，宏观的政治、经济、技术及社会环境等对集群创新网络各节点具有影响与渗透作用。另外，由于传统产业集群对生态环境的污染日益严重，国家逐渐加强对生态环境保护的关注与重视，使生态环境也成为影响集群创新网络的重要环境要素。各外部环境因素共同作用，影响并支撑基于生态链的人造板产业集群创新网络的发展。

第五节　基于生态链的人造板产业集群创新网络系统关系分析

在自然界的生态群落中，生态链以生物种内关系和种间关系形成联结。人造板产业集群生态链上的创新在种群内部和种群之间也具有类似的种内关系和种间关系。研究人造板产业集群生态链的结构特征，对于了解集群网络的生态学机制，构建功能健全的创新网络具有很大的帮助。

一　创新种群关系分析

集群创新种群是产业集群内部由同质的一群创新主体构成的集合，创新种群内部的创新组织必须具有相同（或相似）的特征。产业集群创新种群具有一定的空间格局，种群内部的创新主体之间通过各种种群内关系有机地结合起来。创新种群之间通过种群间关系联结，形成创新群落。

（一）种群内关系

根据种群生态学理论，种群内关系指同种生物间的关系。在自然生态系统中的同一种群内，生物个体面对相同资源时，如果所占据的生态位重合或交叉，会出现种内竞争，比如，生活在某一区域的同种动植物，时常为了争取有限的食物、光照、空间、配偶或其他需要而发生竞争；如果资源非常丰富，生态位分离，竞争行为减少，表现出共同抵御外来入侵者。在产业集群网络中，同一创新种群内部关系根据资源的丰富程度，也是以竞争、合作关系存在。人造板产业集群网络中，竞争与合作关系常发生于企业种群、科研机构种群、金融机构种群、中介机构种群之间，其中以企业种内关系最为显著。同一种群的企业分布在生态链的同一节点横断面上，种群内竞争和企业节点密度有很大关系。在资源有限的环境中，种群内企业密度越大，竞争越激烈，企业在竞争中优胜劣汰，最终实现种群内部平衡。如人造板集群生态链上的资源初加工企业种群，追求的是向中间产品企业种群提供原木初加工产品，以获得利润最大化，然而随着中国森林资源日益紧张，企业生态位变窄，对原木资源的竞争加剧，原料成本的提高，也影响到了企业的经济效益，竞争能力弱的企业在竞争中被市场淘汰。如果企业在人造板可替代资源的技术开发与应用方面获得成功，以差异化扩展企业生态位，则会降低竞争程度，企业也可以通过与其他企业合作的方式，提升自己的竞争力，降低被淘汰的危险。

集群创新网络中的种内竞争往往同时伴随着合作。技术创新是提升企业竞争力的重要因素，竞争和合作都是促进创新的一种途径。竞争使企业加速创新，提高产品质量和服务，以巩固自己的市场竞争地位，合作可以进行优势互补，通过联合创新提升竞争能力，也可以通过了解对方，实现生态位的差异化，避开正面竞争，转入其他领域生产，与强势企业形成配套合作。这种竞争性分工合作关系是维护网络系统平衡、降低竞争的种内抑制作用的新型网络关系。

（二）种群间关系

在生态学中，种群间关系指不同种生物间的相互关系。不同物种之间通过相互作用，以某种关系联结成生态链条。种间关系可以很紧密，直接作用于另一个种群，也可以很松散，对另一个种群构成间接影响。种间关系对种群的影响也存在有利影响和有害影响。有利关系影响包含共栖关系、互利共生关系、偏离共生关系、协同关系。有害关系影响包含抗生关系、寄生关系、捕食关系、竞争关系。

借鉴生态学中的种群间关系理论，根据人造板产业集群生态链的特征，笔者发现，实际的人造板产业集群创新种群间的关系与自然界种间关系相比既有相似的种间关系，也有已发生改变的种间关系。对人造板产业集群网络中的种间关系归纳为以下几种：

（1）竞争关系

人造板集群创新种群间的竞争具体可分为两种情况，一种是企业种群之间提供可以替代的产品或服务，从而会对下游企业或消费市场进行竞争。比如，刨花板生产企业与密度板生产企业因产品的可替代性存在竞争关系，通常，两种产品的互为替代性越强，竞争程度就越高。另一种情况是两个企业种群对上游资源有共同需求。如刨花板生产企业和细木工板生产企业，都对原木加工资源有共同需求，两个种群产品功能用途不同，但因争夺资源而产生对竞争对手的影响。在同一产业集群中，竞争会出现多种结果，有时恶性价格竞争会对竞争双方构成威胁；有时竞争结果会对一方有利，比如，集群中的强势种群存在更大的竞争优势，在讨价还价能力、政府政策保护方面获利，竞争结果使其资源范围进一步扩张，而另一方则可能被淘汰。但不可否认的是，种群在竞争环境中，提升了竞争和创新意识，优胜劣汰使生态链更加稳固，系统实现生态平衡，因此，种群竞争关系也是促进集群网络完善、提高网络创新能力的动力。

（2）互利共生关系

人造板产业集群种群的互利共生具体可以分为三种情况，第一种情况是生态链上下游企业间的合作。处于人造板生态链不同生产环节的企业种群，如资源初加工企业、中间产品企业、最终产品企业，随着专业化分工合作的加强，中间环节不断被精细化，企业间的合作更加紧密，生产效率和经济效益不断提高。第二种情况是高校、科研院校与企业间的产学研合作，也是一种典型的互利共生关系，高校或科研院所为企业提供科研成果、创新信息、设备以及人才培养，企业则主要进行产品开发、工艺开发和市场开发，如此一来，网络中的企业与高校互利共生、优势互补、互相促进。第三种情况是不同类型企业种群之间由于一个种群产生的废弃物可以作为另一方的原料和能源被对方所利用，双方形成共生关系，以达到节约资源、保护环境、在集群内实现物质良性循环的目的。比如，原木加工企业生产中所产生的木屑、木芯、废纸又成为纤维板企业、刨花板企业、造纸企业的原料，家具生产和木地板加工企业所生产的废料，可被二次利用作为人造板企业的原料。随着循环经济的发展和人们对生态环境的关注，第三种共生关系下的技术创新活动会进一步被促进，人造板资源单向流动和利用方式将逐渐向资源循环利用方式转变，更接近于自然生态链中的循环模式。

人造板产业集群的这三种互利共生关系是一种对称的利益分配机制，各共生单元的获利能力与利益积累相对平衡，因而能够保证生态系统内部各企业共同进化。这种对称性互利共生是集群发展中最有效率、最有凝聚力且最稳定的共生形态[152]。

（3）寄生关系

在生物群落中，寄生关系是指当两种生物在一起时，一个物种寄生于另一物种的体表或体内，并依靠它生活，消耗其营养。在人造板集群创新网络中，寄生关系也表现为两种情况，一种情况是小企业依附于大企业，为其提供配套产品。很多人造板集群所处地区呈现出龙头企业带动小企业发展的模式，强势企业可以看作宿主种群。由于竞争优势明显，抗风险能力强，成为很多小企业依附的对象，小企业作为寄生种群，向宿主种群提供它们所需要的配套产品或衍生服务。如果寄生种群过度依赖宿主，会导致丧失自主技术创新的能力；如果宿主种群衰败，寄生种群必须选择新的宿主，否则无法存活。另一种情况是集群中围绕主导企业所出现的相关配套服务机构与企业种群形成寄生关系。如果宿主衰败，由于寄生种群提供的是专向服务，也因此无法独立存活。如科技中介服务机构种群与企业种群之间的关系。集群网络中的寄生关系与生物体之间的寄生关系存在着本质的区别，主要体现的是种群间的主导与依附关系以及小种群的"搭便车"行为，而不会出现一方有利而另一方无利或有害的现象，因为企业都是以利益最大化为前提寻求合作。

寄生关系在集群网络系统中并不是一种稳定关系，宿主种群与寄主种群都会向生态链的稳定联结方向协同进化，逐渐过渡到互利共生的平衡状态。一种情况是寄主在依赖宿主的过程中，通过学习与创新，不断增强自身独立性，利用宿主的营养物质达到自身成长的目的，逐渐脱离宿主，找到适合自己的生态位。另一种情况是宿主实现的更高层进化，借助寄主种群带来的利益完成原始积累与创新，实现了产品的升级换代与规模扩张，进化为新的强势种群。

（4）捕食关系

在生物群落中指一种生物捕获另一种生物，并予以加害或吞食；在集群创新网络中当然没有以实体形式进行相互"捕食"的关系，然而对创新网络系统中流动的物质和能量，以及流动的技术、知识、人才，从这一层面考虑，生态链上的每一个网络主体都在时刻进行着捕食行为，与每一个节点的交互都是一种捕食关系。另外，捕食关系还可以表现为企业并购行为。

（5）抗生关系

在生物群落中，抗生关系指两个种群生活在一起，一种群所产生的物质对另一种群有害；在人造板集群创新网络中则指一个创新组织所产生的物质（如废气、噪声等）对另一创新组织产生负外部性影响。人造板集群在环境污染方面一直相当严重，其主要污染物是粉尘、废气、废水、噪声。由于人造板企业规模普遍较小，存在资金瓶颈和技术落后，在利益驱使下很少顾及环境污染，因此人造板企业的排污对附近区域的组织均带来危害，产生抗生关系。但随着国家对环保要求的提升，企业与民众对环保意识的觉醒，企业加大对污染治理问题的资金与技术投入，同时，大力发展循环经济，降低污染企业对集群带来的负外部性。

二　创新群落与环境关系分析

在生态学中，生物群落指某一栖息环境中，所有种群组成的群体；生物群落以及无生命的自然环境相互作用形成生态系统。生物群落和环境是不可分割、辩证的统一体。自然环境为群落的生长提供了生存条件，在决定群落类型上起着决定作用。群落基本上是严格的自然环境选择的结果，但它反过来也影响着自然环境，创造了特有的群落内部环境。

在人造板产业集群创新网络中，创新群落是由几个不同类型的创新种群有机结合而成。集群创新群落根植于创新网络环境中，与环境的相互作用构成集群创新网络系统。集群创新网络所处的环境主要指非生物环境，大致包括政策环境、经济环境、科技文化环境、生态环境。网络环境对于创新群落的发展起着决定性作用，同时影响着整个网络系统的生态平衡。环境条件的变化可能引起生态平衡的破坏和生态系统的解体，因此，要维持网络系统的平衡状态，创新群落就要积极适应环境，调节内部创新种群关系，建立内部创新机制，加快与外界的物质交流、人才交流、信息交流、技术交流，形成持续竞争优势。在集群网络化创新过程中，创新群落的发展不仅在于要适应环境，更为重要的是主动改造创新网络环境，使环境向有利于主体发展的方向进化。

第六节　本章小结

本章首先阐述了本书的思想起点，将生态链思想与集群创新网络相融合，为产业集群创新网络构建提供理论依据。其次构建了人造板产业集群创新网络系统，系统由垂直生态链与水平生态链构成，垂直生态链包含主生态链和辅生态链，水平生态链包含核心层企业链、辅助层中介链和外围层资源链。最后阐述了人造板产业集群创新网络系统中存在类似于自然生态系统的生态平衡关系，包括创新种群内的竞争与合作关系，种群之间的竞争、互惠共生、寄生等关系以及群落与环境的协同关系。

第四章 基于生态链的人造板产业集群网络化创新机理分析

第一节 人造板产业集群网络化创新要素分析

基于生态链的人造板产业集群网络化创新过程中，创新要素对产业集群起到加速创新、提升网络化创新能力并推动整个集群的高级演进的作用。因此，本书从网络视角出发分析人造板产业集群网络化创新要素，将集群网络看作一个整体，网络化创新过程受到网络主体要素、网络结构要素和网络环境要素的相互作用。

一 网络主体要素

网络主体是创新活动的计划与实施主体，产业集群网络化创新能力主要通过创新主体的创新行为表现出来。在人造板产业集群网络化创新过程中，人造板企业是创新活动的执行者，对创新能力起基础支撑作用，高校、科研机构对技术创新的推动作用。它们和中介机构、金融机构及政府构成纵向产业链，为集群内的技术创新活动提供资金资助和创新技术平台。上下游企业与竞争企业构成横向产业链，上游供应商提供创新成果的原材料支持，而下游经销商可以提供创新成果的市场转化，龙头企业承担技术研发及提供销售网络、资金、专家推广体系，输出人才，中小企业与大企业进行联盟合作。这些网络主体拥有知识、技术的创新资源，对于集群网络化创新能力的形成起到重要作用。

（一）竞争与合作行为

人造板产业集群创新网络内部，有数量众多的同行业人造板企业，各企业之间发生竞争与合作。通过竞争可以促进各人造板企业提高生产效率，有利于产品品质的提升与创新。但过度竞争则会导致集群内企业间的恶性竞争，造成劳动条件恶化，不利于企业的学习与创新。

目前，中国人造板企业的竞争行为主要表现为价格竞争，由于人造板产业集群最初形成的动力源于丰富的自然资源，导致企业进入集群的壁垒相对较低，加之，行业整体定位较低、产业工业化程度低等原因，导致产品结构中技术含量低、无差别的初级产品比重大，人造板企业相互压价、恶性竞争行为较严重。中国人造板企业的品牌意识与国际人造板企业相比差距很大，在国际市场竞争中，多数企业只能以贴牌生产进行出口，缺乏拥有自主知识产权的产品。从深层次分析，这些低水平竞争可以说是无效竞争或有效竞争不足的表现。近年来，许多已形成一定规模和影响的人造板企业开始重视产品质量和技术创新，致力于以企业间横向联合创新和产学研合作提升技术水平，打造名牌产品和独有知识产权的产品，以技术和品牌差异化竞争获取竞争优势。

由此可见，在技术水平低下、缺乏创新的人造板产业集群中，企业以价格作为竞争手段进行低水平恶性竞争，加速了整个集群创新网络的衰亡。与之相反，若集群网络内企业在竞争的同时提高合作意识及协作程度，则会形成"双赢"的结果。可见，竞争与合作机制的形成有利于人造板产业集群网络化创新中企业间建立起良好的竞争关系，促进产业集群健康发展，是提升人造板产业集群网络化创新能力的重要条件。

（二）持续创新行为

在当代全球竞争中，创新已经成为决定竞争成败的关键因素。网络化创新对产业集群升级同样具有决定性作用。人造板产业集群网络化创新行为主要体现在技术创新、产品创新与垂直生态链创新三个方面。技术创新即研发出新的人造板生产及加工的工艺与技术，人造板生产需要依靠先进的机械制造业和化学工业,如人造板加工机械、环保型胶黏剂、产品包装技术等,需要人造板企业与高校、科研院所等机构合作,产学研的合作对网络化创新具有推动作用[153]。产品创新即研发新的人造板产品,尤其是向家具、实木地板等附加值高的行业延伸;垂直生态链创新即对垂直链条进行价值链分析,抓住关键环节,通过持续创新强化核心能力,提升竞争优势。同时垂直生态链应向网络外围延伸,参与全球产业生态链,将核心知识、核心技术进行扩散与移植,开辟更大的市场。人造板产业集群创新网络内的企业通过持续创新,可以弥补因单个企业资源不足、技术有限及市场需求变化等外部缺陷,有利于产业集群保持旺盛的生命力及持续的竞争力。反之,如果集群缺乏持续创新的动力,则对人造板产业集群网络化发展起到阻碍作用。缺乏持续创新动力的具体表现有:第一,人造板企业将模仿复制作为竞争的唯一手段,不仅弱化了自身的创新能力,还使创新企业的创新成果收益受到损害,影响了整个集群网络的创新气氛。第二,某些人造板集群网络在发展过程中未意识到技术创新的重要性,缺乏与外部网络的沟通,从外部引入网络内部的只是人造板配套企业,产生的利润低且容易依附于核心企业,造成知识、技术的单向流动,形成集群网络内技术上的近亲繁殖,导致集群网络内技术发展缓慢甚至偏离市场需求。

(三)学习行为

人造板产业集群网络化创新的实现要依靠创新主体的学习行为,学习行为主要有三种:复制行为、模仿行为及学习创新行为。复制与模仿行为处于初级学习行为,而创新行为是高级学习行为,是促进人造板产业集群网络化创新的重要因素。有效的学习行为依赖于创新组织中的个体行为,目前我国人造板产业内的工人多是经过简单培训的新手,业务素质较低。同时,产业集群内普遍缺乏稳定的技术人员、业务熟练的高级技工和板材研发设计人才。随着人造板产业集群升级和发展规模的扩大,对技术水平的要求越来越高,生产工艺不断升级,相应的对劳动力的素质要求不断提高,较低的劳动力素质已成为制约人造板产业集群健康发展的瓶颈。因此,加强人造板技术工人的培训与学习，提升技术水平与学习能力，是实现人造板企业组织学习行为的关键，组织学习行为的提升又进而推动集群网络化学习行为。

二 网络结构要素

网络结构要素反映的是网络主体之间的互动关系，网络结构决定了金融资本、知识、人力资本的流向强度，对人造板产业集群网络化创新行为起协调作用。

（一）节点间的紧密联系促进创新资源共享

知识、技术、资本、信息、人才等创新资源的流动主要依靠网络节点间的紧密联结，形成创新渠道。在创新网络中，创新主体都掌握一定的创新资源，但网络化创新效率的高低不在于单个主体掌握的资源多少，而在于整个网络中创新资源的总量以及创新资源是否充分流动与共享。因此，集群网络化创新行为是依靠创新网络节点间的紧密联系，加速创新资源的流动和共享，从而提升创新能力。在我国的人造板产业集群中，大中小企业间缺乏紧密的产品技术外溢联系，进入大企业产业链的小企业少，大多数分散在大企业之外，生产规模小，高耗能低产能、连续性生产弱、缺乏竞争优势。产业集群内大量原木初加工企业的存在使人造板生产企业的选择有着更大的空间，加剧了初加工企业间的竞争。在合作方式上，产业联盟发挥的组织及整合作用不明显，企业间的合作还局限在产业链的原材料采购及产品销售等初级阶段，缺少产业矩阵的学习机制，不能将大企业拥有的先进生产技术和完善的管理体系扩散给中小企业借鉴学习，从而影响了创新资源的共享。

（二）网络与外界的有效联结有助于引进新的创新资源

人造板产业集群网络系统的对外联结，可以扩大网络创新主体创新资源的外延，为集群网络注入新的创新资源，增强了创新活力。对外联结表现为三种情况：一是积极吸引外资企业入驻，获取网络外部资源用于创新活动。二是企业直接参与国外技术的购买。三是与集群外的国内大市场以及全球市场的关联。我国人造板产业集群如果能够嵌入到全球价值链中，就可以带动集群的产品走出国门，同时在国际人造板行业标准的严格要求下，人造板企业会通过不断提高创新能力，以创新产品来满足国际市场的要求。因此，我国人造板产业集群创新网络与全球价值链的关联如何是决定人造板网络化创新发展的关键因素。山东省在青岛、烟台、日照、威海等沿海城市建设了 7 个深水木材港，从而为木材资源进口提供了便利条件。目前，山东已有环球木业、江泉木业、森美人造板、鲁丽集团以及南山集团等近 30 家企业在国外建立了原料基地。全省林产品出口额近 20 亿美元，而且每年还在以 30% 的速度递增。总的来说，人造板产业集群创新网络对外开放程度越高，越有利于引入新的知识、信息、技术等创新资源，为集群网络保持持续的创新活力，实现集群网络化创新升级提供保证。

（三）网络节点相互作用能够产生正外部性

网络主体间的相互作用产生了知识溢出、集体声誉等正外部效应。比如，集群内的人才流动，必然带动隐性知识的流动，促进集群内部知识交流与共享。声誉是集群网络主体在相互合作中所形成的外部形象，集体声誉越高，越会吸引人才的加入以及相关企业与机构的合作，甚至吸引集群网络外部的相关主体进入网络，达成合作，这必然扩大了创新网络规模，增加了网络的创新资源，提升了网络的创新能力。

三　网络环境要素

网络创新环境在增强人造板集群网络化创新活力、推动网络化创新发展中起着重要作用。网络化创新是在多种创新要素的相互作用、相互协调下发生的知识学习和创造实践活动，而创新要素的发挥与创新活动的进行需要一定的"空气"与"土壤"，这种必需的外部条件就是网络环境。创新主体只有在一定的创新环境中才能被有效地培育并展现出创新活力，因此，网络创新环境对创新主体的网络化创新活动起培植作用。

（一）网络政策环境

网络政策环境对人造板产业集群的发展起到强制与支配作用。由于人造板产业集群对资源的依赖性较高，导致政府的扶持政策在集群发展中起着极其重要的作用。基于生态链的人造板产业集群创新网络中,政府扶持要素主要包括区域经济政策、产业政策、公共政策、公共服务、公共机构等。其中对集群网络化创新影响最大的是制定和落实一系列鼓励创新的财税、人才流动、技术市场、技术奖励、技术标准、知识产权保护及人造板产业政策规定等[154]（见表4-1）。政策环境决定网络化创新的具体行为步骤和程序,也是政府调节和干预网络化创新活动的手段,决定了集群创新要素运动的原则和利益分配关系,决定了创新主体经营行为和方式。林业"十二五"规划中明确指出,人造板制造业发展的重点区域,一是以东南沿海为重点的南方人造板产业集群和以东北国有林区为重点的东北人造板产业集群,二是以华北、华东等地为重点的人造板产业集群。逐步培植一批大型人造板骨干企业,使大中小企业协调发展。

表4-1　基于生态链的人造板产业集群网络化创新的政府扶持要素

政府扶持要素	举例
区域经济政策	税收政策、金融政策
产业政策	产业结构政策、产业组织政策、产业技术政策
公共政策	规划、支持创新的地区性政策及奖励、公共咨询
公共服务	交通、公共场所、通信设施、维护
公共机构	行业协会、工业园区、交流会
科学技术研究	研究机构、支持产学研、学习型社会、专业机构
教育	基础性教育、大学、木材加工技术培训

(二) 网络经济环境

网络经济环境对人造板集群网络化创新具有显著的促进作用,体现在以下几个方面:①集群所在区域的经济环境优越,会吸引更多组织前来驻扎,为人造板产业集群网络化扩张提供丰富资源,加快对创新资源的运用和吸收。②集群所在区域经济环境优越,会形成便利的交通运输系统、发达的信息通信网络、完善的水电等公共基础设施,为集群网络化创新提供了重要基础性的创新资源。③集群所在区域经济环境优越,意味着拥有良好的融资环境。发达的金融系统可以为创新种群提供完善的金融服务，从而保障种群具有充足的资本用于网络化创新活动。发达的金融系统还可通过评估投资项目、公司监管等途径，识别最具可能成功实施活动的创新种群，并为其提供大量的有偿资金，进而加快创新种群技术创新的转化速度。比如，广东省在全国范围较早地开展吸引外资的金融制度改革，直接促成了珠江三角洲一大批相关产业集群的产生。④经济发展带动市场需求。区域经济的发展可以带动当地及周边地区的市场需求，给集群带来机会和创新的压力。需求因素往往被当作区域的触发因素，会刺激一个产业在某区域的产生与发展，如上海的嘉善木业、广东东莞家具等产业集群主要是靠地处沿海开放地区国内外旺盛的市场需求拉动起来的。

（三）网络科技文化环境

网络科技环境影响网络中知识的产生与传递。因为教育机构和科研机构是新知识产生的源头，也是高端人才的重要培育基地。富有大学、研究机构的科技环境能够更好地整合创新群落资源，为人造板集群网络化创新提供源源不断的知识资源和智力资源，大学、科研机构与企业的产学研合作是企业将外部知识转化为内部并用于价值创造的重要途径。综上，网络科技环境对根植于网络中的创新主体网络化创新行为具有积极的影响。

网络文化环境对集群发展起到孕育和滋养的作用。从我国产业集群形成状况看，许多产业集群的发展得益于地方历史文化和创业精神。长三角、珠三角的产业集群大多得益于本地的历史文化底蕴，如温州模式的文化基础是永嘉文化。温州人很早就提出"齐商办，捷商径，固商人，明商法"，这是得益于南宋时期，叶适的永嘉学派所提出的"义利并重"，强调"工商皆本"的思想，这些思想深深根植于温州民众意识形态中，形成了温商文化。浙江原本是中国家具业的中心，古代的苏作曾经辉煌一时，家具的传统和文化成为了浙江木材加工产业集群发展的区域文化基础。菏泽位于山东省西南部，山东、江苏、河南、安徽四省交界处，历史悠久，文化灿烂，美丽富饶，交通便利，曾几度商贸云集、货畅其流，成为中原地区的经济文化中心。改革开放以来，菏泽市以丰富的林木资源为依托，大力实施林业产业化战略,形成了曹普工艺、鲁艺条编等十五大龙头企业,以及以曹县普连集为中心的木质工艺品加工集群、以郓城黄安为中心的杨木板材加工集群和一大批林木专业加工乡镇,菏泽已成为全国重要的林业生产、林木产品加工基地和林产品贸易集散地。

(四) 网络生态环境

生态环境是人类生存和发展的基本条件,是经济和社会发展的基础。目前,人造板产业生态环境问题已经成为影响产业可持续发展的重要问题。人造板产品种类繁多,在生产过程中会产生不同程度、不同性质的污染物,对环境造成一定的污染,主要表现在粉尘污染、噪声污染、湿法纤维板的废水排放、甲醛排放和二次加工用涂料的有机溶剂的挥发和扩散等方面。所以,生态环境在人造板产业集群网络化创新中起到循环经济导向作用。网络政策环境要以生态环境保护为主旨,建立法律法规保障体系,保护和治理生态环境,使生态环境的保护和建设法制化,使集群网络中的网络主体能够在政策引导下重视生态效益。网络科技环境也要以生态环境保护为导向,建立科技支撑体系,依靠科技进步,实现企业的节能减排,废物处理,资源循环,加快生态建设进程,而技术环境的提升对生态环境起到了改善作用。

通过上述对集群网络化创新的网络主体要素、网络结构要素、网络环境要素的分析,笔者认为,人造板产业集群网络化创新能力的提高,与其网络主体的规模、创新水平、竞争能力、网络结构的联结方式以及网络环境能否提供多样化的生产性及政策性服务密切相关。如果集群所在区域拥有良好的商业文化基础,各种机构能够提供金融、中介、商业、生活、人才、要素等专业性服务,政府能够为企业的发展提供良好的法治环境和行政服务,为本地的集群网络化创新提供良好的基础,同时,集群生态链网结构加速了知识、技术的流动,促进了创新资源共享,作为创新执行者的网络主体在创新网络结构与环境下,通过学习、交流、共享、竞争实现持续创新,进而实现人造板产业集群网络化创新能力的整体提升。

第二节　人造板产业集群网络化创新机制

"机制"是指带规律性的模式，实质是系统各部分相互关系、相互作用所产生的促进、维持及制约系统的内在工作方式，是系统运行过程中带规律性的运行方式[155]。因此，人造板产业集群网络化创新机制是指网络内各节点或生态链之间相互关系、相互作用所产生的促进、维持及制约人造板产业集群网络化创新过程的模式，本质上表现为一种基于网络节点间互动整合实现创新的运行过程。本章创新机制的探讨从两方面展开，一方面是具有生态链构造的集群网络所具备的既有普遍性又有生态性的创新机制，另一方面是从系统协同的角度探讨人造板产业集群网络化协同机制。

一　网络化创新的一般机制分析

（一）资源利用机制

资源利用机制是以自然资源作为战略性资源，通过自然资源的开采、加工和消耗形成企业集聚、专业化分工的产业链条，健全产业支撑体系，带动区域经济协调发展的集群网络运行方式。人造板产业集群产生的最初诱因产生于自然资源禀赋。在森林资源丰富、市场需求旺盛时期，集群发展迅速稳定；然而伴随着森林资源的减少和枯竭，以及市场的变化，人造板产业集群发展会受到严重影响。作为资源型产业，充足的原料供应是人造板产业集群必须面对的现实问题。人造板企业已经逐渐认识到解决原料供应的两条必经之路：第一，开发培育后备木材资源，确保企业可持续生产。第二，注重非木质原料利用。从国内的山东、江苏及河北等人造板大省的发展之路可以看出，这些地方本来是森林资源相当缺乏的省份，在迅猛发展的人造板工业的拉动下，仅十几年时间，不仅改变了森林资源匮乏的状况，且已成为全国人工林资源丰富的省份。因此，依托自然资源发展起来的人造板产业集群必须不断整合产业集群的内外部优势，不断进行技术创新，提高企业的生产技术水平、降低企业各项成本、寻找或者创造更多的必要资源，取得资源优势带动的产业集群的利润增长点和竞争优势。

人造板产业集群网络在运行资源利用机制时，应重点注意以下四个方面：①促进人造板集群生态链的形成，实现上下游企业、互补企业的协同发展，带动中小企业发展。②培育集群文化，塑造有利于滋养企业家精神的社会文化环境，培养高水平的本地企业家队伍，引导人造板产业集群创新文化的形成。③健全、完善当地各类要素市场，加强当地金融机构的资金供给。④利用世界制造业转移的机遇，积极吸引跨国公司投资建厂，发展"嵌入型"的人造板产业集群网络。但要努力实现外来企业与当地企业的融合，增强"根植性"。

(二) 规模扩张机制

规模化是人造板产业发展的必经之路，是生产力发展的要求。随着中国 GDP 持续增长，国家采取积极的财政政策，人民生活质量稳步提高，国内对人造板需求量持续上升，此外，作为关联度高的相关产业建筑业和家具业较好的增长态势也极大拉动了人造板的需求增长。人造板需求结构变动强有力地拉动了人造板产业集群的规模化扩张。从人造板产业集群目前的发展看，大型企业的规模经济效应尚未完全发挥，无法形成合理的规模经济壁垒，客观上导致低水平竞争的小企业充斥市场，降低了人造板生产的效率，降低了产业的规模经济收益。在规模扩张的过程中，企业要集中内外部各种资源（信息、技术、人力等），投入到主导产业（或产品），做精本企业的主业，主攻价值链的某些专业化环节，不断提高自身专业化水平，通过企业间的分工协作，提高产业链各环节的效率与质量，从而扩大集群规模并增强其综合实力。此外，需要借助政府产业政策的杠杆作用，提高人造板产业的市场性进入壁垒，对人造板生产企业实施资源控制。中国规定新建、扩建的以消耗林木资源为主的大中型人造板加工企业，必须匹配建设相应的原料林基地，原料林基地所提供木材不能达到其原料需求的企业，一律不予批准设立。这种通过控制资源自给率的方式来间接控制人造板企业的规模标准，客观上促进了人造板企业的规模经营。

运行规模扩张机制的人造板产业集群需要具备以下特征：①集群内企业数量较多且分布较密集，企业的规模以中小型企业为主，各企业通过专业化分工与合作，提升其主导产业的生产能力。②集群所在区域有相对开放的交易市场，各种中介机构在当地的出现为企业提供便利与服务，方便企业间进行充分的交流沟通，并形成上下游紧密相联的产业合作关系。③部分企业通过自身规模的不断扩张，逐步兼并周围一些小企业，从而成长为集群内的龙头企业，带动其他企业以及整个集群的发展。④少数大规模企业初步具备自主创新能力，企业内部设有研发机构并与大学及科研院所合作，购买可转化技术，提升企业竞争优势。

以山东省为例，2012年，全省人造板加工企业数量为12068家，从业人员年均人数为34.34万，而规模以上企业个数为1622家，从业人员年均人数为16.72万，规模以上企业数与从业人员数分别占全行业的13.44%与48.68%，剩余50%以上的人造板生产人员分布在85%以上的中小规模企业。由此可见，山东省人造板产业集群一定程度上存在着"小而散"的问题，企业以小型及规模以下企业为主，集群内专业化和分工结构不协调，产业链条较短较窄、衔接不够，且产品同质化现象严重，创新水平低，企业难以形成较强的竞争优势。因此，山东省人造板产业集群要加快产业集群的成长，运行集群规模化扩张模式，加快优势企业的兼并扩张步伐，淘汰生产能力低下的企业，并对产业链条的资源分布进行合理整合，将产品的某些环节独立出去，使集群企业能专注于某一细分领域内产品的生产与研发创新，实现专业化分工与规模化生产，最终提升整个产业集群的创新能力和竞争能力。

（三）集体学习机制

基于生态链的人造板产业集群网络化创新的关键在于其持续的集体网络化学习与创新。集群网络化学习行为指的是创新网络内的人造板企业及相关机构等组织间由于互动合作而产生的知识传递、积累以及新知识的出现及扩散等。具体关注以下几点：①集群内企业能否早日察觉到消费者需要。有效识别消费者需求，并通过学习不遗余力地满足需求,创造消费者价值,这是集群网络化创新的关键所在。②集群内企业是否具有对新知识、新技术的快速反应与学习能力。一旦创新过程中,有新知识、新技术出现,就能够敏锐地感知并快速反应,通过学习快速创新。③创新的成本是否低廉。企业能够通过集群优势获得产品与技术的低成本,也是其创新能否成功的关键。集群网络化学习过程很大程度上依赖于个体学习,通过个人的学习提升循环过程带动团队学习循环过程,团队学习效应汇聚于集群内,形成集群学习,图4-1反映了个体学习、团队学习与集群学习的复杂作用关系以及集群网络化发展中学习的实际情况。

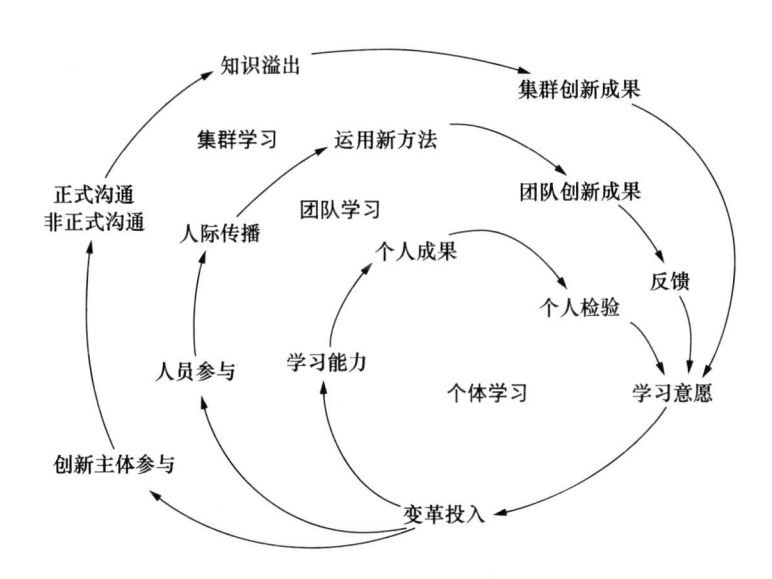

图4-1 集群网络化创新的学习机制

在个体学习循环过程中,个体由于受内外部环境的影响,萌发学习意愿,并通过努力产生变革,提升学习能力,形成个人的学习成果,最后通过个人检验来反馈学习效果,并反思不足,通过学习循环,提升个体的学习与创新能力。在团队学习循环过程中,具有学习意愿的个体组成团队,通过团队学习意愿驱动,进行学习投入,在广泛的人际传播下,个体学习有效服务于团队学习,产生新的方法与成果，并在成果反馈中，得到团队学习与创新能力提升。在集群网络化学习循环过程中，主要体现在多创新主体的参与及在创新过程的各个环节之间、人造板企业与外部的各种机构之间的有效信息流动中。不同类型的网络创新主体，通过自身优势，以正式沟通与非正式沟通途径交换信息、经验等知识，并相互转化和反复提炼，形成知识外溢。在人造板产业集群内部，企业的知识创新很容易外溢到集群内的其他企业，因为由于地理的邻近性、生产的关联性以及社会根植性，使企业经常性的交流与合作，有利于各种新思想、新观念、新技术的传播，形成知识的溢出效应[156]。创新主体相互之间结成密切的网络关系，通过知识的流动、共享与整合，达到集群创新网络内知识的数量增长及质量提升，推动集群创新成果的产生，通过反馈，进而提高集群网络化创新能力和适应能力。

集群网络化创新学习机制是创新个体成员之间与创新组织之间通过关系网络发生互动学习，从而促进集群内的知识流动，增加集群成员的知识量，以适应集群创新和发展需要，主要通过正式沟通与非正式沟通渠道实现。

（1）正式沟通渠道

人造板产业集群创新网络内正式沟通渠道的学习与创新，可以分为知识基础设施平台学习与创新、产学研合作学习与创新。

①知识基础设施平台学习与创新

大学、科研机构及中介机构等共同构成了人造板产业集群创新网络的知识基础设施平台，成为集群创新网络学习与创新的通道。如大学及科研机构通过科学技术传播为人造板产业集群创新网络学习与创新提供必要的技术支持，并通过出版物的形式，在创新网络内传递基本性、科学性的技术及知识等。另外，创新网络内的公共服务平台（如公共孵化器、生产力促进中心及公共交流场所等）还为网络内节点间的交流与沟通提供场所，通过为创新网络创造的有利条件，促进人造板产业集群创新网络的学习与创新。

②网络节点间的合作学习与创新

网络节点间的合作是集群从正式渠道实现集体学习与创新的另一

重要来源，具体的合作包括人造板企业间的合作、企业与大学及科研机构间的产学研合作等。一方面，人造板产业链上下游企业间相互合作、共同学习，以创新产业技术及产品开发；同时，人造板同行业企业间也存在一定的合作，以共同研发新技术、新产品等，以合作创新战胜其他竞争对手。另一方面，人造板产业集群创新网络内企业、大学及科研机构间合作学习与创新，以突破单个组织的资源局限，发挥自身的资源禀赋，通过建立产学研合作，加速集群创新网络内相关成果的产生及转化。通常情况下，在创新网络合作中，领先的人造板企业会起主导作用，一旦获得创新性突破，在系统内各专业细分的人造板企业很快会协同创新，相互支持，共同参与这种网络化的创新模式；然后通过在合作行为与结果之间建立联系，得到系统共有的知识。

（2）非正式沟通渠道

人造板产业集群创新网络内非正式沟通渠道的学习与创新，是指网络内节点由于地理邻近性及认知邻近性，相互间可以进行模仿学习与创新，同时由于劳动力在不同企业间流动较为频繁，也加速了创新网络内的相关隐性知识的流动。

①模仿学习与创新

模仿行为在集群创新网络内十分普遍，由于企业间距离接近，人造板同行企业较为清晰地暴露在对方的视野内，为企业降低了信息搜寻成本，并有利于各企业以极低的成本学习与创新同行业企业的先进生产技术及管理经验等。模仿是竞争者之间知识与信息溢出的过程，具体实现方式包括非正式的观察与交流，引进成熟技术后消化、吸收并创新等。

②人力资本流动加速学习与创新

人力资源的流动促进了知识的传播。人造板集群网络在地理上具有邻近性，创新主体往往有一个共同的劳动力市场，而劳动力市场的流动性促进了信息、知识、技术的传播，增加了创新的机会。同时主体间人力资本的流动，会将一个主体的知识带到另一个主体，在人造板产业集群创新网络内，企业数量众多且位置靠近，导致网络内人力资本的流动比较频繁，如基于工作转换的人员流动、基于企业间创新合作或其他合作关系的人员暂时性互动等。创新网络内人力资本流动之所以较网络外部更加频繁，一是因为网络内有大量适合其专业及经验的企业供其选择，二是因为网络内相似的社会文化背景降低了其跳槽的成本。由于企业的技术知识大部分是以隐性知识的形态存在于员工的大脑中，因此人力资本在创新网络中的流动加速了人造板产业相关知识在各企业间的扩散及传播，成为企业学习、创新相关知识与技术的重要途径。

③同类企业间竞争促进创新行为发生

集群中同类企业较多，竞争压力不断激励着人造板企业的创新活动。一个企业会在与其他企业的比较中了解到差距，企业间邻近，带来了面对面交流的机会，这种学习、竞争的系统环境促进了人造板企业通过知识共享快速获得集群内的共有知识，在知识的创造性运用过程中对知识进行表达。

（四）激励约束机制

激励与约束机制是人造板产业集群创新网络运行的助推器与制动器。人造板产业集群创新网络为各节点创造了一个相对宽松的合作环境，合作伙伴从关心自身利益出发，逐步转向关心整个集群创新网络的经济活动，并共同分享先进技术、管理方法等给各方带去的收益。如某个人造板企业研发出新的产品或创新生产技术等，便会刺激网络内同行业的其他人造板企业加快研发与创新，使人造板产业集群生态网络在相互激励的环境中实现螺旋式上升。另外，集群生态网络内的政府机构对各节点的创新活动起到一定的激励作用。如政府部门会对人造板企业的创新提供技术、资金及人才等支持，并创造良好的环境来鼓励人造板企业与大学及科研机构等开展产学研合作，有效激励网络内节点间的合作与创新活动。

网络节点在相互激励的同时，彼此间还存在一定的约束。由于人造板产业集群创新网络内实行专业化分工，企业间必须通过合作才能完成整条产业链的生产环节，因此而造成合作方之间的依赖性较强，这种竞争性的依赖关系使网络内各节点的经济行为具有明显的路径依赖特征，从而增强了人造板产业集群创新网络的约束能力。

(五) 信任合作机制

人造板产业集群创新网络内形成的统一的社会文化环境，使内部各节点自觉遵守游戏规则，相互间信任并合作，实现网络内知识流动的真实有效，各节点开展的经济活动具有可靠性及可预见性，避免了欺诈行为的产生，促进人造板产业集群创新网络的稳定发展。通常冲突是发生在相互不信任的环境中，网络节点间缺乏信任即容易造成冲突与不合作。信任与合作机制则能够有效避免此类问题。集群创新网络形成初期，每个节点掌握的资源与信息都不可能是完全的，只能靠合作经历、声誉、合作协议及承诺等因素，借助政府机构及中介机构等服务部门协助，形成契约型信任与合作关系；随着合作关系的深入，各网络节点间相互沟通与依赖程度提高，基于共同的组织背景及长期合作关系，节点间的信任程度提升，其声誉在整个网络内扩散，成员间信任与合作关系持续扩张，产生共同的价值取向，彼此间的合作意见增强，形成统一的网络实体，节点间建立起稳固的信任与合作关系，各企业能够齐心协力地为实现网络共同目标而努力，集群网络内形成共同合作、相互信任的良好氛围[157]。

(六) 生态平衡机制

在生态学领域中，种群生态学认为，自然界的生物是由种群、群落和生态系统三个层次构成。种群指由某一种生物组成的群体；群落指某一栖息环境中，所有种群组成的群体；而生态系统则为群落生物以及无生命的自然环境所组成的体系。生态链上的生物种间存在着竞争与合作、稳定共生、协同进化的生态关系。本书从种群生态学的角度研究人造板产业集群网络化创新机制，将人造板企业看作物种，同一区域中一群工艺、技术相似的人造板企业构成企业种群，上下游关系密切的人造板相关种群集合起来称为人造板产业集群。人造板产业集群与其生存环境构成了一种人造板产业集群网络系统。在这样复杂的集群网络中，其网络系统内部也具有与生物种群之间相类似的生态关系，当网络主体间竞争与互利的生态关系达到平衡时，就能在一定时间内保持相当数量的空间集聚，并形成一定的产出，因此将种群生态学理论引入集群网络化机制研究，运用自然生态系统中生态链上种群间的相互作用和运行机理来探讨集群网络经过生态适应来达到生态平衡的过程。

（1）网络主体竞争机制

自然生态系统中，种群之间存在竞争关系，彼此争夺共同的资源，因资源的有限性，竞争力强的一方实现增长并对竞争力弱的一方起到抑制作用，竞争的结果多样，如一方灭绝，另一方达到环境容许的最大容量，或是双方共存，就能实现自身容量最大化的稳定平衡状态。集群创新网络中存在多个创新主体，多个企业种群，多条生态链，其类似于生态系统的复杂结构和功能特性，使运用生物学模型进行运行机制分析成为可能。其多主体间相互之间的竞争机制可以借用生物学中描述不同种群竞争的 Logistic 模型[158]来描述与探讨。

人造板创新网络中，同一区域中一群工艺、技术相似的企业构成企业种群，如胶合板种群、细木工板种群、刨花板种群等。本书对集群创新网络内的多企业创新种群之间的关系进行简化，假定人造板创新网络中，存在两个具有竞争性的企业创新种群：种群1和种群2。在 t 时刻，种群1和种群2的企业数量分别是 n_1 和 n_2。由于该空间范围的资源是有限的，两个企业种群为争夺同一资源而竞争，其种群内企业增长数量，受到创新资源总量的制约，种群1和种群2中企业增长数量的最大值为 K_1 和 K_2，r_1 和 r_2 分别是种群1和种群2的增长率，假定 n_1 和 n_2 是 t 的连续可微函数，竞争关系模型可以表示为：

$$\begin{cases} \dfrac{\mathrm{d}n_1}{\mathrm{d}t} = r_1 n_1 \left(1 - \dfrac{n_1}{K_1} - \alpha \dfrac{n_2}{K_1}\right) \\ \dfrac{\mathrm{d}n_2}{\mathrm{d}t} = r_2 n_2 \left(1 - \dfrac{n_2}{K_2} - \beta \dfrac{n_1}{K_2}\right) \end{cases}$$

其中，$\dfrac{n_1}{K_1}$，$\dfrac{n_2}{K_2}$ 表示在资源竞争中，两个企业种群的增长量与其最大增长量的比例,$1-\frac{n_1}{K_1}$,$1-\frac{n_2}{K_2}$表示两个种群未实现的增长差量与最大增长量的比例,α、β为竞争系数,α为企业种群2对种群1的竞争效应,β为企业种群1对种群2的竞争效应,且$\alpha>0$,$\beta>0$。

首先通过对微分方程组的平衡点进行稳定性分析,讨论企业种群的变化趋势。求解平衡点的方程组如下:

$$\begin{cases} \frac{dn_1}{dt} = r_1 n_1 \left(1 - \frac{n_1}{K_1} - \alpha \frac{n_2}{K_1}\right) = 0 \\ \frac{dn_2}{dt} = r_2 n_2 \left(1 - \frac{n_2}{K_2} - \beta \frac{n_1}{K_2}\right) = 0 \end{cases}$$

得到 $N_1(K_1, 0)$,$N_2(0, K_2)$,$N_3\left[\frac{K_1(1-\alpha)}{1-\alpha\beta}, \frac{K_2(1-\beta)}{1-\alpha\beta}\right]$,$N_4(0, 0)$四个平衡点。其中,平衡点$N_3$为正值时才有意义,因此$\alpha$,$\beta$要满足同时小于1或同时大于1的条件。

对于企业种群1来说,当$n_1=0$时,$n_2=\frac{K_1}{\alpha}$;当$n_2=0$时,$n_1=K_1$,其在坐标轴上的两点可形成一条直线,表示企业种群1的成长状态。

对于企业种群2来说,当$n_1=0$时,$n_2=K_2$;当$n_2=0$时,$n_1=\frac{K_2}{\beta}$,其在坐标轴上的两点可形成一条直线,表示企业种群2的成长状态。方程组如下:

$L_1: n_2 = \frac{1}{\alpha}n_1 + \frac{K_1}{\alpha}$

$L_2: n_2 = \beta n_1 + K_2$

对于种群1和种群2的竞争状态,由于K_1和K_2数量不同,得到四种不同的竞争状态。

①当$K_2 < \frac{K_1}{\alpha}$,$\frac{K_2}{\beta} < K_1$时,说明企业种群1的竞争力较强,在对创新资源的争夺中处于优势。此时,在$N_1(K_1, 0)$达到平衡,企业种群1发展壮大,达到集群创新网络中的最大企业数量,而企业种群

2 衰败（见图 4-2）。

②当 $K_1 < \frac{K_2}{\beta}$，$\frac{K_1}{\alpha} < K_2$ 时，说明企业种群 2 的竞争力较强，在对创新资源的争夺中处于优势。此时，在 $N_2(0, K_2)$ 达到平衡，企业种群 2 发展壮大，达到集群创新网络中的最大企业数量，而企业种群 1 衰败（见图 4-3）。

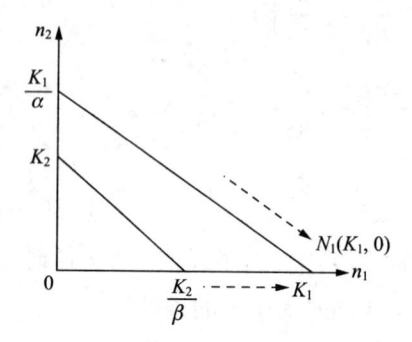

图 4-2 当 $K_2 < \frac{K_1}{\alpha}$ 时，种群 1 和种群 2 的成长状态

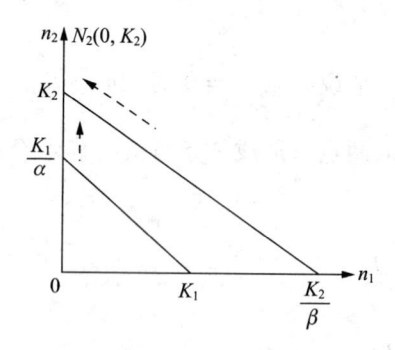

图 4-3 当 $K_1 < \frac{K_2}{\beta}$ 时，种群 1 和种群 2 的成长状态

③当 $K_2 < \frac{K_1}{\alpha}$，$K_1 < \frac{K_2}{\beta}$ 时，企业种群 1 和种群 2 的成长线相交于 N_3 $\left[\frac{K_1(1-\alpha)}{1-\alpha\beta}, \frac{K_2(1-\beta)}{1-\alpha\beta}\right]$。在 N_3、K_2、$\frac{K_1}{\alpha}$ 组成的三角区域中，企业种群

1 的竞争力较强，在对创新资源的争夺中处于优势，竞争逐渐向 N_3 点趋紧，形成两种群共存的生态平衡状态。在 N_3、K_1、$\frac{K_2}{\beta}$ 组成的三角区域中，企业种群 2 的竞争力较强，在对创新资源的争夺中处于优势，竞争逐渐向 N_3 点趋紧，形成两种群共存的生态平衡状态（见图 4-4）。

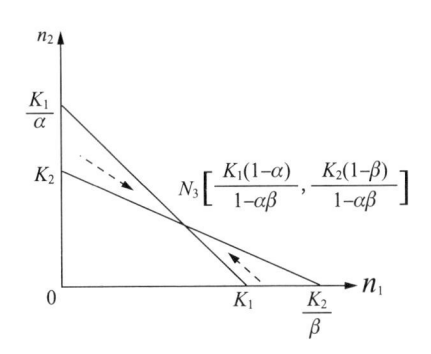

图 4-4　当 $K_2 < \frac{K_1}{\alpha}$ 时，种群 1 和种群 2 的成长状态

④当 $\frac{K_1}{\alpha} < K_2$，$\frac{K_2}{\beta} < K_2$ 时，企业种群 1 和种群 2 的成长状态线相交于一点，在 0、K_2、$\frac{K_1}{\alpha}$ 组成的三角区域中，企业种群 2 的竞争力较强，在对创新资源的争夺中处于优势，竞争逐渐向 K_2 移动。在 0、K_1、$\frac{K_2}{\beta}$ 组成的三角区域中，企业种群 1 的竞争力较强，在对创新资源的争夺中处于优势，竞争逐渐向 K_1 点移动，在整个集群创新网络中，企业种群 1 和种群 2 的竞争不稳定，两者都有可能取胜，创新主体间只有不断提高创新水平，增强差异性，开拓新的生态位，降低资源的恶性争夺（见图 4-5）。

从模型分析发现，只有第三种情况可以达到企业种群共存的竞争平衡，实现各自的最大化规模。第一、第二、第三、第四种情况的集群创新网络并不稳定，这是因为企业种群之间的实力悬殊，或创新差异化程度低，对资源恶性竞争所导致。人造板集群生态创新网络中各企业群落在资源的竞争中,要保持胶合板、刨花板、纤维板等不同种群的规模均衡,协调发展,实现网络的生态稳定。

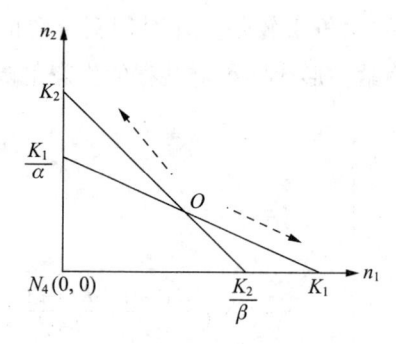

图 4-5 当 $K_2 < \dfrac{K_1}{\alpha}$,$K_1 < \dfrac{K_2}{\beta}$ 时,种群 1 和种群 2 的成长状态

(2) 网络互利共生机制

自然生态系统中,种群之间存在互利互惠的关系,彼此促进发展,形成共生的生态平衡。在人造板创新网络中,存在着类似的互利共生现象,依然借用生物学中 Logistic 模型来描述与探讨网络的互利共生机制。

人造板创新网络中存在众多具有互利性的企业创新种群。如原木—锯材—实木家具,原木—胶合板、"三剩"—刨花板—家具、装饰材料,这些产业链上的上下游企业种群都具有互利性。依然对集群网络中企业创新种群之间的关系进行简化,假定人造板创新网络中,存在两个具有互利性的企业创新种群:种群 1 和种群 2。在 t 时刻,种群 1 和种群 2 的企业数量分别是 n_1 和 n_2。种群 1、种群 2 中企业增长数量的最大值为 K_1 和 K_2,r_1 和 r_2 分别是种群 1 和种群 2 的固有增长率,假定 n_1,n_2 是 t 的连续可微函数,互利关系模型可以表示为:

$$\begin{cases} \dfrac{dn_1}{dt} = r_1 n_1 \left(1 - \dfrac{n_1}{K_1} + \alpha \dfrac{n_2}{K_1}\right) \\ \dfrac{dn_2}{dt} = r_2 n_2 \left(1 - \dfrac{n_2}{K_2} + \beta \dfrac{n_1}{K_2}\right) \end{cases}$$

其中，$\frac{n_1}{K_1}$，$\frac{n_2}{K_2}$ 表示在资源竞争中，两个企业种群的增长量与其最大增长量的比例，$1-\frac{n_1}{K_1}$，$1-\frac{n_2}{K_2}$ 表示两个种群未实现的增长差量与最大增长量的比例，α，β 为贡献系数，α 为企业种群 2 对种群 1 成长的贡献，β 为企业种群 1 对种群 2 成长的贡献，且 $\alpha>0$，$\beta>0$。

将公式改写为等价形式：

$$\begin{cases} \dfrac{\mathrm{d}n_1}{\mathrm{d}t} = r_1 n_1 - \dfrac{r_1}{K_1}n_1^2 + r_1\dfrac{\alpha}{K_1}n_1 n_2 \\ \dfrac{\mathrm{d}n_2}{\mathrm{d}t} = r_2 n_2 - \dfrac{r_2}{K_2}n_2^2 + r_2\dfrac{\beta}{K_2}n_1 n_2 \end{cases}$$

令 $t=\dfrac{\tau}{r_1}$，$n_1=K_1 u_1$，$n_2=K_2 u_2$，$\lambda=\dfrac{n_2}{n_1}$，$p_1=\alpha\dfrac{K_2}{K_1}$，$p_2=\beta\dfrac{K_1}{K_2}$ 代入上式，导出：

$$\begin{cases} f_1 = u_1(1-u_1+p_1 u_2) \\ f_2 = \lambda u_2(1-u_2+p_2 u_1) \end{cases}$$

得到两个解，$u_1=0$，$u_2=0$；$u_1=\dfrac{1+p_1}{1-p_1 p_2}$，$u_2=\dfrac{1+p_2}{1-p_1 p_2}$，平衡点 $U_1(0,0)$，$U_2\left(\dfrac{1+p_1}{1-p_1 p_2},\dfrac{1+p_2}{1-p_1 p_2}\right)$，其中，当 $p_1 p_2<1$ 时，u_1，u_2 为正值，U_2 为正平衡点，在此点处，网络中企业创新种群 1 和种群 2 达到互利共生的均衡状态：$p_1 p_2=\alpha\beta$，所以只要讨论实现 $\alpha\beta<1$ 的三种情况。

①当 $0<\alpha<1$，$\beta>1$ 时，表示企业种群 2 对于种群 1 的成长贡献相对较小，而企业种群 1 对企业种群 2 的成长贡献较大。例如，网络中主导企业种群 1 和配套企业种群 2 的关系，配套产业只为主导产业提供一道或两道工序，或提供少量配套产品；或者在主导种群周围存在大量提供配套的种群供主导种群选择，种群 2 只是众多配套种群的其中之一，因此在这种主导—配套生态链上，配套种群对主导种群的贡献程度小，依赖程度大。此外，主导企业种群 1 向配套种群 2 采购的中间产品占配套种群的总产量的比重很大，同时会对配套种群提出

技术创新要求，并提供技术支持，因此主导企业种群1对配套种群2的促进作用较大。在这种相互作用下，人造板创新网络中的成员间达到互利共生的均衡状态。

②同理，当$0<\beta<1$，$\alpha<1$时，分析原理同①。

③当$0<\alpha<1$，$0<\beta<1$时，说明两个企业创新种群相互之间的贡献相对来说都不大。这说明种群1和种群2可能是两个具有相关性的产业，生产类似产品，具有相近的创新过程和创新技术轨道，创新成果互补性不强，彼此之间创新成果的相互贡献较小，与主导—配套型的互利共生相比，这类种群间可以通过共享基础设施、专业化分工、技术模仿、知识共享、知识溢出等机制实现互利共生，但对彼此创新的促进力度不大。若创新行为相似导致同质化创新，就有可能产生激烈的竞争。所以，推动创新种群之间在创新领域、创新方法等方面保持差异性是十分重要的。

（3）网络生态位机制

生态位是指"物种在群落和生态系统中所占据的最终分布单元"[138]。人造板集群网络化创新中，生态位是不同网络创新主体在时间和空间上的特定位置及网络主体之间的功能关系。每一个居于网络中的创新主体都需要特定生态位来实现成长。在创新资源有限的情况下，随着创新主体数量的增长，资源紧张，在网络中出现创新主体的生态位重叠，必然会导致对知识、技术、人才、资金、原料等资源的争夺，创新主体可以通过扩充生态位、发掘潜在生态位、差异化规避生态位重合，来实现在网络中的快速成长。

本书对人造板集群网络化创新生态位机制的研究中，将创新主体之间的关系进行简化，假定人造板集群网络中存在企业创新主体1和创新主体2，探讨它们相互占据生态位的现象。

①生态位重叠

当创新主体1和创新主体2需要同样资源时，就会产生生态位重叠，生态位重叠程度越大，说明创新主体各自所独占的资源空间越紧张，竞争越激烈，因此，创新主体的竞争实质是创新主体发生生态位部分或完全重叠。

a. 生态位完全内包

生态位完全内包作为生态位重叠的一种情况,其创新主体2的生态位被完全包于创新主体2的生态位之内,意味着创新主体1在经营领域与创新主体2有部分重合,生产类似产品,具有相近的创新过程和创新技术轨道,争夺同类资源(如图4-6所示)。其竞争主要针对重合的生态位部分展开,竞争结果将取决于两者在重叠生态位空间上的竞争能力,如果创新主体2处于竞争劣势,它最终就会消失,处于优势的创新主体1将会占有整个生态位空间。如果创新主体2占有竞争优势,它就会把创新主体1从发生竞争的生态位空间中排挤出去,从而实现两个企业的共存,但共存的形式仍然是生态位被包围在另一企业的生态位之中。

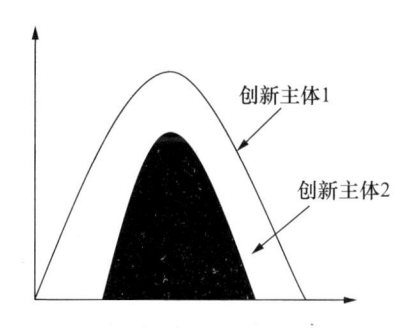

图4-6 生态位完全内包

b. 生态位部分重叠

创新主体1和创新主体2的生态位部分重叠,即各有一部分生态位空间是两个主体共同占有,各自还拥有一片独占的生态位空间,则两个创新主体可以实现共存,但重叠部分的生态位空间最终会被具有竞争优势的创新主体占有(如图4-7所示)。

②生态位相邻

当创新主体1和创新主体2的生态位彼此相邻时(如图4-8所示),两者不发生竞争,但这样的生态位关系很可能是彼此回避竞争的结果。这可能意味着彼此存在更激烈的潜在竞争,正是由于竞争回避才导致了集群创意企业生态位的相邻。

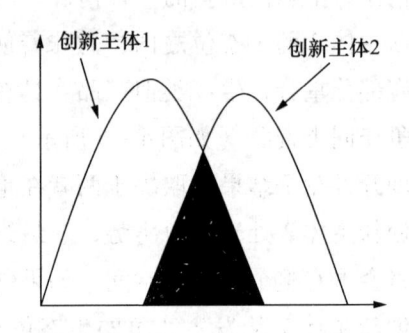

图 4-7　生态位部分重叠

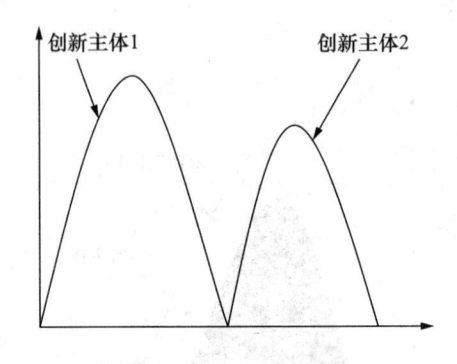

图 4-8　生态位相邻

③生态位分离

当创新主体 1 和创新主体 2 的生态位完全分开（如图 4-9 所示），则意味着两个创新主体就不会有竞争，此时双方可以和平共处而不给对方造成伤害，也说明所处的环境相对资源丰富，竞争者数量少，资源还没有充分利用，未来随着创新主体的增多，资源被更多地利用，生态位重叠的可能就会增大。如果两个创意企业的产品毫不相关，则两者的生态位完全分离，不会发生竞争。

在人造板集群创新网络中，在网络中每条生态链上都遍布了众多同类的不同规模的企业，加之人造板的原料资源紧张，人才、技术、信息资源稀缺，已形成了明显的生态位重叠现象。在资源紧张的环境下，整个网络系统的稳定性取决于网络主体能否寻找到适合自己的生态位，避免生态位重叠而引发过度竞争，不断进行技术创新和知识共享，利用创新的差异化，实现生态位的分离。同时，创新主体对于生态位的占据是一个动态的过程，即使目前生态位分离，也并不意味着永久的分离，随着集群生态网络中网络主体的增加、资源的紧张、技术上的模仿、利益上的追逐，都可能使原本分离的生态位重叠，重叠会加剧竞争，竞争又会促成创新主体新一轮的创新行为，为自己寻找到新的生态位。

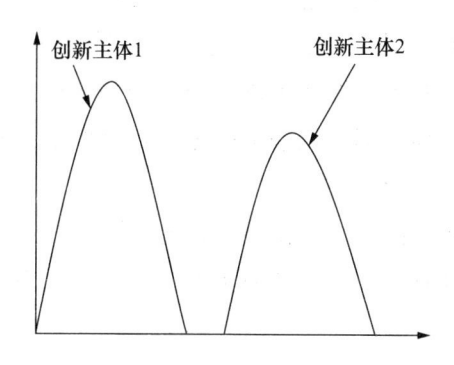

图 4-9 生态位分离

二 网络化创新的协同机制分析

如前文所述，集群网络与自然生态系统具有相似性，在自然生态系统中，生物体之间的协同进化，是相互依存的物种在长期相互作用下进化的过程，即一个物种特征的变化是因与之依存的另一物种发生变化而进行的自然选择的一部分。这种协同进化可产生于生态链上的所有物种之间。在集群网络中，创新种群同样具有生物自组织、自适应的生态特征，整个集群网络作为有机复杂的系统，体现出协同进化的特征。从生态学的角度出发，网络主体被看成通过协同进化适应复杂环境，实现自适应、调节的有机生物体，通过分析网络内各有机体相互作用的协同机制，有助于提高集群网络的适应性与集群网络化创新能力。

基于生态链的人造板产业集群网络化创新协同机制主要由三方面构成：网络主体关系协同、网络目标要素协同、网络主体与环境协同。网络主体关系协同是集群创新网络协同的核心机制，直接决定了其他协同机制的实现；网络主体与环境协同是集群创新网络协同的重要条件和保障；网络目标要素协同是集群网络协同的根本。

（一）网络主体关系协同

在自然生态系统中，生物体之间的协同进化，表现为物种 1 的特征因物种 2 的存在而发生进化性改变，反过来，物种 2 的特征也因为物种 1 的存在而发生变化，这时就发生了协同进化。这种协同进化可产生在捕食与被食物种之间、寄生与宿主物种之间、竞争物种之间。对于产业集群生态链上的网络主体来说，兼并与被兼并主体之间、上下游主体与配套主体之间、竞争主体之间在合作研究开发及创新活动过程中可实现协同进化效应。

网络主体关系协同是网络化创新系统协同的核心机制，直接决定其他协同机制的实现，由于人造板集群创新网络的系统复杂性，要求各主体之间密切配合，通过整合各种创新资源，进行有效的资源配置、合理的分工和协作，实现知识共享和学习，从而推进创意产业集群创新生态系统种群创新的协同进化。

（1）主生态链上的协同

人造板集群网络主生态链上，其网络主体是构成"生产者—消费者—分解者"生态链关系的资源初加工企业、生产企业和分解企业。主生态链的协同是指集群中上下游企业之间的互动联系，协同创新，其协同机制见图 4-10。

人造板产业集群生态链前项部分即资源初加工企业和生产企业的协同较多地表现为龙头企业与处于不同生态链环节上的中小配套企业之间的协同。人造板产业中，大部分龙头企业都分布在生态链的中间环节，即最终产品生产企业，而生态链前端分布的是数量众多但规模较小、技术水平较低的资源初加工企业，龙头企业掌握关键技术，倾向于将生态链前端业务外包给中小企业，山东临沂的一些龙头企业，如新港、千山、恒瑞等大型人造板企业，就是专注于板材的最终产品加工，将原木旋切、机械维修等业务外包，这种外包特点，使上下游出现了大量中小企业集聚，尤其是资源初加工环节集聚。企业间的外包关系、企业间的学习与交流、集群内人才流动，促进了企业间技术创新的纵向协同，主要体现在相互之间优势互补、双向学习的协同关系上。但从我国人造板产业集群的实践来看，因配套小企业的创新能力明显不足，缺乏创新所需要的资金和人才，在创新过程中始终依附于龙头企业，造成了单方面吸取龙头企业知识与技术的单向学习的局面，却无法对龙头企业带来反向的知识、技术流的推进，影响了学习协同效果。此外，生态链上还有一些企业并不如龙头企业的外包业务一般形成紧密的关系联结，它们通过技术联盟、技术合作等协同创新形式实现协同研发，知识共享，借集群效应提升技术产业化的效率。

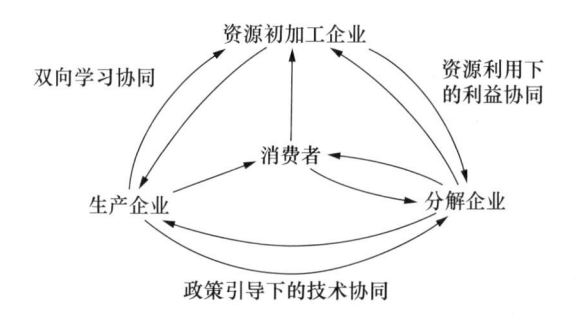

图 4-10 主生态链上网络主体的协同

在生态链上的资源初加工企业、生产企业和分解企业的协同，以资源循环利用、环境保护的生态目标作为技术研发的指导，资源加工与生产企业在生产中产生大量废料，应积极寻求与分解企业的合作，在废料分解、回收技术上进行联合创新与研发，共同增强技术水平与创新能力，实现技术上的纵向协同。从目前人造板集群生态链的实践来看，分解企业普遍实力不强，在人造板生产环节产生废料的再利用水平仍需加强，某些废料难以充分分解再利用的原因是再利用的成本过高或技术上的不可行，而生产企业与分解企业合作的积极性不高，对某些废料的不良处理也对环境构成了威胁。因此，生态链上的生产、分解的协同效果并未充分发挥，自愿协同机制尚未形成。在这一过程中，政府应积极引导，除了为技术协作创新提供良好的政策支持环境外，还应加大生态目标的宣传，提高企业经营者和消费者的认知度，同时发挥监管职能，加大对危害环境企业的惩罚力度，为实现经济效益和生态效益目标的协同提供保障。

分解企业与资源初加工企业的协同，则体现在分解企业所生产的产品直接成为资源初加工企业的原材料，或分解企业、生产企业的一部分产品经最终产品生产流入消费者手中，又经过使用而报废，报废品再次流入资源初加工企业端。如果废料得到充分利用，就大大解决了人造板原料供应长期紧张的问题，并在人造板集群生态链中实现了闭合循环链，最大限度地减少了能量损失，也降低了人造板集群对环境的负外部效应。而分解企业也在实现生态效益的同时得到了经济效益回报，两者之间的合作必须加强技术交流与信息反馈，积极进行技术创新合作，在各自利益的推动下实现协同发展。从目前来看，大多数人造板产业集群依然是传统的单链耗散结构，资源未得到充分循环利用，政府应加大资源回收利用技术的投资，建立重大技术攻关项目，鼓励产学研合作，为人造板产业集群的资源分解与利用的协同机制提供保障。

（2）核心层企业链上的协同

核心层企业链上分布的是生产相同或类似产品的企业。企业之间以竞争、合作的关系实现协同创新。这种协同进化类似于自然界的协同进化，同类企业在市场压力作用下会努力占有它们的生态位。最高效占有生态位的企业在环境适应中更具优势，所发生的进化改变还给其他企业带来压力，后进企业会追赶先进企业，发生模仿或创新行为，也增加了向外部学习知识的动力，企业间通过横向合作、战略联盟，面对面地交流信息，相互学习，不断产生和积累新知识。已具有生态位优势的企业也会努力创新，保持自己的竞争优势，从而引发更多的创新活动出现，并由于网络联结使新知识和信息在网络中纵横传播与转移，从而使整个网络都实现了网络化创新的提升。一个企业的竞争、创新等行为的变化，会改变整个系统的竞争环境，逐渐引起其他企业的行为变化。所以,协同进化在整个市场环境的压力选择下,发生于整个核心企业链条上,其最终协同的结果会导致整个网络系统的协同进化。

而从目前的人造板产业集群的实际情况来看,竞争企业之间的横向技术研发合作较少,企业对与竞争对手的合作存在诸多顾忌,各种技术联盟是实现人造板集群网络化创新、技术扩散与转移的重要途径,但并未发挥应有的作用。

与自然界的竞争行为相类似的是集群中的竞争环境使企业始终保持足够的灵敏度,伺机而动,但不同之处在于协同进化中的竞争是排斥恶性竞争的进化,不是为了消灭对手,而是为了在竞争中求协作,鼓励合理竞争,在竞争压力下激发出更多的创新行为,实现自身的发展。恶性竞争会导致企业的竞争成本加剧,整个环境恶化而使系统停滞萎缩。因此,同类企业在竞争中应结合自身优势与外部环境,不断调整自身的生态位,进行差异化竞争,避免生态位的重合,在网络化环境中,形成优势互补,相互协作与联合,这种竞争合作是核心企业链协同机制运行的保证。

(3) 辅生态链上的协同

辅生态链由政策链、科技链、金融链构成,辅生态链上的协同是网络化创新得以持续的重要保障。企业与中介层的中介服务体系,创新资源层的政府、金融机构、大学及科研机构等存在密切的互动和依存关系,在利益驱动下形成协同进化。企业作为集群网络创新的核心实施者,需要借助网络资源,实现资源共享,克服单个企业资源不足的缺陷。政府、金融机构、大学及科研机构为核心层企业获取创新资源提供了政策保障、资金支持、创新人才和技术,是创新影响主体。密集分布的中介服务机构是创新网络中加速技术创新的重要桥梁,对于推动知识、技术、信息、资金的流动,推动技术创新扩散,加速科技成果转化,提高技术创新能力起到了重要作用。集群企业与科技中介应积极合作,协同发展,加快技术成果应用,实现技术与经济的结合。辅链上的网络主体协同对于整个创新网络系统的发展具有推进作用,其协同关系见图4-11。

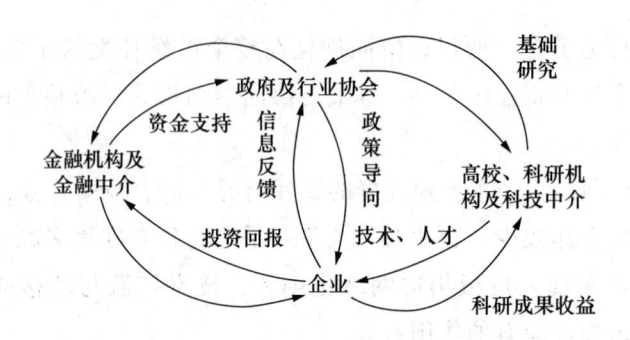

图 4-11　辅生态链上网络主体的协同

①政策链条上的协同。为企业和社会提供良好的经济发展环境是政府的工作目标之一，通过各种政策措施促进引导企业间的合作创新，培育有助于企业集群成长的环境，促进集群企业的分工合作以及企业与各机构间的互动。政府的政策引导、制度创新、法律保障为集群企业技术创新提供引导和支持，创造良好的研发合作环境，从而实现企业技术研发目标与政府经济社会发展目标之间的协同。同时政府要肩负生态环境保护的职责，对污染企业进行限制和惩处，对追求生态效益的企业以减免税及生态补偿等政府手段给予鼓励，从而实现政府与核心生态层的企业生态目标之间的协同。而人造板产业中，由于森林资源不足而带来的原料供应紧张以及人造板产业污染严重等问题，已引起了政府在开发可替代资源以及废物循环利用方面的重视，在此方面所加大的政策力度，为很多企业带来机会。企业在政策导向下会改变自身的创新路径，选择政策鼓励、政策引导下的创新行为，既实现了自身的经济效益，也完成了政府工作目标。当企业发生了变革，导致整个人造板集群的创新发展，反过来推动政府的变革，制定更高的发展目标，推动整个集群向更高层次发展。从实践来看，政府为人造板集群的发展提供了较好的政策和制度支持，但在政策落实、产业规划以及基础设施建设等方面还存在一定缺陷。

②金融链条上的协同。金融机构是企业技术创新的重要资金来源，企业在技术创新中要积极争取金融机构的支持，特别是风险投资机构的支持。金融机构以追求经济利益为目的，同时也受到政策导向

影响，它会积极挖掘符合产业发展方向、具有投资潜力的企业，传统的金融机构，如银行，会选择有良好发展基础、技术资源丰富的优质企业进行投资。而风险投资机构则会更加关注拥有发展前景与良好商业模式的中小企业。因此，具有良好发展前景，与政府政策导向一致的企业会受到金融机构的青睐，企业在资金支持下得到更好的发展，同时也会给金融机构带来丰厚的回报，金融服务系统的壮大，会对整个人造板集群网络带来更多的资金支持，改善集群的融资环境，实现利益上的协同。

③科技链条上的协同。科技链条上的协同主要体现在产学研协同创新，即指企业与高校及科研机构创新主体投入各自的优势资源，在政府、金融机构、中介机构等相关主体的协同支持下，共同进行技术开发的协同创新活动。高校及科研机构是高水平技术创新产生的源头，也是培养创新人才的重要基地，与企业进行深度合作，协同创新有助于促进资源共享，在实际研究中深化理论，在关键技术领域取得实质性成果。企业是以自身利益最大化为出发点，进行产学研合作，借助雄厚的研究资源，获得所需知识、改善知识资源的配置方式，从而提升自身的技术实力与创新能力。企业与科研机构之间创新资源的协同与共享，能保障创新网络系统正常运行，使技术创新转化为经济效益，最终提升集群网络化创新能力。

从目前人造板集群网络的创新实践来看，高校及科研院所与人造板企业之间基于利益驱动的协同水平有限，自愿协同创新尚未成形，产学研合作在企业技术研发中的比例较小。科技链条上的协同依然需要在政府引导调控下完善外部需求驱动机制。政府应借鉴国外成功经验，制定各类科技资源的标准，促进科技资源共享的政策法规体系的完善，建立科技平台共享机制。

（二）网络目标要素协同

网络目标要素协同是网络系统协同的根本目的。而基于生态链的人造板产业集群网络化创新，与传统人造板集群技术创新所追逐目标不同，除了经济效益以外，必须注重生态效益的协同发展，这是基于生态链的集群网络化创新的根本目的，也是区别于传统集群创新的根本特点。因此，人造板集群网络系统协同应立足于网络化创新、经济效益与生态效益的网络目标协同。只有实现网络化创新、经济效益和生态效益这三个目标要素之间的协同，才能实现集群系统可持续发展的总体目标，三者协同关系见图4-12。

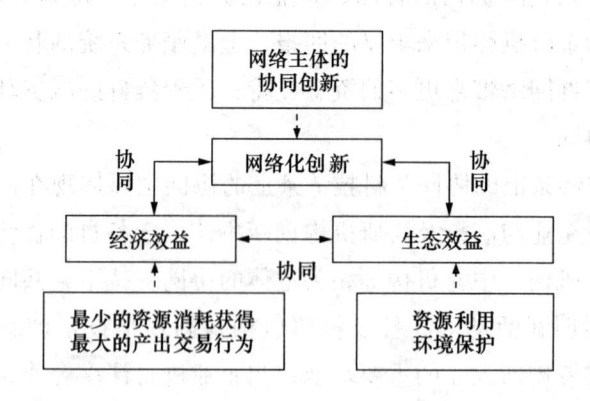

图4-12 网络目标要素协同关系

（1）经济效益与生态效益的协同

生态效益是产业集群网络发展到一定阶段的较高追求。追求生态效益是社会发展目标，生态环境对于个人、企业乃至整个集群、整个社会具有重要的影响力。从长远考虑，如果生态效益受到损害，长远的经济效益也难以得到保障。因此，集群网络化创新要求企业在社会生产生活中要维护生态平衡，将生产活动、消费活动与生态环境的目标有机统一，以最少的资源消耗获得最大的经济社会效益，从而实现经济效益与生态效益的协同，提高资源利用率和社会经济效益。因此，实现经济效益与生态效益的协同是人造板产业集群网络化创新的根本目的，也是实现网络化创新的驱动力。

（2）网络化创新与经济效益的协同

在集群网络化创新中，企业以追逐效益最大化为目标，积极推动创新成果的有效转化和扩散，提升技术成果的经济效益，有益于激发集群企业创新的积极性，因此，经济效益是网络化创新的原动力。集群网络化创新的主要活动是整个生态链网的协同创新，包括同类企业间、上下游企业间、企业与相关机构间的协同创新。网络主体的协同创新是网络化创新的根本，网络化创新是实现经济效益的有效途径，经济效益反过来成为科技创新的主要动力，两者形成协同发展关系。

（3）网络化创新与生态效益的协同

在集群网络中建立循环生态链，并在技术创新中遵循循环经济理念，提高资源利用技术、可替代资源开发技术、清洁技术、废物循环技术，促使资源在从生产到消费的各环节中，得到高效和循环利用，从而提高资源利用率，减少污染物的排放，实现资源节约和环境保护。高效的资源利用实现了生态效益，同时也带来了经济效益的长远提升，而经济效益又会进一步驱动网络化创新向有益于生态效益的方向发展，从而形成了协同驱动关系。

（三）网络主体与环境的协同

James R. Moore（1993）在《哈佛商业评论》中发表文章，将生态学中的协同进化理论引进到企业之间关系的研究中，并提出企业不只是单个企业或企业间的协同进化，任何企业都应与周围环境协同进化。协同进化理论，同样适用于分析集群网络内部网络主体与环境的协同机制。

网络主体与集群网络环境构成一个协同进化的共同体。网络主体能够通过自适应特征，主动适应环境，发生进化，这种生态适应下的进化可以推动环境的良性发展，因此，环境的改变会影响网络主体的创新行为，而网络主体行为的改变也会使环境向有利于主体发展的方向进化，两者构成协同关系。但与生物种群不同的是，网络主体是在有意识下完成协同进化，并有意识地塑造与环境的关系，推动环境的改变，正如本书所提出的在人造板产业集群中发展循环经济生态链，运用技术创新开发可替代资源都是一种网络主体有意识地适应环境的行为。

（1）网络主体主动适应环境

人造板产业集群创新网络是一个复杂系统，由大量具有自适应性主体构成，网络主体会根据自身发展目标与集群发展目标，制定创新战略，主动适应环境。具体表现为主动学习能力和不断与环境发生物质、能量的交换。网络主体的主动学习能力是与环境协同进化的重要特征。生物通过学习来提高对环境的适应性，实现进化。进化是一个漫长的过程，需要生物在环境的交互中，通过信息反馈，循序渐进地进行知识积累的过程。人造板产业集群创新网络中，创新主体的进化过程也是通过正式与非正式的网络关系联结，不断学习交流、经验积累，以此改变自身的创新行为，适应环境的过程。当环境发生剧烈变化时，网络主体主动通过学习加以修正规则，改变自身的运行模式与机制，提高对环境的适应性。另外，整个集群只有与环境发生物质、能量和信息的交换，才能生存下去。热力学研究表明，将功能强大、高度有序的系统与环境隔离，使其完全孤立，系统的有序会随时间推移而降低，最后完全丧失系统功能。只有系统与环境发生物质、能量和信息交换，才有可能使系统的有序结构和功能保持下来并且不断提高。自然生态系统中，生物从环境中吸收阳光、水分、氧气、土壤等能量、物质，才使系统得以循环，因此，与环境的物质、能量交换是协同进化的基础。网络主体需要从环境中摄取相应的物质、能量、信息和人才，以满足主体创新与发展的需要，同时向环境输出它的产品，通过这种交互，使能量、物质、信息在网络中流动运转起来。当网络主体有足够的能力从环境中获取自身所需要的养分物质，而环境中也有足够的资源向网络主体提供时，双方的协同进化才进入到一个高级有序的稳定状态。这意味着每一个网络主体应保持开放性，与其他主体保持有效的网络联结，促进物质、能量的流动，推动网络化创新环境的完善，并在此环境中实现创新。

（2）系统子环境的相互协同

在整个集群创新生态系统中，多种环境因素对网络主体提供动力和支持，也进行限制和影响。这些环境主要包括生态环境、政策环境、经济环境、社会环境和技术环境。只有实现环境要素之间的协同，才能为集群网络化创新提供良好的外部环境。这种协同主要体现在每种环境对其他环境的直接或间接影响。

①生态环境是系统协同的最高指导

生态环境是人类赖以生存和发展的基础，影响着经济稳定和社会发展。随着中国生态环境的不断恶化，加强生态环境保护已经成为中国经济可持续发展的重中之重。人造板产业由于一直以来的"资源—生产—污染"的单链模式，已经给环境造成了巨大损害，因此，在人造板产业集群创新网络系统中，生态环境要素应作为指导性要素加以重视。国家完善人造板产业政策环境要以生态环境保护为主旨，建立法律法规保障体系，以保护和治理生态环境，使生态环境的保护和建设法制化，使集群网络中的网络主体能够在政策引导下重视生态效益。科技环境也要以生态环境保护为导向，建立科技支撑体系，依靠科技进步实现企业的节能减排，废物处理，资源循环，加快生态建设进程，而技术环境的提升对生态环境起到了改善作用。在经济环境协同方面，要坚持把生态环境建设与产业开发、区域经济发展相结合，整合金融机构与全社会的力量，多渠道筹集生态环境科技创新资金。

②政策环境为系统营造一种激励机制

政策环境为集群创新生态系统营造一种激励机制和创新机制，它作为一个环境的核心，影响到其他环境的协同。政策环境对整个集群创新生态系统具有政策保障功能，对于良好的经济环境、技术环境、社会环境运行具有支持和促进作用，支持引导产业集群中的企业进行各种社会经济活动和创新行为，为技术创新提供引导和支持，为科技成果转化提供便利条件。实现对社会资源的优化配置，对技术创新、集群经济发展、生态环境建设广泛的社会共识。

③社会文化环境是系统的基本保障

社会文化环境是居民道德文化、知识素养、行为习惯等的总称。集群创新生态系统也处于社会中，其企业及其员工，各机构成员乃至消费群体的素质、习惯、意识形态构成集群的社会文化环境。加大社会建设力度，引导积极的社会观念，建立优良的社会文化环境，企业及社会公众行为会因此发生改变，集群内的企业的经济活动行为也会更加注重社会责任、资源节约、环境保护、创新意识。因此，社会文化环境是集群创新生态系统可持续发展的基本保障。经济环境对于集群创新生态系统具有自组织机制，需要大力宣传，扩大集群的市场影响力和竞争力，营造良好的经济环境，实现社会环境与经济环境的协同。技术环境为集群创新生态系统带来动力机制,社会环境为技术环境开辟创新的热情与创新的氛围,需要技术环境与社会文化环境协同推进其产业化进程。

第三节　本章小结

首先,对人造板产业集群网络化创新进行创新要素分析。网络主体是创新活动的组织主体和执行主体,对创新活动起基础支撑作用,网络化创新能力最终要通过主体的创新活动表现出来。网络结构要素表征了网络主体之间的互动关系,网络结构决定了资本、知识、信息的流向强度,对主体创新行为起协调作用。网络环境要素对创新主体的创新活动起培植作用,创新主体只有在一定的创新环境中才能被有效地培育并展现出创新活力。其次,对人造板产业集群网络化创新机制进行研究。结合集群创新理论与生态学理论对网络化创新机制从一般机制和协同机制两方面进行探索。在一般机制探讨中,根据经典的Logistic生态学模型建立相应的创新种群竞争关系模型和互利共生关系模型以及网络主体的生态位现象,重点阐述了种群间的生态平衡机制。最后,结合生态学中的协同进化理论从网络主体关系协同、网络目标要素协同以及网络主体与环境的协同三方面探讨网络化创新的协同机制。网络主体之间以及网络主体与环境存在协同发展,网络主体之间的利益关系协同是机制运行的核心,直接决定了其他协同机制的实现;网络目标要素协同是协同的根本目的;主体与环境要素协同是协同的重要条件和保障。

第五章 基于生态链的山东省人造板产业集群网络化创新现状与问题分析

第一节 我国人造板产业发展现状

近年来,随着建筑装饰和家具业的快速发展,国内人造板需求量出现急剧增长,我国人造板产业因此得到了快速发展。然而,我国缺林少材的现实使人造板产业发展面临木材资源短缺的局面,木材供应大量依赖进口,从另一个方面限制了人造板产业的发展。

一 我国人造板产业发展历程

中国人造板产业的发展经历了一个漫长的过程。新中国成立初期,国内百废待兴,工业基础薄弱,我国人造板企业年总产量仅为1万立方米左右。进入20世纪90年代,我国人造板产业进入稳定发展时期,国内科技兴林战略有力地推动了人造板产业的技术进步,国产设备的开发和制造进程加快,我国人造板产量约400万立方米/年。截至2000年,中国人造板产量突破2000万立方米/年,年均增长速度高达65%。但快速发展的背后,大批中小人造板企业的涌现使市场出现无序竞争状态与不规范生产现象,产品质量一度下降。进入21世纪,我国城市化发展进程加快,房地产行业与建筑行业、家具业的蓬勃发展,极大地刺激了人造板产业需求,拉动了人造板产业的快速增长。2003年,国务院颁布《关于加快林业发展的决定》,我国人造板企业更加重视科技含量的提升,在大力引进国外的先进生产工艺、设备与管理的同时,各地加大投资力度,推动人造板原料林基地建设，在体制上实行"林板一体化"，此后我国的人造板产业进入了可持续大发展阶段，人造板生产年均增长速度超过了20%，已成为世界人造板生产、消费和进出口贸易第一大国。据国家统计局统计数据显示，在2004年至2013年的十年时间里，我国人造板产量从3774.48万立方米增长至27220.58万立方米，其中有7年的生产增速超过20%（见图5-1）。

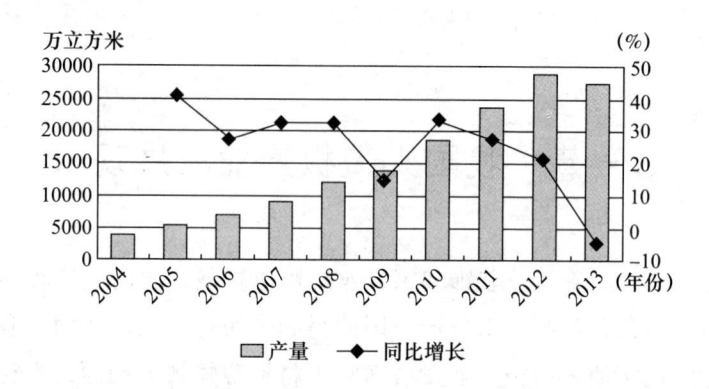

图5-1　2004—2013年我国人造板产量及年增长率

资料来源：国家统计局。

二　我国人造板产业产品结构

我国人造板产业主要生产传统的"三板"，即胶合板、纤维板和刨花板，以及细木工板等其他板材。在人造板产品结构中，以优质大径级木材为原料的胶合板产业一直处于主导地位，且其占人造板总产量的比例超出世界人造板行业的平均比例。近年来，胶合板产量逐年递增，至2012年已突破1亿立方米（见图5-2），其占人造板总产量的比例接近50%，已超过世界的平均比例。另外，中（高）密度纤维板因其产品材质细密、性能稳定，原材料资源利用率高等特点，在我国市场前景看好，年产量接近6000万立方米，在人造板产品结构中的比重基本保持在30%左右。而以采伐和加工剩余物、城市废料为原料的刨花板应用范围较小，而且产品质量普遍偏低，发展速度不快，在人造板产业结构中的比重基本保持在10%左右。对于其他人造板产品,如细木工板、竹材人造板、秸秆人造板和功能型结构性人造板等产品所占比例较低,全部产量占比约为20%(见图5-3)。

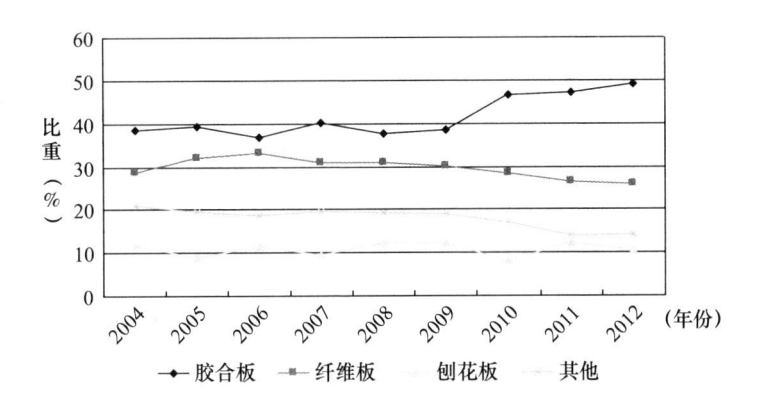

图5-2 2004—2012年我国人造板分类产量比重

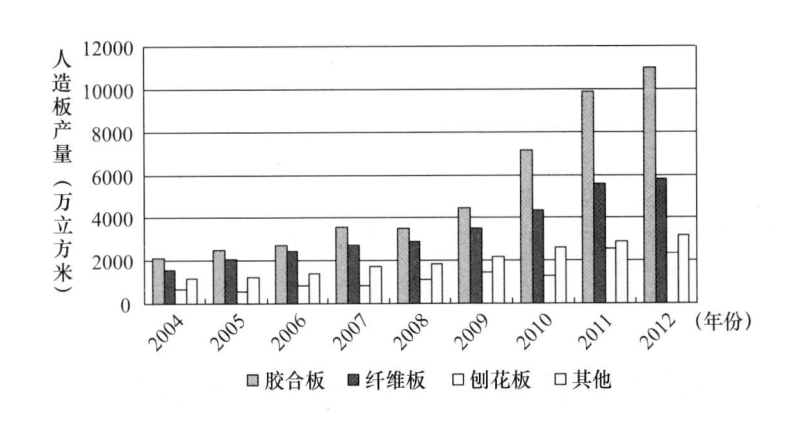

图5-3 2004—2012年我国人造板分类产量

资料来源:历年《中国林业统计年鉴》。

三 我国人造板产业组织状况

自2000年以来,我国人造板产业进入大发展阶段。面对国内外旺盛的市场需求,人造板产业大力提高技术水平,生产规模及产业组织规模迅速扩大。目前我国人造板生产规模已居世界首位,但人造板企业规模普遍偏小,与世界先进水平仍存在较大差距。在发达国家,新建人造板企业年均生产规模在10万立方米以上，且年均规模30万立方米以上的企业也已投入运行。在我国，2012年人造板产业的企业总数量为4640个，年总产量为25867.26万立方米，企业年平均生产规模仅为6.16万立方米。其中，胶合板企业数量最多，达3170个，但由于企业规模小，行业年均生产规模仅为3.46万立方米，纤维板与刨花板企业年均生产规模相对高于胶合板企业，分别为10.84万立方米及9.11万立方米（见表5-1）。发达国家人造板产业的企业集团化、生产规模大型化道路已经走完，我国人造板产业还需要加快改革。

表5-1　　　　　　　　2012年我国人造板产业组织状况

	企业数量（个）	产量（立方米）	平均年生产规模（立方米）
人造板	4640	28567.26	6.16
胶合板	3170	10981.17	3.46
纤维板	535	5800.35	10.84
刨花板	258	2349.55	9.11
其他	677	3204.71	4.73

资料来源：国研网。

第二节　山东省人造板产业发展现状

山东省是全国林业产业大省。2013年，全省林业产业总产值达5574亿元，占全国林业总产值的11.8%，居全国第二位。山东省本身的森林资源总量在全国来看，并不占优势，然而却以占全国大约1%的森林资源总量创造了占全国近12%的林业产值，实现了由资源小省到产业大省的跨越，林业产业的大发展也为山东省人造板产业的发展创造了条件。全省的人造板产业加工优势显著，具备带动就业人数多、门类齐全、产业聚集度高、产品利润率差距明显、已开辟国外市场等特点，山东省人造板产量近三年连续超过6000万立方米，均占当年全国总量的1/4左右，高居全国首位。

一 山东省人造板产业组成情况分析

山东省人造板产业主要由胶合板、纤维板和刨花板产业构成，其各自的产量、销售量与全国总体情况的对比见表5-2。可以看出，2012年，山东省人造板产业以胶合板制造为主，胶合板产量占全省人造板总产量的61.78%，占全国胶合板总产量的32.56%，是全国的胶合板制造大省。硬质纤维板占全国同类产品比重63.45%，是全国的主要产区，而中密度纤维板仅占全国同类产品的12.55%。刨花板占全国同类产品的36.41%，也是全国刨花板的重要生产基地。

表5-2　　　　　2012年山东省人造板产业组成情况

分类	产量（立方米）			销售量（立方米）		
	全国	山东	占全国比重（%）	全国	山东	占全国比重（%）
胶合板	10981.17	3575.34	32.56	9589.4	3237	33.76
硬质纤维板	654.05	415.01	63.45	581.8	340.29	58.49
中密度纤维板	5022.45	630.08	12.55	4157.2	465.51	11.2
刨花板	3204.71	1166.7	36.41	1955.5	1055.07	53.95

资料来源：历年《中国林业统计年鉴》。

二 山东省人造板产业与主要省份对比分析

2013年，我国人造板行业总产量达到27220.58万立方米。其中，产量居前四位的省份为山东省6590.54万立方米、江苏省4440.68万立方米、河南省2744.99万立方米、广西2645.15万立方米，分别占全国总产量比重为24.21%、16.31%、10.08%、9.72%，四省合计占全国比重为60.32%（见图5-4）。山东省人造板产量排四省第一名。2013年，四省份人造板产业分类指标对比情况分析如下：

（1）人造板产量及生产规模对比

在人造板产量方面，山东省胶合板、硬质纤维板及刨花板均具有绝对优势，中密度纤维板产量稍低于江苏省（见图5-5）。在企业数量方面，山东省有人造板企业923家，江苏省为990家，河南省为376家，广西为308家，可得各省人造板企业年均生产规模，山东省为7.14万立方米，江苏省为4.49万立方米，广西为8.58万立方米，河南省为7.3万立方米。可以看出，山东省人造板企业的生产规模在全国排在前列，但相比于国际先进水平，人造板企业的年均生产规模在10万立方米以上，山东省人造板企业仍存在较大差距，还应大力提高企业的生产规模化水平和设备水平。

（2）人造板分类销量及产销率对比

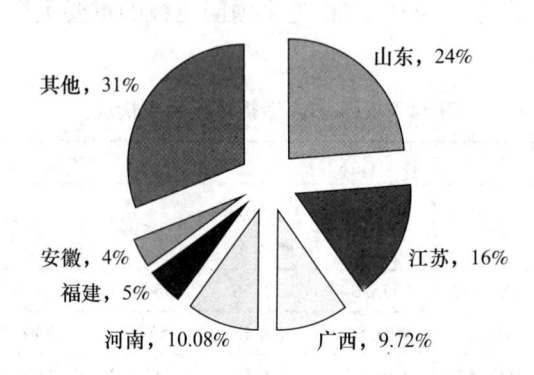

图5-4　2013年中国人造板产业集中度情况

资料来源：2014—2019年《中国人造板行业市场分析与投资战略规划报告》。

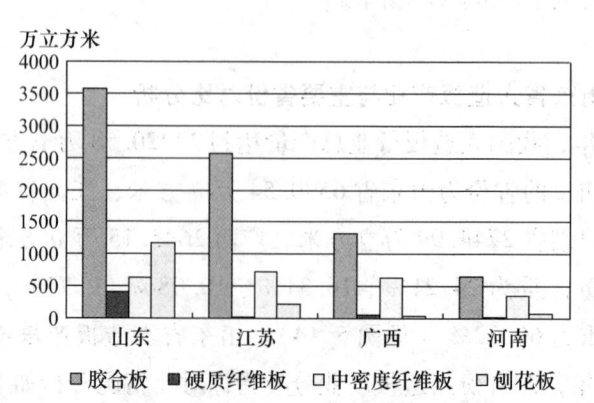

图5-5　部分省份人造板产量组成情况

资料来源：国研网。

第五章 基于生态链的山东省人造板产业集群网络化创新现状与问题分析 107

在人造板销量方面，山东省的整体销量居于首位（见图5-6）。除在中密度板销量上稍显弱势，低于江苏及广西外，其他分类人造板产量均高居四省区首位。但从产销率情况来看，山东省人造板产业实力则弱于江苏省。全省人造板产销率保持在70%—90%，胶合板及刨花板产销率约为90%，说明这两种产品产销衔接较好，产品符合社会现实需要的程度很大。而硬质纤维板与中密度板的产销率则相对较低，尤其是中密度板的产销率不足80%，在四省区中居于最末位。说明相对于其他三省，山东省的中密度板存在一定的产能过剩，销售受阻，市场占有率较低，产品有一定的积压。

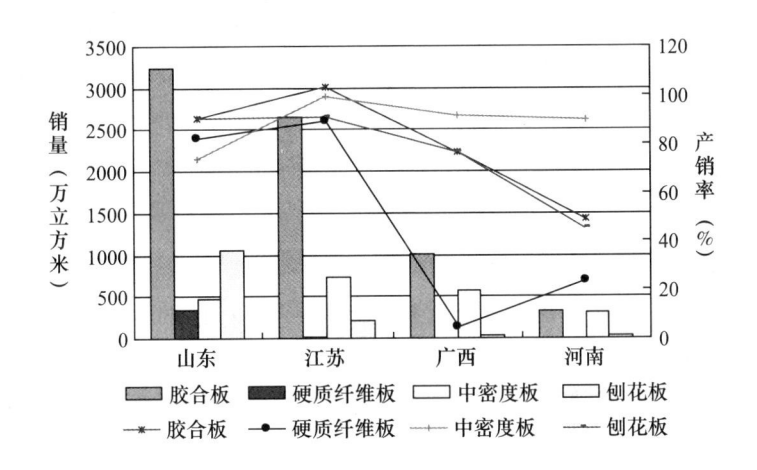

图5-6 部分省份人造板销量及产销率情况

资料来源：国研网。

（3）人造板分类销售价格对比

在人造板产品分类销售价格方面，四省区的销售价格存在一定差异（见图5-7）。山东省各类人造板产品的平均价格较低，仅高于河南省，而低于江苏与广西，总体低于全国人造板平均价格水平，说明山东省人造板产品的竞争力不足，这与其产品的技术含量及质量水平不高有关。江苏省人造板产品价格普遍高于全国平均水平，一定程度上反映了江苏省人造板产品的技术含量高、品牌优势明显。广西省的各类人造板产品实际平均价格略低于江苏省,河南省的人造板产品价格则整体偏低,刨花板价格高于全国平均水平。

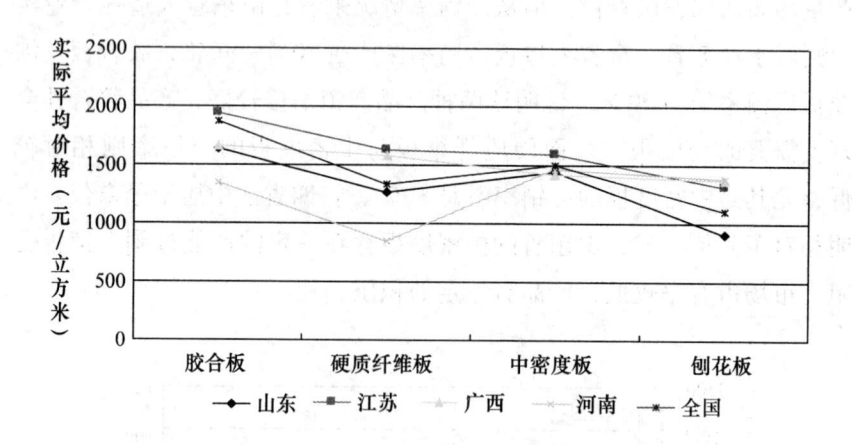

图 5-7 部分省份人造板分类销售价格

资料来源:国研网。

(4) 人造板出口交易值对比

根据前文分析,山东省已是国内人造板产量第一大省。但从出口交易值来看,山东省人造板产业实力则相对较弱,出口额仅为 80 亿元,相比于江苏省人造板出口交易额高达 133 亿元,仍存在较大差距(见图 5-8)。

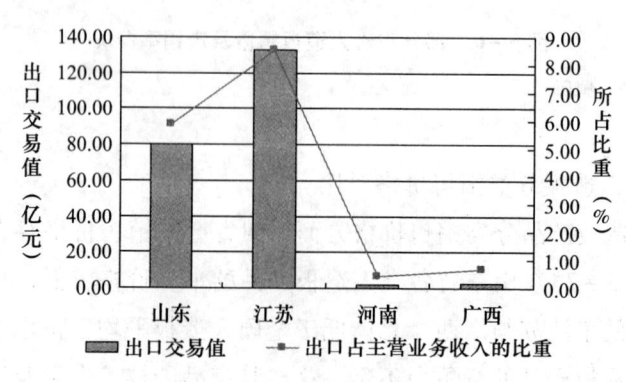

图 5-8 四省份人造板出口交易情况

资料来源:国研网。

从各省人造板的出口交易值占主营业务收入的比重来看，山东省的出口比重为5.86%，逊色于江苏省的8.55%，河南与广西出口比重仅为0.41%与0.68%。由此看出，江苏省人造板产品质量、技术水平处于全国前列，产品满足了国内外市场的需求。实现出口创汇方面，山东省虽然是人造板产业大省，但在生产技术及产品质量方面仍处弱势地位，导致人造板产业整体实力落后于江苏省，其他各省份的人造板出口业务较少。

三 山东省人造板产业区域分布及其集群的形成

山东省主要可分为四大区域，即鲁西南、鲁西北、鲁中南及胶东地区，各个区域均有一定规模的人造板产业分布，其企业数量分布见表5-3，其区域分布见图5-9。其中，鲁西南地区主要包括菏泽、济宁、枣庄和临沂，与江苏省北部相邻，在山东省内属于经济欠发达地区，工业基础一般，但森林资源较为丰富，为人造板产业发展提供了丰富的原料资源，使该区域成为省内人造板产业集聚区。鲁西北地区主要包括聊城、德州、滨州和东营，除东营外，其他地区在山东省属于经济落后地区，工业基础相对薄弱，人造板产业有一定发展规模。鲁中南地区主要包括泰安大部、济南、莱芜、淄博、日照、潍坊，属于山东的传统农业区，工业基础较好，经济较发达，但人造板产业规模较小。胶东地区，主要指青岛、烟台、威海三市，该区域属于山东省新兴的工业区，轻工业、高新技术工业发达，经济实力为省内最强，依托环渤海工业区的建设，已经成为最具发展潜力的地区之一，但人造板产业规模很小。

表5-3　　　　　2013年山东省四大区域人造板企业数量统计

区域	城市	人造板企业数量（家）
鲁西南地区	菏泽、临沂、枣庄、济宁	1145
鲁西北地区	聊城、德州、滨州、东营	205
鲁中南地区	泰安、莱芜、济南、淄博、潍坊、日照	139
胶东地区	青岛、烟台、威海	119

资料来源：2013年山东省及17市统计年鉴数据计算整理。

图 5-9　山东省人造板企业区域分布

从图中可知，山东省人造板产业集群主要分布在鲁西南地区，其人造板企业数量已超过同行业比重的 70%。具体而言，临沂市是我国四大板材生产基地之一，人造板产业以胶合板生产为主，胶合板产量居于省内首位。2014 年，临沂市人造板总产量约为 1838.99 万立方米，胶合板产量达 1071.85 万立方米，约占其人造板总产量的 58.28%。菏泽市依靠林业资源禀赋，培育了当地木材加工产业集群，人造板产业组成均衡，以胶合板及其他人造板为主，纤维板及刨花板产量处于一般水平，当地形成了以郓城黄安镇为中心的杨木板加工、以曹县庄寨镇为中心的桐木家具加工、以曹县普连集为中心的木质工艺加工三大产业集群。枣庄与济宁两市也有一定数量的人造板加工企业，但相对临沂与菏泽而言，产业规模较小。

第三节　山东省主要人造板产业集群网络化创新现状分析

根据前文分析，山东省人造板产业集群主要集中于鲁西南地区的临沂与菏泽两市。本节以上述两地的人造板产业集群为例,基于前文构建的人造板产业集群创新网络系统,从网络节点、垂直创新生态链、水平创新生态链及网络环境四个要素维度,对山东省人造板产业集群网络化创新的现状进行分析,具体分析如下。

一 临沂人造板产业集群网络化创新现状分析

(一)临沂人造板产业集群发展概况

临沂市位于山东省东南部,是全省面积最大的城市。随着当地经济的发展,临沂已形成水、陆、空相互支撑的立体交通网络,交通发达和原材料、劳动力资源丰富,为临沂人造板产业发展提供了先决条件,形成了人造板产业集群效应,并通过十几年的发展,集群已经极具规模,全市已形成了以兰山区、费县相邻乡镇和罗庄区为中心的产业集群。临沂市是全国四大板材生产基地之一,也是山东省最大的人造板产业集群集聚带。随着产业集群的逐步完善和快速发展,其对临沂人造板企业起到了重要的促进作用,同时也创造了极大的经济效益和社会效益。

临沂人造板产业集群的发展从初期的发展规模小、产值低,后经历规模大、产值高的快速发展时期,如今已经进入技术新、污染小、能耗低的快速发展阶段。兰山区已经形成了成熟的产、供、销一体的板材产业链条,并拥有全国最大的板材交易市场,使临沂的板材产品辐射到国内华东、华北、华中、东北和华南等地及国外的北美、欧洲和东南亚等地区。集群树立了经济效益、生态效益协同发展的战略目标,坚持走人造板生产的技术更新、污染能耗小的高端品牌发展战略。临沂板材基地的发展对临沂人造板产业集群发展起到了巨大的促进作用,形成了由点及面、由内到外结网辐射的创新网络结构。临沂市人造板产业集群分布如图5-10所示。

(二)临沂人造板产业集群网络化创新现状分析

(1)网络节点

临沂产业集群创新网络的节点包括人造板生产企业、人造板配套企业、大学与科研机构、政府相关部门、金融机构、中介机构等。同行企业之间、企业与供应商和客户之间进行密切的信息沟通与交流。

与此同时，企业也跨过网络内部的边界，与大学科研机构、政府机构、中介机构、金融机构等进行合作，相互协调，在此过程中各行为主体将有选择性地进行合作对象的筛选，使技术知识、市场信息等资源在网络中逐步扩散。

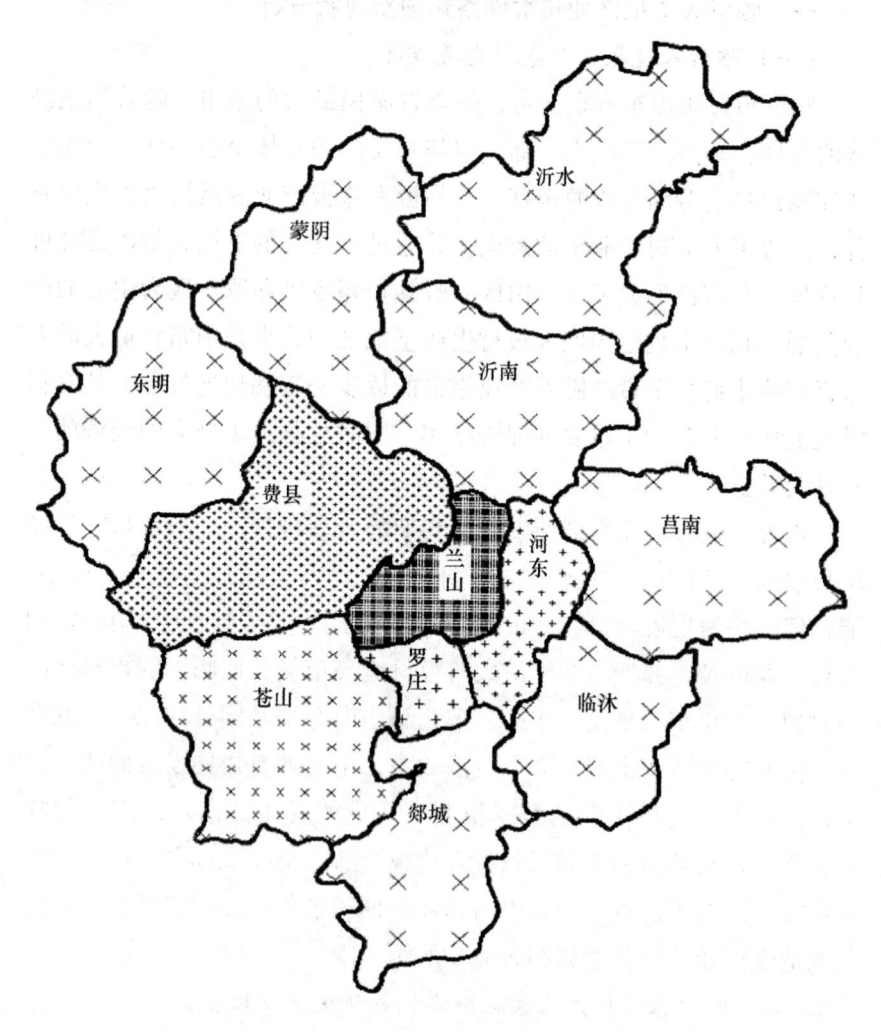

图 5-10 临沂市人造板产业集群分布

①生产及配套企业

临沂市人造板产业集群发展经历了由规模小、产值低的初步发展阶段，到规模大、产值高的飞速发展阶段，再到技术新、污染小、能耗低的快速发展阶段。集群内已经形成原木旋切—压板—制胶—设备制造与维修等专业化的产业链条，并以采购和营销的中介组织为辅助，形成联动发展、分工明确的大型人造板产业集群。截至2013年，临沂市兰山区共有各类木材加工企业4500余家，其中人造板生产加工企业1300余家，单板旋切企业1700余家，与之相关的机械、维修、代工企业800余家，带动发展服务性企业1400余家。规模以上企业253家，全部从业人员20余万人，产品出口美国、欧洲、中东等50多个国家和地区。其中知名的人造板生产企业有新港、恒瑞、中亿、千山、大顺、福港、豪景、韩宇、福业、星泰、杏花、利安等，这些龙头企业已成为当地人造板产业集群的核心和骨干，在网络化创新中起到至关重要的带动作用。

②大学及科研机构

大学及科研培训机构在临沂人造板产业集群网络化创新中的作用极其重要，有效地带动与促进了网络内企业创新能力的提升。其发挥作用的主要途径和方式包括直接将其开发的技术、专利等转让给人造板企业或与企业联合开发等，并为网络内企业输送相关领域的专业技术人才或者以合作的方式对企业员工进行培训等。临沂的教育资源并不发达，与人造板产业的技术与管理有对口专业的当地院校有临沂大学、临沂职业技术学院。科研机构有临沂市木业板材质量服务中心实验室、平邑县林业科学研究所、山东费县木业旋切机械研究所中心以及众多规模较小的民办科研机构。当地企业除了与本地的大学及科研机构建立联系外，也广泛地在全国范围内寻求与林产相关的科研院所与高校的合作。2007年，临沂市在兰山区、费县等地建立了出口木制品质量安全监管示范区。临沂人造板龙头企业新港集团还与中国林科院木材工业研究所合作成立研发中心，合作研发的无醛实木复合板填补了国内同类产品空白，这一以人造板企业为创新主体所构建的产学研相结合的创新体系，开启了临沂市人造板产业科技成果转化的先河。2015年，临沂郯城县政府与南京林业大学正式签约，在郯城建立博士后科研流动站和研究生工作站，博士后科研流动站的建成将优先向政府及企业提供符合产业化发展方向的科技成果，有利于促进高校科研成果转化，解决人造板企业技术难题，为产业集群网络化创新提供科技支撑。临沂的一些龙头企业目前已同南京林业大学、山东大学共建了实习基地，也有一些企业已经和山东大学、临沂大学、临沂职业技术学院进行合作，定向培养人造板产业发展所急需的人才，为人造板产业发展建立人才储备。这些大学及科研院所为人造板产业提供了大量的专业性人才和创新技术，在集群网络化创新中发挥了重要作用。临沂人造板产业集群已初步形成以企业为主体，市场为导向，产、学、研相结合的技术创新网络。

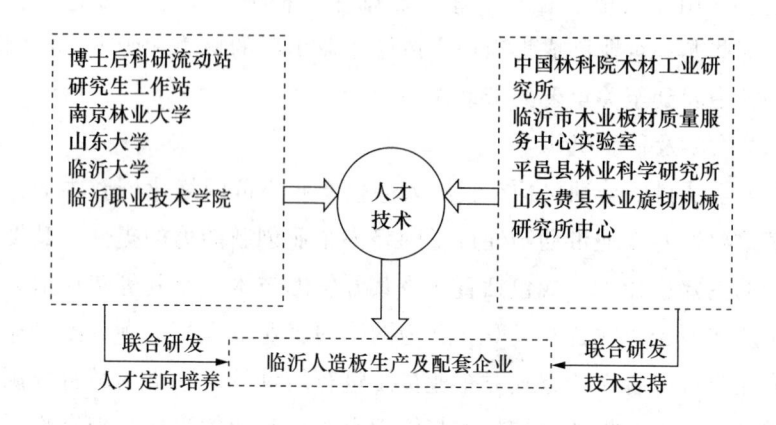

图 5-11　企业与大学及科研机构联结链条

③政府机构

临沂人造板产业集群创新网络最初是基于林业资源优势自发形成的，随着当地木材加工规模日趋扩大，产业链条逐步完善，集群效应逐步显现，当地政府开始出台相关政策引导和鼓励集群发展，并给予一定的外部激励，进而促进了其人造板产业集群的进一步成长。当地政府相继出台一系列政策措施以壮大培育其木材加工业集群。从2002年起，临沂市政府每年拿出300万元林业专项基金通过以奖代补形式用于杨树丰产林基地建设。为应对金融危机冲击，市政府先后出台《关于支持中小企业贷款风险补偿资金管理暂行办法》《中小企业贷款"绿色通道"工程实施暂行办法》等文件,解决中小企业融资难问题。2006年起,市政府先后举办了多届"中国(临沂)人造板国际贸易洽谈会""华东人造板国际贸洽会",为产业发展搭建平台。2009年7月,临沂市政府出台《临沂市木业产业调整振兴规划》,打造以兰山区义堂镇加工区域为中心,以费县探沂镇、兰山区朱堡镇加工区域为两翼的临沂人造板产业集群聚集带。2011年1月,临沂市政府批准成立临沂市林产品认证中心,开展林产品企业的产销监管链认证工作,以更好地促进当地板材企业产品出口,使其免受国际板材准入"绿色壁垒"限制。同年8月,市政府在对当地木材加工企业整治的基础上,通过关停并转、收购兼并等方式,促进一些高耗能、低产出、科技含量低的小板材企业重组,以解决人造板产业无标生产、无序竞争的现象,促进临沂市人造板产业集群化发展[159]。2012年,临沂市编制《临沂市国际商贸物流城发展规划》,国际化市场发展总体目标规划建设包括人造板市场在内的10处国际化市场集群[160]。

此外,临沂市政府围绕"高端、高质、高效"和"低碳、循环、绿色"发展方向,重点发展循环经济,以实现"绿色增长"。加快人造板产业转型和提升,对有污染、没有市场空间的落后企业进行淘汰;重点引进科技含量高、能源消耗低、发展后劲足、辐射带动力强的人造板研发项目。对人造板集群网络生态链上下游项目进行重点招商,培植废弃物再生利用和资源回收产业,变废为宝,延伸集群产业链,逐步形成了"资源—产品—再生资源—再生产品"的生态工业模式,催生了资源互补、衔接配套的循环经济产业链,提高了集群网络化创新能力。

④金融机构

金融机构在集群网络中通过保障资金供给促进集群发展。临沂的主要金融机构有四大银行临沂分行、临商银行(临沂当地银行)、民生银行、信用社等。除此之外,还有一些风险投资机构、证券机构及小额贷款公司等。在对人造板企业的融资中,银行发挥着主要融资作用,为人造板企业提供了相对宽松的政策及充足资金,尤其是对处于成长期的中小型企业,使企业具备了较强的融资能力,从而能够合理利用国内外资金,有实力引进行业内先进的生产线,并快速扩大企业产能,进而创造规模经济,保证企业取得竞争优势,促进了人造板产业集群创新网络的不断扩张。例如,民生银行临沂分行推出小微企业特色产品"商贷通"系列贷款,针对贷款需求50万元(含)以下小微客户,无须任何担保,采用纯信用方式,手续简便,审批迅速,随借随还,切实解决了经营规模小、销售收入低、申请贷款难的小企业融资需求,受到临沂小企业青睐。临沂农行将支持县域经济发展作为核心任务,坚持"突出重点,有扶有控",大力支持支柱企业和新兴产业发展,集中资金助推一大批产业化龙头企业做大做强,省级以上龙头企业服务覆盖面达到100%。为优化中小企业融资环境,从拓宽担保范围、丰富融资产品入手,全面推动以简式快速、可循环信用的信贷业务,有效破解了中小企业"担保难、贷款难"的发展瓶颈。临沂商业银行实施以小企业为核心的发展战略,针对小企业信贷审批链条长、决策实践不及时问题,加快推进机构扁平化管理步伐,围绕小企业进行网点资源整合和规划布局,保证了为小企业提供金融服务的连续性。

⑤中介机构

在临沂人造板产业集群创新网络中,有代表性的中介机构主要有中国林业工业协会、中国木材与木制品流通协会、山东省林业产业联合会、山东省木业进出口协会、山东省家具协会、临沂兰山区木业板材行业协会等组织,这些组织成为政府和人造板企业间的桥梁与纽带,为政府献计献策,为企业提供行业信息、制定行规约。2011年,中国板材产业战略联盟和临沂市人造板材产业标准联盟相继在临沂成立,这使临沂市更好地整合了产业资源,发挥产业基地的优势,加强与国内其他区域间的联系与合作,更好地协调企业与政府、科研机构和市场的关系,对促进人造板产业发展有积极的意义。除此之外,临沂人造板产业集群创新网络中还有其他诸如律师事务所、会计师事务所、创业服务中心、生产力促进中心及科技咨询评估机构等中介机构,在网络主体的创新活动中同样起着间接的辅助与促进作用。

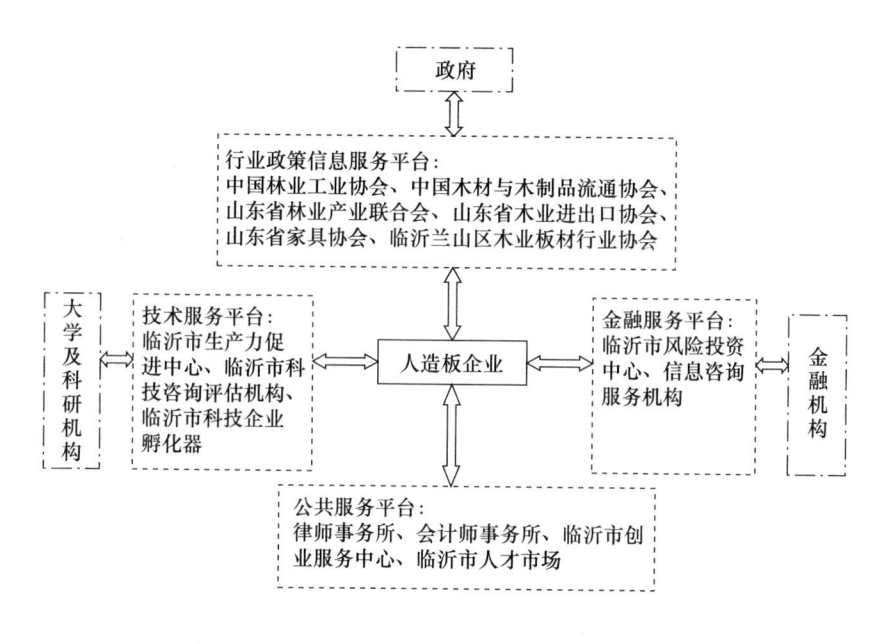

图 5-12　企业与中介机构联结链条

（2）垂直创新生态链

临沂市人造板产业集群形成了比较完善的主生态产业链条，从原木加工、旋切单板到板材压制，从原木采购到产品销售，从板材加工到家具制造、制胶、木材废料加工和设备制造维修等，产业分工明确，实现了木材综合利用，有力地带动了第三产业的发展，但尚未出现废旧木材循环利用的产业链条闭合回路，因此在能量循环与资源利用上存在缺失。同时企业间也有技术交流、项目合作，促进了技术、人才、信息在企业间不断传播，同行企业之间的竞争也进一步促使企业改进技术与创新，形成了一条从低级到高级、从初加工到深加工，并逐步向高科技品牌方向发展之路，也使当地人造板产业集群网络化创新的整体水平得以提升。此外，集群企业向外部网络扩展的势头迅猛，积极发展出口贸易，近年来人造板出口货值位居全国第一，产品出口到欧、美、日、韩、以色列等 50 多个国家和地区，对外的产品贸易、技术交流开拓了创新网络的外部边界。此外，在产业链条下游延伸出物流营销服务体系，拥有多个林产品批发交易市场和物流企业，为人造板产业集群的生产、销售提供了巨大的便利，有效解决了影响产业集群发展的众多瓶颈问题，较好地促进了当地人造板产业的快速发展。

临沂人造板产业集群创新网络内的辅生态链包括由政府机构—行业协会—企业组成的政策链条，大学及科研机构—科技中介机构—企业组成的技术链条，金融机构—金融服务机构—企业组成的金融链条等。各链条的起点分别为当地的政府部门、大学及科研院所、银行及风险投资机构等金融部门，终点为集群创新网络内的人造板企业，各个网络节点在其所处的链条上发挥着自身的职能，促进了网络内相关政策、技术及资金的流动与转化，对主生态链的技术创新、价值创造等活动起到辅助与推动作用。

（3）水平创新生态链

临沂人造板产业集群创新网络内的水平创新生态链由核心企业链、中介机构链及创新资源链构成。

①核心层企业链

核心层企业链是由网络内的同类人造板生产加工企业组成，是以大型骨干企业为主体，以中小型企业为依附，各人造板企业间相互模仿与竞争，在学习与合作的过程中加速当地人造板产业集群网络内的创新活动。如兰山区人造板加工企业为提升企业的竞争力，骨干企业相继注册自主商标品牌，700余家企业建立检测实验室，近百家企业通过ISO9001或欧盟CE认证、绿色环保认证。既加快了技术、信息等资源在集群网络内的流动，又提升了当地人造板产业集群在国际市场上的知名度与品牌竞争力。

②辅助层中介链

辅助层中介链指由人造板产业集群创新网络的水平创新生态链表示政策、资金、信息、技术及人才等资源在网络内的横向交流与共享。

辅助层中介链主要包括制定各类行业标准的行业协会、生产力促进中心、科技企业孵化器、科技咨询评估机构、技术市场、科技情报信息机构等科技中介以及科技风险投资中心等金融中介机构。同类中介机构相互交流与合作，负责整合集群创新网络内的相关资源，为核心层企业的科技创新活动提供专业化的服务，对集群网络化协同创新起着沟通与协调的作用。由于科技中介机构在集群网络化创新中的声誉较高，受到人造板企业、大学及科研机构、政府机构及金融机构等节点的信赖，可以充分发挥其在集群网络化创新中的沟通与协调作用。

③外围层资源链

外围层资源链由政府机构、金融机构、大学及科研机构等节点组成，这些节点为人造板产业集群创新网络提供政策、资金、技术及人才等创新资源，并对科技中介机构起到指导方向与传递资源的作用。金融机构与科研机构的创新活动受到政府政策的指引，同时政府机构需要科研机构提供决策支持、金融机构提供资金支持，三大节点通过资源流动及共享，为人造板产业集群创新网络提供充足的创新资源保障。

二　菏泽人造板产业集群网络化创新现状分析

（一）菏泽人造板产业集群发展概况

菏泽市位于山东省西南部，是全国平原地区最大的林产品生产、加工、贸易和出口基地。木材加工业是菏泽市最具特色及增长潜力的主导产业。菏泽市交通方便，森林资源丰富，曹县是全省林产品出口第一县，20世纪90年代中期，曹县内众多家庭式小作坊开始生产细木工板，经过多年发展逐渐成为当地的支柱产业。曹县庄寨镇逐渐发展成"中国泡桐加工之乡""中国杨木加工之乡"，2013年，该镇林产品及相关加工企业有5000多家，其中产值过百万元的企业800多家。年出口的家具、工艺品及各类板材50万立方米，出口量占全国同类产品出口量的60%以上。

在此期间，其他各县也以家庭为单位开始进行人造板产业的加工制造，菏泽市人造板产业集群经历了一个慢慢发展壮大的过程，依靠林业资源禀赋，从开始的小户分散经营逐渐向集约化、规模化的生产模式转变，以胶合板及其他人造板为主，纤维板及刨花板产量处于一般水平，当地形成了以郓城黄安镇为中心的胶合板产业集群以及牡丹区新兴、李庄寨的胶合板集群。2014年，菏泽市人造板工业总产值为2298504万元，其中曹县1177289万元，郓城县339432万元，牡丹区325855万元以及定陶县154583万元，上述四区县人造板产值占到菏泽市总产值的87%，菏泽市人造板产业集群分布见图5-13。

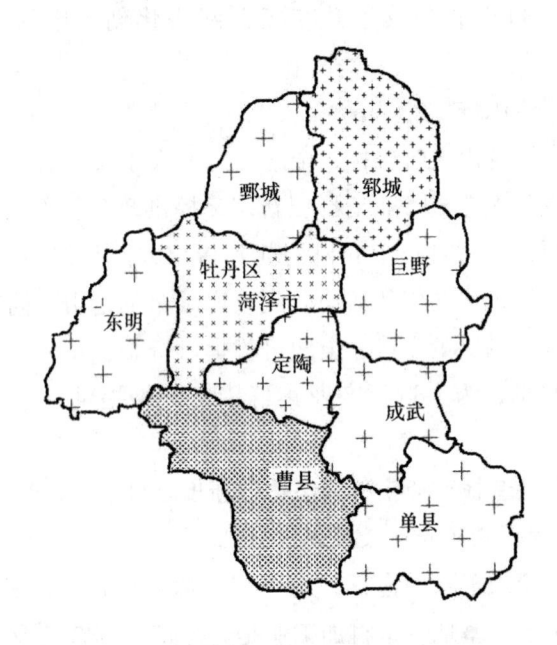

图5-13 菏泽市人造板产业集群分布

(二) 菏泽人造板产业集群网络化创新现状分析

(1) 网络节点

①生产及配套企业

在菏泽人造板产业集群创新网络中，各类人造板生产及配套企业约3000家，各类加工点15000多个，从业人员50万人，年加工木材600万立方米，年产值达到60亿元，其中桐木加工出口量占全国的85%。目前已形成了较强的产业配套能力，全市已有十多个区域性、专业化的木材加工集群和林盾、锦江、鲁艺等一大批龙头企业。其中产值超亿元的企业，分别是晨鸣板材、曹普工艺、兴安木业。东明杨木绒毛浆有限公司、定陶县林盾木业有限公司（主要产品为刨花板）、成武森利人造板公司（主要产品为中密度纤维板）步入了全省十大林业龙头企业的行列。福泰木业、龙森木业等企业进入全市农业产业化龙头企业百强。人造板产品主要有杨木单板、多层板、杨木家具、科技木、桐木拼板、刨花板、中高密度纤维板等十几个门类，上万个花色品种。产品远销日本、韩国、美国、德国、意大利、法国、西班牙等国家和地区。

②大学及科研机构

菏泽当地的与林产相关的科研教育资源十分有限，大学仅有齐鲁工业大学菏泽校区、菏泽学院。科研机构有菏泽产品检验检测研究院、曹县产品质量监督检验所、菏泽市农业科学院。政府鼓励当地企业与区域以外的科研院校寻求合作。在院校与"龙头"企业联合中，具体方式有院校通过技术入股，直接参与"龙头"企业管理。也有"龙头"企业入股院校研究课题单位，使其为"龙头"企业的技术攻关提供定向服务。按照菏泽市《中长期科学和技术发展规划纲要》中的规划指导，在产学研合作中重点研发节材、新型环保、附加值高的新产品，如装饰板、单板层积材（LvL）、定向结构板（OSB）及低甲醛绿色环保人造板等。大力发展绿色人造板，按世界技术标准，研发无毒与低毒型人造板产品，积极生产国际标准的胶合板、刨花板、中高密度纤维板、细木工板产品。其中以菏泽晨鸣集团板材有限责任公司、大地木业公司为主体，形成高档纤维板、复合材料板产业化规模；以郓城四达木业公司、郓城恒信木业为主体，形成功能性专用板的产业化；以曹县庄寨桐领木业公司为主体，形成高档木质板的产业化；以郓城四达木业、单县万木木业有限公司为主体，形成高档木质地板的产业化[161]。

③政府机构

山东省菏泽市人民政府于2009年3月公布《中长期科学和技术发展规划纲要》，强调未来要加大林木加工业的发展，同时加快向高档板材、高档家具等科技含量高的产品的延伸步伐，拉长产业链条，建设林木产品加工基地和国际贸易中心等。

菏泽市政府对菏泽人造板产业集群大力扶持，重点对集群内100

个企业进行扩建和技改，充分发挥晨鸣、森利、曹普、光明等大型企业的骨干作用，推进人造板产业结构优化，扶持20个年产值过5000万元的龙头加工企业，培植100家拥有自营出口权的木材加工企业。重点建设一批科技含量高、生产规模大的精深加工项目，加快菏泽市人造板产业链条向高档板材、高档家具等方向发展，同时协调相关产业，如林业化工、林业机械、产品包装等产业的协同发展。此外，菏泽市政府大力促进服务行业、公共基础设施建设。大力引进各类金融机构，积极推进企业上市，规范民间融资管理，确保新增社会信用总量340亿元，积极发展新型服务业，充分发挥林交会的展会品牌效应，推动展会业向高层次、常态化发展；积极发展服务外包，科技服务、物联网、邮政、通信等新兴业态，这些对人造板产业集群的发展都具有促进作用。

④金融机构

菏泽市的金融机构有中国银行、农业银行、工商银行、交通银行的菏泽分行、农村信用社，还有莱商银行，以及齐鲁证券、中信万通、菏泽市创新风险投资有限公司等机构。邮储银行菏泽市分行以服务小微企业为宗旨，大力推进小额贷款业务，积极组织开展小额贷款产品创新和要素调整市场调研工作，目前曹县支行木材加工行业创新项目已获得批复，并成功实现贷款投放，取得了良好的内部经济效益和外部社会效益。

⑤中介机构

在菏泽人造板产业集群创新网络中，除了与临沂共享的国家及省级行业协会资源外，还拥有菏泽木材流通协会、菏泽家具行业协会、林业合作社等组织，但整体而言，菏泽市林业协会较少，未能发挥应有的作用。导致产前缺乏国内外动态的研究与信息服务，产中缺乏加工技术指导，产后缺乏营销统一组织，同种产品出现竞相压价、无序竞争。

（2）垂直创新生态链

菏泽市人造板集群网络垂直生态链的特色在于极大地延长了产业链条，形成集资源培育、人造板加工、林产品交易三位一体的生态链条。资源培育方面，菏泽市积极推进速生丰产林工程，不断扩大造林规模，林地面积已达480万亩，其中杨树丰产林300多万亩。此外，农田林网1082万亩、农桐间作350万亩、林木绿化率达32%、林木蓄积量近2000万立方米，菏泽市的曹县林木覆盖率达39.2%。人造板加工的下游交易环节，借助国家林业局、山东省政府批准举办中国（菏泽）林产品交易会和建设中国林产品交易中心这一平台，树立"哪里有加工基地，哪里就有市场"的思路，加大市场体系建设力度。目前菏泽每年举办中国（菏泽）林产品交易大会以及相关苗木交易会等，菏泽市有各类林产品市场200多处、年交易额150多亿元，形成种植、加工、销售一条龙的生态产业链，以市场牵龙头、龙头带基地、基地联农户的发展模式，形成集群网络相互促进，良性循环的集群优势。

辅生态链上政府、金融机构、科研机构在中介机构的帮助下对主生态链上的企业给予支持与协助，如郓城人造板集群在发展产业龙头企业时，政府从项目核准、资金融通、土地使用、外部环境等方面给予优惠、扶持，促其快速成长。朝阳木业为代表的本土板材企业在由板材向高档覆膜板等高端产品转型升级时，以大专院校和科研单位为依托，加快科技成果推进市场步伐，迅速打开国门，走向国际市场。目前郓城深加工产品远销美国、中东、西欧、日本等20多个国家和地区。郓城木材加工产业被列为全省农民增收致富最佳产业集群之一。

（3）水平创新生态链

菏泽人造板产业集群创新网络内的水平创新生态链由核心企业链、中介机构链及创新资源链构成。

①核心层企业链

处于菏泽市人造板集群网络核心的企业链条，有众多处于主生态链不同环节的同类企业，同类企业间既有竞争又有合作，以大量非正式关系实现加速知识、信息和技术等关键性资源的流动，促进创新活动。菏泽人造板集群以着重培植龙头企业带动中小企业发展为特色。龙头企业规模较大，产业的关联度高，辐射带动基地和农户的能力强，能创造出较高的经济效益和社会效益；适应市场和开拓市场的能力强，企业的外向化程度高；能带头采用新工艺、新技术、新材料、新设备，开发创新的能力强；能带头按照现代产权制度的要求，实现投资主体多样化、经营多样化和市场多样化。晨鸣板材、兴安木业、东明公司、林盾木业、成武森利、福泰木业、龙森木业等龙头企业充分发挥其技术、资金、管理方面的优势，对产业集群的发展产生巨大的推动作用，它们既是生产加工中心，又是信息中心、科研和技术创新中心，处于整个集群创新网络的核心位置。菏泽市的晨鸣板材公司年生产能力60万立方米、销售收入3.33亿元，其中年消耗枝桠材45万吨，增加农民经济收入1.8亿元，在经营实践中按照市场要求，通过龙头带基地，基地带农户，使农户生产成为整个大生产中的有机环节，有效弥补了低水平生产和产销脱节的问题。对于生产力低下、经济效益不高的小企业，帮助其发展为龙头企业的配套生产企业。

②辅助层中介链

创新网络要依靠中介链条增强企业与外围资源链的联系，目前菏泽市的中介机构规模与数量尚有不足，因此在对于给企业提供行业指导、产业信息、行业间交流，还有技术咨询、金融服务等方面存在不足，增强中介链条的实力，是完善菏泽市人造板集群网络化创新进程中，需要弥补的一环。

③外围层资源链

外围层资源链由政府机构、金融机构、大学及科研机构等节点组成，这些节点为人造板产业集群创新网络提供政策、资金、技术及人才等创新资源，并对科技中介机构起到指导方向与传递资源的作用。

目前在菏泽产业集群创新网络中，大型企业是技术创新的主体，政府、金融机构和科研机构提供资源配置。政府对产业结构进行战略性调整，加强生态文明建设观念，加大科技投入占财政支出的比重，为科研机构与企业的合作创造更好的研发环境，联合金融机构加快对人造板企业技术进步的扶持力度，对从事环保技术的人造板企业通过财政贴息、贷款担保等给予资金支持，促进技术进步。

三 山东省人造板产业集群网络化创新环境分析

山东省人造板产业集群创新网络内嵌于网络化创新环境中，其科技、政治、经济及生态环境对集群网络化创新具有影响与渗透作用，各外部环境因素共同作用，影响并支撑人造板产业集群网络化创新的发展。

(一) 科教环境

山东省临沂市兰山区拥有完整的教育服务体系，其中包含产品开发、教育培训、质量检测、市场营销、物流等服务内容，服务面涵盖全区的板材企业。在产品研发方面，山东新港集团设有"环保人造板工程技术中心"，科研投入巨大，对于环保型板材产品的调查研究数据有极大的完善。在质量检测方面，已具备通过国家实验室认可的计量所和质检所。在教育培训方面，拥有针对人造板产业的以社会力量办学机构为主体的职业技能培训体系。相对完善的科教环境为临沂人造板集群网络提供的是技术支持环境。

(二) 经济环境

经济环境对人造板产业的影响是直接的需求影响，目前国际经济环境日趋严峻，山东人造板产品主要集中在美、日、韩、欧盟和中东等国家和地区，国际上贸易保护和非关税壁垒政策愈演愈烈，发达国家通过绿色壁垒和技术壁垒为人造板出口设置诸多障碍，如"甲醛释放量限量""安全性、防火性能的要求"等绿色技术标准，山东人造板产业集群在国际市场竞争中暴露出了技术短板、抵御市场风险能力不足、市场多元化程度不够等问题。同时受全球性金融危机的后续影响，主要发达国家消费需求大幅下降，也导致山东临沂和菏泽产业集群的人造板出口市场萎缩。在国际市场竞争中，山东人造板产业集群仍然面临严峻挑战。从我国的经济环境分析来看，近年来，随着我国经济的飞速发展，作为国民经济支柱产业，建筑业蓬勃发展，木材市场刚性需求大，也拉动了人造板市场的需求。此外，家具业以每年20%的速度发展，人造板作为家具制作的主要原料，也决定了在今后相当长的时期内人造板行业的快速增长趋势。在此经济环境下，山东人造板产业集群网络化创新会在经济增长的助力下得到不断的完善与成长。

（三）政策环境

为了保护森林资源，国家除了大力发展林业和加大木材进口外，对木材实施节约代用和综合利用，为了鼓励纤维板等的发展，2011年经国务院批准，财政部和国家税务总局以财税［2001］72号文出台了《关于以三剩物和次小薪材为原料生产加工的综合利用产品增值税优惠政策的通知》，为了鼓励纤维板等的发展，年增值税优惠政策期满后，经国务院批准增值税优惠政策又延长至年底。由于中、高密度纤维板生产利润率较高和中央对中、高密度纤维板生产政策优惠，加上产品销售的市场空间广阔，已引起各方的浓厚兴趣。目前，在中国大陆的31个省、市和自治区中，除了西藏、宁夏、青海等地外，都有规模不同的中、高密度纤维板生产线，山东省所在的华东区域是主产区。

另外，林业"十二五"规划中明确指出，人造板制造业发展的重点区域，一是以东南沿海为重点的南方人造板产业集群和以东北国有林区为重点的东北人造板产业集群。二是以华北、华东等省为重点的人造板产业集群。逐步培植一批大型人造板骨干企业，使大中小企业协调发展。山东省政府围绕"扩大经济规模，优先发展产业集群"的中心思想，2010年发布关于加快全省林业产业发展的意见，大力开展基础设施建设，重点加强建设山东木材加工和条柳编系列产品加工产业集群，并取得了卓越成效。同时，积极实施产业链扩展工程，除培育和发展菏泽中国林产品交易市场、曹县庄寨木材交易市场、临沂华东胶合板专业批发市场外，还建立了覆盖全省、面向国内外市场的林产品物流营销服务体系。上述基础设施的建设为人造板产业集群的生产、销售提供了巨大的便利，有效解决了影响产业集群发展的众多瓶颈问题，较好地促进了当地人造板产业的快速发展。在产业政策的大力支持下，山东省将被打造成国内一流人造板产业集群，最大的优质人造板生产基地，形成与国际接轨的多元的现代人造板产销网络体系。为适应国际、国内市场对人造板产品日益提高的质量和环保需求，越来越多的企业正借助政策的推力，进一步完善企业生产能力。

(四) 生态环境

随着生态环境的日益恶化,人们对于环境保护的意识不断增强。同时,也伴随着国家大力推广经济林木发展,社会上对于木材资源的利用已逐渐由过去以天然林木资源向现在以人工林木资源进行转变。面对资源约束趋紧、环境污染严重、生态系统退化的严峻形势,必须树立尊重自然、顺应自然、保护自然的生态文明理念。顺应时代的发展和历史的选择,人造板产业由于具有高效利用木材和其他植物纤维资源以及缓解木材供需矛盾的诸多优点,发展非常迅速。在临沂人造板产业发展中,有实力的生产企业具备较强的环保意识,在企业发展中逐渐更新工艺、采用新技术积极研发环保产品,及时淘汰落后的、污染严重的生产设备。人造板生产链条上游的机械设备技术的环保理念更新,也进一步促进整个网络的生态效益提升,临沂的人造板产业集群的这些生态措施大大改善了人造板产业的生产水平,也增强了下游企业对人造板产品的满意度,扩大了市场需求,达到了生态效益与经济效益的双赢。临沂人造板集群网络生态环境主要体现在企业的良好的生态环保意识和生态文明理念,对于集群网络发展起到意识主导作用。

第四节 山东省人造板产业集群网络化创新问题分析

此部分通过前期的《山东统计年鉴》数据整理及笔者对临沂、菏泽两市中具有典型人造板产业集群的生产企业的实地调研,整理得出山东省整体人造板产业集群网络化创新发展的相关问题。

一 网络主体问题

(一) 网络规模大,个体规模小

山东省人造板产业集群主要集聚在鲁西南地区,集聚以少数大中型企业为核心,规模以下的中小型企业大量存在。集群网络中分布的企业数量非常多,但作为网络主体的加工及配套企业个体的规模普遍较小。大多数人造板企业产品创新能力和工艺研发能力不强,产品研发长期处于模仿水平,管理、生产、监管服务和环保水平相对落后,与国际先进水平差距巨大,抵御和规避来自国内外市场风险的能力较低。调研中发现,人造板企业的组成结构以中小型企业为主,龙头企业数量偏少,生产和加工集约化程度都不高。企业占地面积在1万平方米至5万平方米区间居多,具体比例见图5-14。当地的人造板生产企业拥有的员工人数大部分集中在300人以下,具体比例见图5-15。因此从人造板企业的占地面积和员工规模看,目前集群网络整体规模较强,而个体规模与实力的提升尚存在较大空间,随着网络主体实力的增强,创新能力也会随之增强,会更好地实现网络间的知识流动与技术共享,促进创新网络的结构稳定与结网能力。

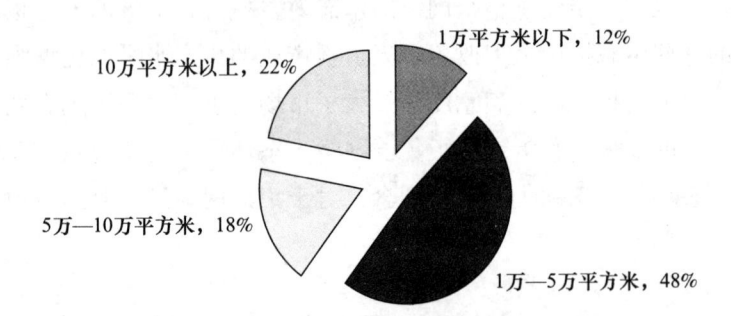

图5-14 山东省人造板企业占地面积情况

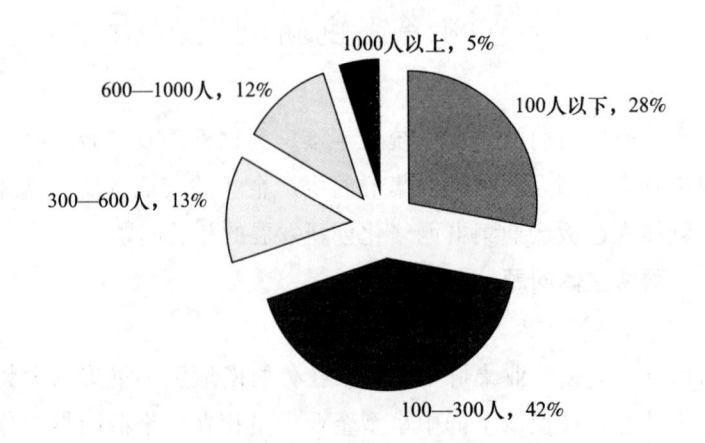

图5-15 山东省人造板企业员工人数情况

(二) 缺乏有效协作与竞争

网络化创新需要建立良好的竞争与协作机制。

(1) 分工与协作尚需进一步提升。目前来看,山东人造板产业集群产业链条有了一定专业化分工,但尚有进一步专业化空间。区域内依然存在众多专业化程度低的小型企业。这种"小而全"企业阻碍了产业链上的专业化分工与协作,成为了链条上的断点,在创新网络中结成一个不稳定的节点,对网络化创新的知识流、技术流的扩散造成影响。

(2) 恶性竞争不利于网络发展。竞争与协作是相辅相成的两种企业行为。山东人造板产业集群由于专业化分工尚不充分,导致企业在同类资源面前扎堆严重,造成集群网络中水平链条上同类企业争夺资源、竞相压价的现象严重。由此使得整个产业利润空间不断缩小,形成恶性循环。可以看出,山东人造板产业集群网络主体间并没有建立一种有效的网络关系,整体上缺乏良性的协作与竞争机制。

(三) 技术创新能力不足,产品档次低

经调研,临沂与菏泽两市的人造板企业的生产设备较为简单,大多数小企业拥有的是带锯旋切机等简单机械,具有相当规模的胶合板厂往往拥有锯边机、砂光机、热压机、旋切机以及冷压机等全套生产胶合板的设备,引进高效进口设备的企业较少,与国际先进水平相比,尚有不少差距,存在着关键技术落后、自主创新能力弱、自动化水平不高、技术状态不稳定、可靠性较差等问题,导致板材质量不稳定,影响其市场竞争力。以主要的原材料单板为例,山东省人造板产业集群专业化分工已将单板旋切与胶合板生产分离,众多小企业承接单板旋切生产,但技术力量薄弱,设备落后,比如,国外先进的原木定心机每分钟可完成高达十几根小径级原木的高精度定心,而国产机械的小径木旋切还主要靠人工定心,不仅定心速度低,定心精度也低,因此形成的主要问题有原材料径级减小、单板背面裂纹、单板厚度精度差等,单板质量问题直接影响了山东人造板产品的市场竞争力。

(四) 管理和技术人才资源严重短缺

山东人造板集群集中于临沂、菏泽两地，因其偏离山东省的经济、政治中心，城市的硬件设施和软件开发尚不能满足偏好高生活质量的各类高素质人才，同时培养人才的教育资源匮乏。因此，人造板企业存在高薪也无法留住人才的现象。而随着人造板产业的发展，技术创新、产品升级、节能环保要求的提升，迫切需要高素质的管理和技术人才。

在调查的人造板企业中发现，大部分的企业管理者具有高中及中专文化程度，占被调查者的65%，一部分管理者具有本科学历，多在较大规模企业任职，也有部分管理者只具有初中及以下学历（见图5-16）。可见，山东人造板产业集群中的企业管理者文化水平属于中等偏下水平，很多企业还在沿用家族式管理方式，大多没有建立规范的现代化企业管理制度，缺乏有效的管理人员选聘制度。从人造板产业发展过程来看，很多企业是由家庭小作坊逐渐发展壮大起来的，管理者的知识水平与能力会制约企业的创新能力，影响企业的长远发展。

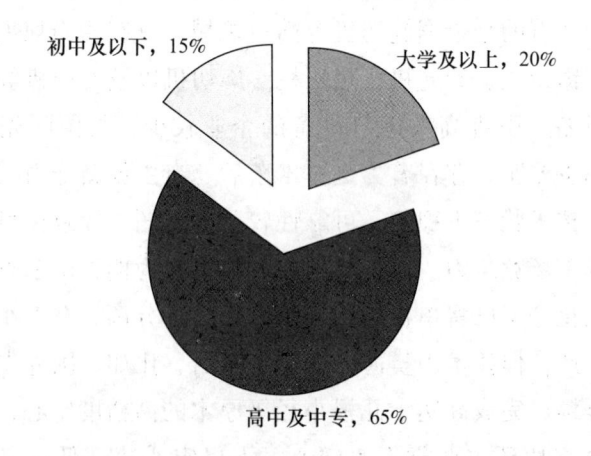

图5-16 山东人造板企业管理者文化层次情况

(五) 网络联结方式较为落后

在现代集群网络化创新中，网络主体之间的联结需要大量正式与非正式联结方式,其中信息化网络技术已经成为各网络主体之间信息传递与技术交流必不可少的方式。经山东省人造板产业集群实地调研发现,利用网络作为沟通、宣传的主要渠道的企业较少,或者说没有充分发挥互联网网络联结的积极作用。企业的公共关系、市场营销活动依然采取陈旧的方式,对于网络公关使用很少。尽管大多数公司都设有计算机而且联网,企业也都建立了企业主页进行宣传,但是链接口打开,却没有进一步发挥其作用。对目前信息网络,企业管理者存在一个误区,认为只要有了网络,消费者就会自动上门。其实大量数据显示,国内的企业网站访问量极低,有的网站几乎没有人登录过,只有少量固定消费客户和企业内部员工登录查看使用,这一现状也使很多企业管理者认为网络宣传的方式不好,逐渐放弃了信息更新,很多需要相关资讯的消费者或相关网络主体登录后,看到信息如此陈旧,就会放弃此种与企业发生联结的方式,网站等于被废弃。大部分的企业只是雇佣一两个文员在办公室看管计算机,只是进行简单的信息更新和新产品信息发布,基本上不会主动到行业网站寻求商机、主动联系客户,而是等着客户上门。这样一来,企业网站根本得不到及时有效的信息更新,也就不能很好地产生显著的营销效果。相比较而言,江苏、浙江等地的企业在这一方面更具优势,网络信息更新快,主观能动性强,积极开展网络公关活动,将用户导入网站接口,不断增强用户与企业黏性。信息网络技术的充分运用,可以成为集群网络节点间非正式联结的主要渠道,促使网络内形成更广泛的关系联结,加速信息、知识、技术的共享与交流,同时也增加了产品的销售渠道,带来显著的经济效益。

二 网络结构问题

(一) 创新网络节点过度依赖大企业

在山东人造板产业集群网络化创新中,存在网络节点过度依赖龙头企业,从而增加人造板产业集群的创新风险的问题。在山东人造板集群创新网络中,大企业往往位于核心位置,而大量的中小企业处于从属、依赖的地位,并且这种联系是单向的。以临沂人造板集群创新网络为例,主要以新港、千山、恒瑞、中亿等龙头企业为绝对核心,其他的如提供旋皮、压板、制胶、设备制造与维修等厂家，以及生产下游产品的家具、木地板等中小企业，都严重从属、依赖于前者。以少数大企业为核心的创新网络，会增强中小企业的生存依赖，减弱了中小企业的创新积极性，从而增加了人造板产业集群的创新风险。目前的山东人造板集群网络中，由于大企业与小企业的规模差距悬殊，导致广大的中小企业只是为核心企业提供配套服务，生产与创新完全受到核心企业的影响和支配，丧失了通过自身的创新来影响核心企业的创新。长此以往，中小企业的创新积极性将消磨殆尽。在这样的创新网络中，核心企业的创新失败，可能会给这个集群的发展带来重创，增加了网络系统风险性。在成熟的创新网络结构中，往往遍布多核心企业节点，企业整体实力较强，就大大降低了单个企业的失败对整个集群的影响。同时，核心企业间的竞争加剧也提升了对中小企业配套的技术要求，促进了中小企业的创新行为，积累了创新成功与失败的经验教训，并加速了创新成果迅速扩散到整个网络。

（二）创新网络的生态位狭窄

山东人造板产业集群网络因发展中依赖于资源禀赋优势，而容易形成路径依赖，给集群发展带来风险。生态位在此是指在经济和社会环境中可以支持创新网络生存的独特资源空间。一般而言，生态位越宽，网络组织占有的资源越多，创新的发展能力会越来越强大。人造板产业集群的形成、发展很大程度上是依赖于山东森林资源禀赋优势，其网络化创新也是围绕该资源展开的，对其他资源则较少涉足，造成创新网络的生态位较为狭窄。生态位狭窄的创新网络会导致企业一味通过在原有路径的方向上进行创新，以期保持在网络中原来所占据的资源、关系、地位，结果被牢牢锁在现存的创新轨道内，形成路径依赖，对创新的路径偏好，降低了创新的绩效，甚至可能导致企业被淘汰出局，集群走向衰败。这是因为在生态位较窄的创新网络，由于路径依赖，只围绕某一资源展开创新，使其创新网络存在很大的刚性。结果当环境、市场、技术等发生变化了，创新路径因刚性难以改变，以致集群在经济演化中被淘汰。

随着中国森林资源紧缺问题的日益凸显，极大地制约了人造板产业的发展速度。中国每年木材资源消耗量缺口很大，可用于人造板生产的木材资源在世界排名比较靠后，木材资源进口依存度较高。近年来，国际木材市场行情看涨，主要出口国保护政策频增，中国人造板产业木材进口的难度与成本不断加大。由于短期内无法实现原材料的充裕供给，人造板企业相互争夺资源，引起上游生产资料价格整体上涨，导致生产成本增加，影响企业经济利益，进而造成行业整体效益下滑。在这种生态位狭窄而外部环境严峻的情况下，山东人造板集群网络化创新主要围绕木材资源展开创新，着重高端板材、环保板材的技术研发，这依然难以解决生态位狭窄、上游资源紧张的问题，本书所研究的生态链网络化创新思想，正是为拓宽人造板产业生态位、提高产业集群网络化创新能力提供了一种解决思路，在创新中改善对木材资源的创新路径依赖，积极研发可替代资源，如秸秆人造板生产技术及废料循环利用技术，对人造板集群网络的可持续发展具有重大意义。

三　网络环境问题

（一）国内外经济环境

（1）国际经济环境

作为世界人造板重要的生产和出口大国，出口贸易是支撑中国人造板产业成长的重要因素。中国人造板外贸依存度接近，出口市场主要集中在美国、日本、欧盟、英国和韩国。国际经济环境是中国人造板产业发展的重要影响因素。目前，美、欧、日三大经济体经济尚未完全复苏，发展中国家受到的影响也在进一步显现，世界经济不确定因素依然存在。世界经济的形势导致国际市场商品需求进一步减弱，投资品和消费品市场由于供过于求的矛盾而逐步加剧，国际商品市场竞争更加激烈。中国外向型人造板出口企业遭遇了前所未有的挑战。各国政府纷纷出台的经济刺激方案中不可避免地包含了贸易保护条款，从而引发了全球贸易保护主义的重新抬头。因此，中国人造板出口在受到外部需求萎缩制约的同时，也遭遇到各种新贸易壁垒的限制。另外，不断通过的绿色贸易壁垒和技术壁垒，如《雷斯法案》、森林认证等，都对中国人造板的出口造成巨大冲击。人民币升值压力的加大，客观上也给中国人造板出口带来一定压力。

(2) 国内经济环境

目前，中国消费升级和城镇化都在继续快速发展过程中，收入分配改革力度加大，转变发展方式和调整经济结构步伐加快，总体看经济持续增长的动能较为充足，对人造板产业发展总体利好。"十二五"规划中明确要求"十二五"期间"经济结构战略性调整取得重大进展"，改变原有的经济增长模式。这在一定程度上可能对宏观经济的潜在增长速度产生影响，也给中国人造板产业带来一定挑战。第一，人民币升值方向不变，会继续给人造板出口企业带来较大压力。第二，改善收入分配关系，提高居民收入在国民收入中的比重，提高工资收入在初次分配中的比重，导致人造板生产企业劳动力成本上升。第三，在稳健货币政策的调控背景下，信贷规模增长可能受限，人造板企业中的大多数劳动力密集型的中小型企业，国内贷款融资将会出现更大的困难。而从外资利用来看，由于资金链的周转困难，部分外资开始收缩在国内的投资，从而加大了利用外资的难度。因此，贷款融资条件的恶化，加剧了人造板生产的经营风险。第四，中国房地产业面临重要变革期，一方面，房地产调控政策不会放松；另一方面，通胀预期加剧了楼市走势的复杂性，客观上也加大了人造板国内需求的不确定性。

(二) 产业内部环境

(1) 森林资源制约人造板的发展

森林资源紧缺极大地制约了人造板产业的发展速度。中国每年可用于人造板生产的木材资源在世界排名比较靠后，木材资源进口依存度较高。近年来，国际木材市场行情看涨，主要出口国保护政策频增，中国人造板产业木材进口的难度与成本不断加大。由于短期内无法实现原材料的充裕供给，人造板企业相互争夺资源，引起上游生产资料价格整体上涨，导致生产成本增加，影响企业经济利益，进而造成行业整体效益下滑。

木材是天然绿色材料，木材消费增长已成为社会消费成熟化的重要标志。木材资源问题越来越引起世界各国政府的高度重视和普遍关注，木材资源供给问题已由一般的经济问题逐步演变为资源战略问题。基于此，世界主要木材出口国开始逐渐限制木材资源出口。全球林产品信息供应商 RISI 宣布，到 2015 年中国的木材供应赤字将从 2009 年的 1.07 亿立方米，猛增到 1.82 亿立方米。

山东人造板产业集群是胶合板的主要产区，胶合板生产需要大量的木材作为生产原料，品种有杨木、桦木及进口的名贵木材。但山东也存在木材资源严重匮乏的问题。临沂市年加工木材 1500 多万立方米，而每年木材采伐量仅约 40 万立方米，庞大的产能和内外部原料供应的趋紧，原有的木材资源已经不能满足众多产业发展的需求，这就造成大量的工厂出现停工歇工的现象，一些规模较小的中小型企业被迫停工，而大型企业的生产能力也低于实际加工能力，不能保持连续生产。由于临沂周边省区的木材资源随着近几年的大量采伐，可供资源急剧减少，加之当地加工企业的发展，临沂企业继续从这些地区购进木材的数量大幅度下降，并且价格及运输成本的上升，也将导致临沂板材产品竞争力的下降。

（2）产品结构比例失调

产品结构很大程度上应该与资源基础和市场需求相适应，但中国人造板企业由于缺乏科学规划，存在人造板产品结构与资源要求和需求方向存在着一定差距，个别板种产能甚至过剩。

从资源约束角度分析，胶合板对用材要求较高，而中国胶合板产量占人造板总产量的比重为 38%，而世界总比例仅为 30%。相比之下，中国优质大径级原木的紧缺程度远高于其他国家。以林业"三剩物"与非木质原料为主要生产原料的刨花板在中国人造板产品中的比例长期偏低，只占到总量的 12%，甚至还有下降趋势，而刨花板的世界总比例为 42%，我国比重远远低于世界的水平。在适应市场需求方面，市场滞销的湿法硬质纤维板所占比重仍比较大，市场需求旺盛的中密度纤维板和刨花板产量相对较低，新型结构型板、室外用板和环保型板材的产量更少，与市场需求脱节。

调查发现，山东省大部分人造板产业集群的主要产品还是胶合板，临沂市胶合板收入高达 78%，纤维板和刨花板所占比例较低，其他人造板如特种板材、地板、木门和家具产品的比例很低，人造板产品结构不合理，产能集中在单板板条、普通胶合板、细木工板和覆膜板上，造成板材产品品种集中度高，雷同化严重、产值低、技术含量低、档次不高、附加值低、环保受限严重等后果。同样，菏泽市胶合板的收入尽管远低于临沂市，但在其人造板收入组成中仍然占有重要的位置。

（3）产业布局问题

山东人造板产业布局存在部分地区监管失控、盲目发展的现象。尤其是对资金要求不高，在山东占比很大的胶合板企业更为突出，企业受市场需求波动较大。2008年的全球金融危机中，山东人造板产业集群受到的冲击较为严重。据中国林业产业协会调研统计，2008年下半年以来，山东人造板产业集群中有多家生产企业关停，尤其是胶合板企业受到影响较大。在市场经济下，产业布局要受包括原料成本、运输半径、市场需求、资金、土地、劳动力以及技术等要素的综合影响。山东人造板产业集群在产业高速发展过程中，受技术的低层次性市场和利益的驱动，暴露出经营管理水平薄弱、技术人才短缺、产品质量水平低等问题。

（4）环境与安全问题

人造板产品种类繁多，在生产过程中，会产生不同程度、不同性质的污染物，对环境造成一定污染。尽管多年来，环境保护越来越被人造板生产企业所重视，但一些人造板生产企业的环境问题依然存在。主要表现在粉尘污染、噪声污染、湿法纤维板的废水排放、甲醛排放和二次加工用涂料有机溶剂的挥发和扩散等方面，这些因素都威胁了山东省内人造板产业集群网络化创新的可持续发展。

第五节 本章小结

本章主要对山东省人造板产业集群网络化创新的现状和问题展开研究。首先，分析了我国和山东省人造板产业发展状况。其次，以临沂与菏泽人造板产业集群为例,从创新网络节点、垂直创新生态链、水平创新生态链及网络环境四个要素层面,分析了山东省人造板产业集群现状与问题。通过分析发现,两个人造板产业集群如今形成了成熟的产、供、销一体化产业链条,实现了集约化、规模化的生产模式,形成了集群网络化创新的优势。通过对存在问题的探究发现,在网络主体方面存在网络规模大、个体规模小、缺乏有效协作、科技创新投入不足、管理人才短缺、网络联结方式较为落后等问题;在网络结构方面存在节点过度依赖大企业、生态位狭窄等问题;在网络环境方面存在国外贸易保护壁垒的限制,国内经济结构调整带来的挑战以及森林资源缺乏、产品结构失调、产业布局失控等产业环境问题。

第六章 基于生态链的人造板产业集群网络化创新能力评价指标体系构建

第一节 产业集群网络化创新能力评价研究的理论综述

一 创新能力内涵的研究

美国经济学家约瑟夫·熊彼特（J. A. Schumpeter）在20世纪30年代提出，创新是指企业家对生产要素实行的新的组合[162]。随后，创新理论得到了逐步拓展。现代创新理论认为：创新不仅仅是一个发明与发现的过程，而且是一种再创造、更新或改进的过程。创新贯串社会发展的始终，而创新能力应该是在创新过程中，在充分利用现代信息与通信技术基础上，不断将知识、技术、信息等要素纳入社会生产过程中所具有的一种能力。对一个地区而言，创新能力是对该地区知识和技术发展状况的综合反映。

二 创新能力评价的研究

关于创新能力的评价，目前的研究主要集中在三个层面上，分别是企业层面、区域层面和集群层面的创新能力评价。

①企业的创新能力评价，目前已经取得了丰富的成果，但现存问题是大多数创新能力评价研究没有将企业创新能力评价与产业集群网络化创新，以及国家或地区的创新环境结合起来。如魏江（1998）认为技术创新能力包括研究开发能力、制造能力、市场营销能力、资金投入能力和组织能力5个方面[163]。许庆瑞（2000）持有相近的观

点[164]。从国内各个学者分析视角来看，研究倾向于从企业内部，以企业的生产和销售能力结构特征来加以描述。另外，主要分析了企业创新能力不足的成因及对策，缺乏对经济现象本质和规律的深层次解释与分析。

②区域创新能力的评价，较多集中于对区域的创新能力指标体系的建立与评价。具有代表性的是邹珊刚、方旋及唐炎钊（2001）构建了一套区域科技创新能力的指标体系，运用灰色关联度评价法对我国7省（市）创新能力进行对比分析与评价，最后提出创新加速度这一概念，对持续创新能力进行了深入研究[165]。唐炎钊（2004）运用模糊数学方法，为区域科技创新能力评价建立模糊综合评估模型，并用此模型对广东省科技创新能力进行综合评估分析[166]。

③集群创新能力的评价，现有的成果较少，主要涉及两个方面：产业集群的网络式创新能力评价和以网络结构为出发点探讨集群创新能力。首先，在产业集群的网络式创新能力评价方面，何亚琼与秦沛（2004）以区域创新网络、区域创新投入、区域创新产出和行为主体自身创新能力为基本要素，构建集群创新网络模型及评价指标体系，分析集体学习的优势及方法，形成了网络式创新能力评价体系[167]。其次，在以网络结构为出发点直接影响集群创新能力方面，吴先华（2008）提出网络结构直接影响集群创新能力，不同的网络结构对集群创新能力的影响程度不同[168]。

根据对相关文献的分析，目前国内还缺少从网络化创新的视角对集群创新能力评价的指标体系，尽快建立集群网络化创新能力评价指标体系具有重要的理论与实践意义。从理论上讲，知识经济自提出以来，就得到了学术界的广泛重视，也有很多专著及研究论文，但要深入地了解知识经济和创新的内涵与本质，就必然要对其进行科学的量化分解。从实践上讲，集群创新能力指标体系是制定知识经济下集群发展战略的重要前提，也是检测和评价区域知识创新工程实施状况的监视器，更是政府对创新工程建设和区域、城市开发进行宏观调控与管理的重要依据。我国目前创新体系建设才刚刚开始，知识和技术仍呈点状聚集在一些主要的大城市，同时知识的流动性差、产业化程度不高。因此，调查某一产业集群的知识产业发展现状及潜力，建立一套指标体系以全面评估该集群的网络化创新能力，并对不同集群网络化创新能力空间差异进行比较，进而为政府决策以及国家创新工程的实施提供政策依据显得十分重要。

第二节 人造板产业集群网络化创新能力评价指标体系构建

产业集群网络化创新能力不同于集群内企业的创新能力，集群创新网络与传统的企业在创新的组织过程和能力特征等方面均存在差异。因此，要对产业集群网络化创新能力进行全面评价，首先应提出合适的评价框架。Nohria（1992）提出，要分析产业集群的创新问题，就必须从集群的网络结构出发，集群网络中各种成员在集群创新过程中的创新行为可根据其在网络中的地位给出很好的解释，集群网络限制了成员行为，反过来，成员行为集体性地影响了集群的演化发展，可以说，成员集体行为决定了集群的创新绩效[169]。因此，人造板产业集群网络化创新能力评价要从网络结构入手，评价集群网络内各成员的行为及成员之间的互动关系，在此基础上评价产业集群的创新绩效，才能全面综合地评价人造板产业集群的创新能力。根据这一分析逻辑，人造板产业集群网络化创新能力评价指标体系实际上遵循了"网络结构—成员行为—创新绩效"的分析路径，这是对传统SCP范式的改进。

一 构建思路

（一）传统 SCP 范式

传统的 SCP 范式是在前人研究基础上，由产业组织研究领域中的哈佛学派发展而来的。SCP 范式由市场结构（Structure）—市场行为（Conduct）—市场绩效（Performance）三个维度构成，研究者认为在特定的市场环境下，市场结构决定企业市场行为，企业市场行为又决定市场绩效；三者之间的关系是复杂和交互作用的[170]。

（二）改进的 SCEP 范式

传统线性创新模式认为，创新能力取决于主体知识结构和信息存量[171]。但行为主体经过一段时间的发展和实践后，一旦形成比较稳定的知识结构和有限的信息存量，再创新时就会产生特有的思维惯性，并不利于创新活力的保持。如果行为主体身处于集群网络中，与其他主体之间拥有便利和广泛的网络联结，必然增加知识共享、交流学习的机会，从而不断更新自己的知识结构和丰富自己的信息拥有量，保持自身创新活力，同时创新主体的创新能力只有在一定的创新环境中才能被有效地培育与发展。哈坎森（Hakansson）认为，对于集群网络化创新能力的评价可以从行为主体、活动的发生、资源这三要素展开评价[172]。对行为主体的评价包括行为主体自身创新行为、网络成员间的关系评价，活动的发生则需要通过产业集群创新网络结构以及创新环境进行评价，资源包括对集群网络创新投入要素和集群网络创新产出要素的评价。

根据以上分析，本书构建人造板产业集群网络化创新能力评价指标体系的思路，是将传统 SCP 范式加以改进，提出网络结构—网络主体行为—网络环境—创新绩效的 SCEP 研究框架。即从人造板产业集群的网络结构出发，建立数学模型，刻画网络内各主体网络化创新行为，并据此研究在创新实践过程中网络结构、网络环境等因素对人造板产业集群网络化创新能力的影响作用，对创新能力做出评价。这种基于 SCEP 范式的研究框架，更容易揭示人造板产业集群创新的实现过程、创新的动力学机制、成员的角色和作用以及成员间关系的重要性，更容易接近创新机制的本来面目（见图 6-1）。

从图 6-1 可以看出，人造板产业集群网络化创新过程是一个网络主体创新能力不断提高、资源不断增加的循环过程。网络主体的创新能力来源于动态网络结构，网络结构的特征会直接影响网络主体行为。成熟的创新网络将各创新行为主体有机地联系起来，可以提高市场交易水平、降低创新交易成本，进而提高整个人造板产业集群网络的创新能力，实现创新活动高效率产出和利润最大化。

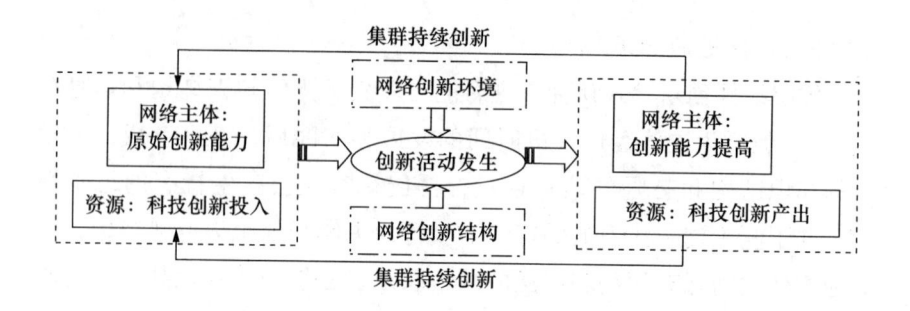

图 6-1 人造板产业集群网络化创新要素关系模型

①网络结构与人造板产业集群网络化创新能力的关系

网络结构对于人造板产业集群网络化创新能力的提高具有动态优势。成熟的集群创新网络结构拥有适度的网络规模与网络连接关系，节点间的有效联结可以加速信息、知识、技术的有效的合作、协同创新，形成了人造板产业集群网络化创新的节点，实现知识、信息等在它们之间便利的高速流动，同时包括其他各类创新资源在创新网络上依照优化配置原则流动，形成一个高集成度的技术创新过程，而这种动态的集成运作方式就是我们常说的网络化创新。成熟的人造板产业集群网络结构将各创新行为主体有机地联系起来，可以提高市场交易水平，降低创新交易成本，实现创新活动的高效率和利润最大化。因此不同于目前的评价指标体系，用创新网络结构来反映人造板产业集群网络化创新能力的大小，综合考虑了人造板产业集群创新动态集成运作过程，是一种动态的集群网络化创新能力评价。

②网络主体行为与人造板产业集群网络化创新能力的关系

网络主体行为直接影响着人造板产业集群网络化创新能力。由于人造板产业集群内各网络主体的分工不同，面对相同的发展环境、集群资源及外部市场，网络主体的交互机制极其复杂，既包括特定层面的竞争行为，也包括一定的创新合作行为，在此竞合机制推动下，人造板产业集群网络化创新能力得到提升。一方面，人造板产业集群网络主体间的竞争是多层次、全方位的，通过企业间良性、持续的创新竞争，网络主体的平均技术水平将高于集群外企业，增加了人造板产业集群对外部同质企业的吸引力，也提升了集群的整体创新能力。另一方面，人造板产业集群网络主体间存在着大量的合作，包括基于分工的合作、基于资源使用的合作、基于知识关系方面的合作及基于市场需求的合作等，通过资源共享、优势互补、共同投入及风险共担等方式的合作创新，使网络主体可以克服创新资源不足的困难，同时分散相关风险，从而提高人造板产业集群网络化创新能力及创新效率。

③网络创新环境与人造板产业集群网络化创新能力的关系

网络创新环境在增强人造板集群网络化创新活力、推动网络化创新发展中起着重要作用。网络化创新是在多种创新要素的相互作用、相互协调下发生的知识学习和创造实践活动，而创新要素的发挥与创新活动的进行需要一定的"空气"与"土壤"，这种必需的外部条件就是网络环境。创新主体只有在一定的创新环境中才能被有效地培育并展现出创新活力，因此，网络创新环境对创新主体的网络化创新活动起培植作用。

④创新绩效与人造板产业集群网络化创新能力的关系

创新绩效是人造板产业集群网络化创新能力的直接体现。创新绩效是在人造板产业集群网络环境下，网络结构与网络主体行为共同作用产生的经济效果。创新绩效既包括新产品产值率、人均申请专利数、技术中心数量及全员劳动生产率等可以直接衡量的因素，又包括社会及生态效益等难以量化的因素，直接体现着人造板产业集群的创新能力。

二 设计原则

人造板产业集群的创新不同于单个人造板企业的创新，它是一个更加复杂、交互的动态过程，涉及环境的变化以及利益相关者的需求，并在这个过程中会产生持续的反馈。因此，对人造板产业集群网络化创新能力的评价需要设计一套完善的指标体系，应遵循以下原则：

（一）网络性原则

网络特性是人造板产业集群创新的本质属性。创新过程中集群内不同主体间的交互行为对于成功的创新是非常重要的，网络化创新是通行的规则而不是例外。因此，在评价人造板产业集群网络化创新能力时，必须充分关注其网络特性。在指标的选取上除了要识别人造板产业集群创新竞争的激烈程度，还必须体现出主体间的交互行为和协同效应，厘清创新合作网络中不同成员间的微观作用机制。

（二）系统性原则

人造板产业集群作为一个动态开放的复杂自适应系统，其创新活动要同时受到系统内部结构和外部环境的影响。因此，在设计指标体系时，除了要关注网络内部的资源流动，还要把集群当作更大范围的经济网络中的一个节点来看待，集群所在区域的经济、社会、文化、科技及政策环境等都是影响其创新能力的重要变量。

（三）动态性原则

对人造板产业集群网络化创新能力的评价必须是动态、有弹性的，要把注意力投向集群创新的过程和轨迹上，而不能只做出一次快照式的评估。指标体系的选取要能够历史地反映出人造板产业集群创新的成长情况和持续创新的潜力，新企业创立、人员流动率、增长率、变化率等动态指标都是可以选取的。

（四）非物质流动性原则

非物质流动是人造板产业集群网络化创新中资源流动的重要内容。如技术许可、研发合作、人员流动、专利引用、知识外溢、知识传播等都属于非物质流动的范畴。虽然这些指标没有现成的定量数据可以使用，但在评价时却不可偏废，可以通过调查问卷、座谈等方式获取相关数据。

三 指标体系的构建

本书基于改进的 SCEP 范式研究框架，将人造板产业集群网络化创新能力评价的准则层设置为网络结构、网络主体行为、网络环境及创新绩效四个维度，并对每层维度包含的测度进行多层次设计，构建出人造板产业集群网络化创新能力评价指标体系（如表 6-1 所示）。

表 6-1　　　　　人造板产业集群网络化创新能力指标体系

目标层	准则层	子准则层	指标层
创新能力	S：网络结构	S1：网络结构特征	网络规模适宜度
			网络关系联结适宜度
		S2：网络系统生态特征	互惠共生性
			协同竞争性
			系统开放性
			系统根植性
			循环经济性
	C：网络主体行为	C1：主生态链节点	企业行为的适宜度
		C2：辅生态链节点	政府部门行为的适宜度
			大学及科研机构行为的适宜度
			中介机构行为的适宜度
			金融机构行为的适宜度
	E：网络环境	E1：科技环境	科技环境支撑度
		E2：经济环境	经济环境支撑度
		E3：政策环境	政策环境支撑度
		E4：生态环境	生态环境支撑度
	P：创新绩效	P1：创新成果	国家重点新产品计划申报数量适宜度
			新产品（工艺、服务）产值适宜度
			企业申请专利数适宜度
		P2：经济效益	总产值适宜度
			产品出口额适宜度
		P3：生态效益	环境污染治理程度
			循环利用程度

第三节　人造板集群网络化创新能力指标分析

一　S：网络结构指标

人造板产业集群创新网络作为一个生态系统，其内部的各类成员存在着复杂的网络关系，除了网络结构本身对成员行为的影响以外，人造板产业集群所处区域的政治、经济、社会文化、生态环境以及生态系统的平衡都对网络内部成员的行为构成影响。评价网络结构对人造板产业集群网络化创新能力的影响，本书设置两个维度：集群内部网络结构、网络系统生态特征。

（一）S1：网络结构特征

人造板产业集群创新网络是集群创新活动产生的地方，内部的网络结构这一指标主要体现在网络规模以及网络关系的联结程度这两个指标对集群创新能力的影响。

①网络规模适宜度

网络规模指在形成的网络中，网络成员数量的多少。网络规模是创新网络结构中最基本的特征，反映了整个网络的基本组成情况，由网络中的节点构成。网络的节点主要表征为企业、大学、研究机构、政府等创新主体。但单纯用网络成员数量的统计来说明创新机会的多少、创新能力的强弱并不科学，因为现实存在集群的网络规模不大，但创新能力很强的实例，所以本书从网络规模适宜度的角度来探讨对人造板产业集群网络化创新能力的影响。网络规模适宜度主要从网络节点密度和网络连接密度两个方面考虑。网络节点的密度是在容纳能力和基础设施允许的条件下，区域面积内网络节点的数量。网络联结密度是指在所有可能发生的节点连接中实际发生的联结数。网络节点密度和网络联结的密度决定了集群网络规模的适宜度。如果网络具有较高的密集度，说明具有资源配置优势，因为高的密集性结构体现了集群内组织之间互动关系数量更多，网络资源流动的速度更快，配置效率更高。然而，密集性结构对网络具有潜在的风险，即导致网络的锁定效应，降低集群的创新能力和对市场变化的响应能力。高的稀疏性结构又会减少网络节点之间交流联系的机会，降低创新的机会。因此，适度的网络规模结构更有利于人造板产业集群创新资源的获取和创新能力的提高。

②网络关系联结适宜度

集群创新网络之所以称为网络，关键在于集群内网络节点之间的关系联结，这种联结的频率和紧密程度影响着网络创新行为与创新能力。根据 Granovette（1973）提出的强联系优势理论和弱联系力量理论，网络关系联结可以分为强联系和弱联系。强联系主要是指区域创新网络中的正式关系，基于契约的市场关系和基于联盟的交易关系，如组织间技术转让、研发合作、创新联盟、专利许可、人才培训、集团采购、供应链关系等，正式关系代表着持续的、集中的、强交互作用的相互联系，这些联系成为知识在网络内流动的重要渠道。非正式联系弱联系则主要指网络中的非正式关系，可以理解成非书面或非约定的默认社会关系，主要指人际关系，如不同企业雇员间的校友关系、曾经的同事关系或者咖啡厅里研发人员偶遇的闲聊等，这种偶然的、不稳定的联系对于创新至关重要的隐性知识的扩散具有非常重要的促进作用，因为它具有资源高度可信性的优势，比起外部资源而言，源自网络内部的经历和创新更加易于被相信和被采取行动。硅谷的创新之所以能够层出不穷，很关键的一点就是因为硅谷内部良好的成员交流气氛。人造板产业集群创新网络并不是封闭的网络，太强或太弱联结的网络都存在着弊端。若集群创新网络节点只存在大量的强联系，而缺乏弱联系，则网络会变成一个保守而封闭的系统，抑制创新的产生。网络内一定的弱联系会加速知识、信息和技术等关键性资源的流动，促进创新行为的产生。因此，人造板产业集群创新网络关系联结的适宜度与集群创新网络的具体特征关联，只有强联系与弱联系的适度分布，才会对集群的创新带来促进作用。

（二）S2：网络系统生态特征

集群创新网络中，各网络节点通过竞争、合作等关系联结，其网络中的物质、能量、信息通过网络链条得以运输、共享，促进知识流动、技术创新。网络化创新得以可持续发展的前提是以生态系统的运行机制促使网络的平衡稳定，结网演化。基于生态链的产业集群创新网络是按照经济发展和生态环境需求，从生态平衡及生态链的角度进行系统构建，大量相关企业和机构在特定区域形成长期稳定的创新合作关系，在政策、经济、科技、社会文化以及生态环境的影响下，以创新驱动实现经济效益与生态效益的统一。集群创新生态系统的形成与演化水平对集群创新功能的发挥和创新能力的发展起到重要作用，具体体现在创新生态系统的五大特征。

①互惠共生性

集群内相关主体通过功能、优势互补而结成互惠共生关系，以此弥补单个企业创新资源不足的缺陷，强化自身核心竞争力，提高环境适应能力。在集群网络化创新中，互惠共生性体现了人造板产业集群网络化创新的合作模式，以产业关联为基础，产业集群内的企业只从事某一产业或相关产业的生产和服务，成员之间建立起广泛的劳动分工和紧密的、基于长远关系的合作。成功的网络化创新取决于主生态链上企业识别自身核心能力，而将自身不擅长的环节与其他企业进行互补，利用对方的创新特长，联合研发，实现生态链上的专业化分工与协作。因此，本书用上下游企业的专业化协作水平来衡量互惠共生特征。

②协同竞争性

协同竞争性是指企业间既要竞争又要合作的竞合思想。竞争使企业始终保持足够的动力和高度的警觉性、灵敏性，并在竞争中发展壮大，通过协同合作可以共享信息和知识，实现集体学习，促进系统中信息、技术、人才的流动，这里用企业间战略联盟合作数量和技术合作项目数来衡量竞争的企业间进行合作创新的开展情况。

③系统开放性

系统开放性是指要求集群网络的各个节点不断与区域外的网络节点发生多方位、多层次的联结，寻找新的合作伙伴，开辟新的市场，拓展区域创新空间，以获取远距离的知识和互补性资源，完成集群外部的合理链合。具体表现为以下两个方面：一是获取网络外部资源用于创新活动，外商直接投资可以为集群网络化创新带来技术、知识、信息等方面的创新资源。二是企业直接参与国外技术的购买，为网络直接带来技术源，同时企业还可以对购买技术进行吸收和集成，再次创新，不断提升网络的创新能力。一般认为，系统开放程度越高，越容易从系统外界吸收知识、信息、技术等能量，保持持续的创新活力，促使集群网络化创新不断向高级化方向演化。

④系统根植性

系统根植性是指网络行为主体的活动嵌入到特定社会关系的文化环境之中，具有较强的地方属性，其他区域难以模仿。根植性使集群网络内成员拥有熟悉和共有的背景知识、语言和交易规则，更加容易交流并达成合作，能够有效地防止各种机会主义行为，为正常的市场交易提供便利。集群网络化创新系统根植性表现在网络主体不是一个孤立的个体，其创新过程根植于产业文化氛围中，共同的文化传统、行为规则和价值观促使集群内部形成一种相互信赖关系，大大减少交易费用，使企业家之间的协调与沟通容易进行，企业之间的深度劳动分工得以执行。本书以产业文化氛围对网络内部信赖关系的促进作用来衡量系统根植性。

⑤循环经济性

循环经济性是指通过加大资源循环利用的技术、资金投入，来实现循环经济效益，达到保护和改善环境的目的。遵循"3R"原则，即减少资源消耗和减少污染物排放，对废物进行再利用，把废物再次变成资源，加大资源利用率，从而为整个产业集群创造更多的经济效益、社会效益和生态效益，循环经济性可以从开展废弃物循环再利用技术的企业数量和环境污染治理投资占GDP比重等指标来衡量。

二 C：网络主体行为指标

在网络结构下研究创新主体的行为对集群网络化创新发展的适宜程度，在分析每个网络成员单独行动时的基本特点，同时要研究成员在各种合作关系中的行为特征，网络主体行为维度分成主生态链节点和辅生态链节点两个子维度，主生态链节点维度主要由企业行为适宜度指标构成，辅生态链节点维度由科研机构行为适宜度、政府机构行为适宜度、中介机构行为适宜度和金融机构行为适宜度四个指标构成。

（一）企业行为适宜度

企业行为适宜度是指集群内企业创新行为和活动对于集群网络化创新能力提升所表现出的适宜程度。对于这一指标的评估主要从企业在科技创新方面的投入来衡量，具体包括企业R&D资金投入和科技人员投入两个方面。R&D 资金投入，主要是指技术研发机构在开发新的产品和工艺时所发生的各类费用，主要概括为新产品开发经费，不仅包括仪器设备购买费用、房产设施费用，还包括材料费用和相关人员的劳务费等。其投入主要源于几大块，分别是政府的资金支持和企业的自有资金投入。而企业的 R&D 资金投入一方面是来自政府资金的申请，另一方面由企业自筹。企业自筹部分可以是企业自身的研发资金，也可以是与其他金融机构进行融资得来，如银行贷款或者发行企业债券，抑或是获得风险投资的资金。科技人员投入主要包括两类，即参与技术创新的科技人员，科学家或者工程师。参与科技创新的人员也是多样的，不仅包括直接参与的人员，如项目组成员、直接研究和实验人员，还包括大量提供服务的人员，如项目经理、行政管理人员。在衡量人员的投入时，各类人员的效率和产能是不同的，应该注重人力资源素质的提高，而在所有参与技术研发的人员中，科学家或者工程师的实力突出，且贡献最大，因此科学家和工程师也是最重要的投入要素。

(二) 政府行为适宜度

政府行为适宜度是指政府部门创新过程的政策制定与制度维护行为对集群网络化创新能力提升所表现出的适宜程度。政府在维护产业集群创新环境、促进网络化创新形成与发展、鼓励创新行为、防止集群创新过程中的系统失效等方面发挥着重要作用。对于这一指标的评估，具体表现在，一方面是提供各种公共政策、法律制度，如税收减免、财政直补、贴息、专利制度等，这些因素可以影响创新主体的创新积极性和创新效率；另一方面是政府在技术创新基础配套设施建设方面的财政投入，如建设通信设施、设立孵化器、技术检测中心等准公益性服务机构，表明了政府对集群发展的态度和推动作用。此外，政府采购行为表明了当地政府对集群产品的认可和对企业发展的支持，也是政企关系融洽的表现。

(三) 大学及科研机构行为适宜度

大学及科研机构行为适宜度是指集群所在区域的大学及科研机构的知识供给对集群网络化创新能力提升所表现出的适宜程度。很多产业集群的繁荣都得益于附近的科研机构为其源源不断地提供专业人才和创新成果，科研机构的研究方向与集群产业的关联度越高，对于集群创新能力的培育就越有帮助。对于科研机构促进集群创新能力提升方面的评估，主要反映在产学研合作方面，合作越密集，越有利于加速集群内知识的流动、企业知识的获取与创造。

（四）中介机构行为适宜度

中介机构是集群网络的黏合剂，是影响集群创新活动能否顺利实现的重要变量。中介机构行为适宜度指集群所在区域的中介机构所提供的中介服务对于网络化创新能力提升所表现出的适宜程度。中介机构行为具体指为联结两端组织提供信息、咨询服务等创新资源，避免联结双方在合作中存在信息的不对称，影响知识流的运动和信息的交换与共享，增加创新的机会，它的存在，有利于网络化创新效率的提高。在人造板产业集群创新网络中，技术中介、技术转移、孵化器等机构充当着企业与大学、科研院所之间连接的桥梁。中介机构不同于企业、大学等创新主体直接参与到区域创新活动之中，而是贯串于创新的各个环节，并在不同的环节中穿针引线，实现产学研的密切合作，中介机构的业务门类很多，而对于集群创新能力提升最直接的主要集中在科技中介机构的四技服务水平上，即围绕集群企业开展的技术转让、技术咨询（含专利服务）、技术服务和技术开发服务。对于中介机构行为的评估主要通过科技中介机构的四技服务水平来衡量。

（五）金融机构行为适宜度

金融机构行为适宜度是指集群所在区域的金融机构的金融服务水平对网络化创新能力提升所表现出的适宜程度。技术创新具有高成本和高风险的特点，许多企业因为融资困难导致创新成果难以商业化，造成了创新链条的中断，产业集群内的金融机构，尤其是风险投资、孵化器机构在产业集群创新过程中扮演着资金供给者的角色。在人造板产业集群中，存在着非常多的中小人造板生产加工企业，这些中小企业也是创新的主体。但金融机构对中小企业具有身份歧视，在对中小企业贷款时，表现出慎贷和惜贷的心理，中小企业的融资非常困难，这个矛盾切断了创新链条的完整性，因此，金融机构的发育程度，企业从金融机构融资的难易程度对集群网络化创新能力有着至关重要的影响。对于金融机构行为的评估主要通过金融机构对集群内中小企业的融资政策衡量。

三　E：网络环境指标

评价外部环境对人造板产业集群网络化创新的支撑，主要包括科教环境支撑度、经济环境支撑度、政策环境支撑度和生态环境支撑度四个基本指标。

（一）科教环境支撑度

一个区域的科教环境对创新起着决定性作用。人造板产业集群所在区域的科教环境对创新的影响主要体现在教育机构和科研机构在企业技术创新和集群发展过程中的重要推动作用。一方面，教育机构和科研机构是新知识的产生、传播的源头，也是高端人才的重要培育基地，能够为人造板产业集群技术创新提供知识和智力支持。另一方面，科技事业的发展水平直接影响人造板产业集群的知识获取的速度、质量，进而影响集群的技术创新能力。科教环境主要从当地教育机构、科研机构的数量、公众的受教育水平及创新意识等方面考核。

（二）经济环境支撑度

经济环境对人造板产业集群的技术创新活动具有直接影响。发达的经济水平可以加速信息、技术和人才的交流，吸引企业聚集结网，为人造板产业集群网络化创新的发展带来发展机会。除此之外，经济发达地区为集群创造了便利的交通运输、信息通信、公共基础设施和融资环境，这些都为人造板产业集群发展提供了重要的创新资源和优越条件。经济水平可以依据人均GDP、GDP的环比增长率等指标来衡量。

（三）政策环境支撑度

政策环境是政府调节和鼓励科技创新活动的手段，它决定了集群中的科技创新的具体行为步骤和程序，也是产业集群吸引企业、留住企业、激励企业创新的重要影响因素。在政策环境中对集群科技创新影响最大的是制定和落实的一系列鼓励创新的财税、人才流动、技术市场、技术奖励、技术标准、知识产权保护等政策规定。这些政策因素可以影响创新主体的创新积极性和创新效率，具体可以用鼓励创新的地方性政策、地方科技财政拨款占总财政支出的比例、政策执行力度以及知识产权保护力度等指标来衡量。

（四）生态环境支撑度

生态环境对于集群网络化创新能力的影响，目前理论界关注极少，本书创新性地将生态环境这一指标纳入创新能力的评价体系。生态环境是人们赖以生存、企业赖以发展的自然环境，人造板产业集群按照目前传统产业集群模式发展下去，"资源—产品—污染"的单向流动和劳动密集型的低成本扩张模式已不可避免地造成了资源紧张与环境污染。环境问题的实质是资源代谢在时间和空间上的滞留或耗竭，社会行为在经济和生态关系上的冲突和失调，这些改变最终会影响到社会环境和经济环境，对集群的发展产生负的外部效应，对集群创新能力具有间接的影响作用。衡量生态环境，一是从当地环境污染程度用来衡量生态环境现状，二是从当地企业对于生态环境的重视程度来衡量生态环境的改善机会。

四　P：创新绩效指标

对于创新绩效的评估，主要从集群的创新成果、集群的经济绩效和生态效益三个维度入手。

（一）创新成果

在创新成果方面，本书选取了国家重点新产品计划申报数量适宜度、新产品（服务、工艺）产值率适宜度、企业年均申请专利数适宜度三个指标。其中，国家重点新产品计划申报数量适宜度是指集群内国家重点新产品计划申报数量的总量与目前集群网络化创新发展的适宜程度，反映的是集群企业参与到国家重点培育和发展战略性新兴产业项目中，积极推进节能减排，开发拥有自主知识产权、技术含量高的新产品的创新能力。新产品（服务、工艺）产值适宜度是指集群内新产品产值与目前集群网络化创新发展的适宜程度，这一指标从集群内产品、服务更新换代的速度方面反映了集群的创新能力。企业年均申请专利数适宜度是指集群内企业年均申请专利数量与集群网络化创新发展的适宜程度。这一指标从集群内创新成果的密集程度方面反映了集群网络化创新能力。在实际经营中，技术以专利的形式体现，专利的产生涵盖知识产权，创新主体通过法律的形式进行专利申请，申请专利数指标可以反映一个产业或者地区的技术研发实力。

(二) 经济效益

在经济绩效方面，本书选取了人造板工业总产值适宜度、产品出口额适宜度两个指标。人造板工业总产值适宜度是指集群所在区域的工业总产值对集群网络化创新发展的适宜程度。这一指标从集群生产规模的大小方面反映集群网络化创新能力；产品出口额适宜度是指集群所在区域产品出口额对集群网络化创新发展的适宜程度，这一指标从集群企业产品外向程度方面反映集群网络化创新能力，外向程度越高，说明集群与国际网络的联系越紧密，企业产品和服务越具有国际竞争力，也说明了集群的创新能力越强。

(三) 生态效益

生态效益是从人类活动可能导致的生态环境变化的角度来衡量产业集群的绩效，经过具有生态驱动力的技术创新投入，集群企业的创新活动在与生态环境的互动过程中具备了生态适应性，具体表现为污染减少、循环利用技术增强、环境质量的提高等。本书结合我国人造板产业的具体情况，选择用环境污染治理程度和资源循环利用程度两个指标来衡量生态效益产出。环境污染治理程度主要涉及污染物的排放程度、废水处理程度、废气处理程度和废渣处理程度四个方面。资源循环利用程度主要涉及中间副产品的使用程度、再生材料的使用程度、工业用水重复利用程度和固体废物综合利用程度这四个方面。环境污染治理水平和集群循环利用资源水平越高，说明技术创新的生态适应能力越强，技术创新活动越持久，在集群可持续发展下，伴随着集群创新能力的提高。

第四节 本章小结

本章以"网络结构—网络主体行为—网络环境—创新绩效"这一改进的 SCEP 范式为框架，提出了基于生态链的人造板产业集群网络化创新能力评价指标体系。这种基于 SCEP 范式的研究框架，更容易揭示人造板产业集群网络化创新的实现过程、创新的动力学机制、成员的角色和作用以及成员间关系的重要性，更容易接近网络化创新能力的本质。同时，依照前文基于生态链的网络构建原理，在评价要素中增加了生态维度，包括网络结构指标中的网络系统生态特征维度、网络环境指标中的生态环境支撑度维度，创新绩效要素中增加了生态效益维度，以期从生态学这一新的视角实现对人造板产业集群网络化创新能力的客观有效评价。

第七章 基于生态链的山东省人造板产业集群网络化创新能力评价与比较研究

第一节 评价方法选择

创新能力评价方法涉及的因素较多，既有定性因素也有定量因素，其评价理论和方法还在不断探索中，许多学者已经提出了有关的评价方法，如基于 BP 网络的技术创新能力评价方法[173]、模糊综合评价方法[174]、密切值法[175]、多层次灰色评价法[176]、弱势指标倍数法[177]、数据包络分析法（DEA）等。

从目前的研究情况来看，上述研究方法在对企业技术创新能力的评价研究中取得了很大的进展，但是仍存在着一些不足。其中，多层次灰色评价法、模糊综合评价法由于涉及人为确定权重问题，使评价结果受到人们主观因素的影响；密切值法缺乏对评价指标的权重估计，使评价结果不客观；因子分析法虽将指标浓缩为几个主要因子，但因子和总因子得分都是估计值；聚类分析法中变量类别等级完全凭个人主观确定。

集群创新能力测度与评价对于正确制定集群技术创新政策及提高整个集群技术创新水平都具有重要的意义。技术创新能力主要通过两类评价指标体系来测量：一是将技术创新能力分为管理能力、财务能力、竞争能力、R&D 能力等，通过对诸多能力上的投入强度与所得成果进行评价，从而得到对技术创新能力的评价，这部分主要从效能角度来评估创新能力，效能是指对于预定目标的达成程度；二是以投入能力和产出能力为重点,通过对两者的评价得出技术创新能力,这一评价方法主要针对效率而言,效率是指在特定环境中,使用资源所得到的最大产出。本书从效率的角度对产业集群进行评价分析,评价目标是掌握产业集群网络化创新能力状态,并找出影响创新能力提升的显著因素,从而为产业集群提高网络化创新水平、提升网络化创新能力提供策略依据。

经过对上述各类方法特点的分析,DEA 方法在多投入多产出的技术创新能力评价中有相对优势,能够消除各个决策单元因基础条件不同产生的影响,客观反映决策单元技术创新的有效程度;同时不需要对各个指标赋予权重,避免在采用参数方法时需要人为确定指标权重系数。因此,本书选择数据包络分析方法对人造板产业集群网络化创新能力进行评价。DEA 方法是把每一个被评价单元作为一个决策单元,再由众多决策单元构成被评价群体,通过对每一个决策单位的输入输出比率进行效率评价,确定相对效率最高的决策单元,并指出其他决策单元非有效的原因、程度,找出影响评价值的因素,为企业决策者提供改善依据。使用对 DMU 进行效率评价时,可以得到很多在经济学中具有深刻经济含义和背景的管理信息。

从操作角度分析,DEA 方法评价客观,所受限制较少,不需要考虑投入产出之间的函数关系,不需要预先估计参数以及指标权重的假设,从而避免研究者的主观臆断,并因此简化运算过程,减少运算误差。所以本书认为 DEA 方法是可以选择的较为有效的评价方法[178]。

第二节 复合 DEA 分析方法

DEA(数据包络分析法)是由 Farrell 于 1957 年首次提出,并应用于单一投入和单一产出的技术效率分析,后来由 A. Charnes,W. W. Cooper 和 E. Rhodes 等人将其扩展为 C^2R 模型,他们将工程上单输入单输出生产系统有效性分析的概念和方法推广到具有多输入多输出模型的生产系统有效性分析上。到了 1984 年,评价生产技术相对有效性的 BCC 模型被提出，从而确定了 DEA 方法的理论基础，并将 DEA 方法从评价生产相对有效性推广到一般的生产前沿面有效性分析中。

DEA 是通过观察到的第 k 个决策单元的第 n 种投入，m 种产出，建立相应的生产可能集，而"最佳生产状态"的决策单元为 DEA 有效，即相对于生产可能集而言，以投入最小，产出最大为目标的 Pareto 最优。我国自 1988 年由魏权龄引入并系统介绍 DEA 方法后，该方法在众多领域都得到了广泛的应用[179]。

在管理科研和实践中，DMV（决策单元）就是一个将投入转化为产出的系统。比如，企业是将人力、物力和财力等投入转化为利润和就业等产出的系统，高校是将教师、研究经费和试验设施等投入转化为毕业学生、科研成果和社会服务等产出的系统，区域创新系统是将区域内研究开发经费、研究开发人员和研究开发设施转换为新产品和新服务的系统。同类型的 DUM 指具有下述三个特征的集合。

①具有相同的目标和任务。
②具有相同的外部环境。
③具有相同的输入和输出指标。

相对有效性是指在同类型的决策单元各投入一定数量的资源、资金或劳动力后，对其产量、经济效益或社会效益等产出相互间进行比较而言的。应用 DEA 模型，对参与评价的 DUM 的技术创新能力的相对有效性进行评价。通过该模型的分析，一方面，可以指出技术创新能力相对有效的系统；另一方面，对相对有效性较差的系统，可以通过对"投入冗余"或"产出不足"进行分析，找出该系统在技术创新中存在的一些问题，为今后制定相关的发展战略提供依据。

DEA 方法模型简单、前期数据收集整理工作量小、计算过程不受计量单位和数据类别的限制，因此在对区域科技投入产出效益进行评价的过程中得到广泛的应用。但 DEA 方法虽能对区域科技投入产出有效性进行测定，却无法反映出单个指标的变动对科技投入产出有效性影响的大小。因此，吴广谟、盛昭瀚[180]提出复合 DEA 方法，其特点是对一系列决策单元，采用不同的评价指标，来对各决策单元进行有效性评价,从不同指标下的有效性系数中综合出决策单元的输入、输出特性的信息,由此可以反映不同指标对有效性影响程度的大小。本书通过复合 DEA 方法,从科技投入产出指标来研究山东省人造板产业集群网络化创新能力有效性问题,进而将其作为产业集群网络化创新能力的一种评价方法。

一 复合 DEA 方法的原理描述

设有 n 个决策单元,它们有 m 种类型的输入,s 种类型的输出,$X_i(i=1,\cdots,m)$ 表示第 i 类输入,$Y_r(r=1,\cdots,s)$ 表示第 r 类输出。用 D 表示这一指标体系,有:

$$D = \{X_1, \cdots, X_m \mid Y_1, \cdots, Y_r\}。$$

X_{ij} 表示第 j 个决策单元的第 i 类指标的输入,记 $X_j = (X_{1j}, \cdots, X_{mj})$;$Y_{rj}$ 表示第 j 个决策单元的第 r 类指标的输入,记 $Y_r = (Y_{1j}, \cdots, Y_{sj})$。根据研究目的,选定 DEA 评价模型,并求得决策单元的有效性系数,这样可以得到一个以各单元的有效性系数为分量的向量 $\theta(D)$:

$$\theta(D) = \{\theta_1(D), \cdots, \theta_n(D)\}^t$$

若 $D_1, \cdots, D_t$ 是 t 个由 D 中部分指标组成的不同的子指标,$D \supset D_i$ ($i=1,\cdots,t$) 则在 D_i 指标下,用 DEA 方法,求得各决策单元的有效性系数,可获得向量 $\theta(D_i)$:

$$\theta(D_i) = \{\theta_1(D_i), \cdots, \theta_n(D_i)\}^t (i=1, \cdots, t)$$

$\theta(D)$,$\theta(D_i)$ 的取值与指标相关,呈一定的变化规律,可以从这组向量中取出决策单元有效性关于指标变化的信息,取出信息的方法可以通过建立 $\theta(D)$,$\theta(D_i)$ ($i=1,\cdots,t$) 的泛函来实现。

复合 DEA 方法的要点可以概括为:给定一组决策单元,以及一组评价指标 D_n,选择 $D_i(i=1,\cdots,t)$ 构成新的评价指标体系,使 $D \supset D_i$,并用适当的 DEA 模型求出与各指标集相关的有效性系数向量 $\theta(D)$,$\theta(D_1)$,$\cdots$,$\theta(D_t)$,以 $\theta(D)$,$\theta(D_1)$,$\cdots$,$\theta(D_t)$ 为变量,建立泛函 $F = F[\theta(D), \theta(D_1), \cdots, \theta(D_t)]$,并从 F 中得到有效性关于指标变化的信息。

(1) 通过某一指标的取舍获取对决策单元的影响信息

D_i 表示 D 中去掉第 i 个评价指标后的指标体系,用适当的 DEA

模型可得 $\theta(D)$ 和 $\theta(D_i)$。并定义：

$$S_j(i) = \frac{\theta_j(D) - \theta_j(D_i)}{\theta_j(D_i)} \qquad j=1, 2, \cdots, n \qquad (7.1)$$

考虑 j_0 决策单元，j_0 满足：

$$S_{j_0}(i) = \max S_{j_0}(i) \qquad j=1, 2, \cdots, n$$

在 X_i 指标下，出现 $S_j(i)$ 的最大值，则说明 DMU_{j_0} 在利用 X_i 指标方面相对于其他决策单元具有优势，因为加入 X_i 指标后有效性的相对增加最大，可能是 DMU_{j_0} 在 X_i "资源"的利用方面有优势。当 $S_j(i) < 0$ 时，说明该评价单元在 X_i 资源的利用上形成浪费。

（2）决策单元非 DEA 有效形成的原因

当 DMU_{j_0} 在指标体系 D 下为非 DEA 有效，即 $\theta_{j_0} < 1$ 时，D_i 表示 D 中去掉第 i 个评价指标后的指标体系，用适当的 DEA 模型可得 $\theta(D_i)$，并定义：

$$S(i) = \frac{\theta_j(D) - \theta_{j_0}(D_i)}{\theta_{j_0}(D_i)} \qquad (7.2)$$

考虑非 DEA 有效的 DMU_{j_0}，如果满足 $S(i_0) = \min S(i)$，则说明指标 i_0 对 DMU_{j_0} 的无效性影响最大，可能由于该指标输入过多，利用率过低，也可能由于对应产出量不足，未达到预期的产出效果。

由此可见，复合 DEA 方法不仅可以提供产业集群网络化创新能力的整体情况信息，而且具有提取指标对创新能力产生影响的信息能力，从而为集群提高创新能力提供有针对性的对策，因此将其应用于集群创新能力的评价具有重要的现实意义。

二　复合 DEA 方法的模型选择

由于评价的目的和内容不同，采用复合 DEA 方法进行测评，可以有许多 DEA 模型进行选择。主要的 DEA 模型有 C^2R、B^2C、FG 和 ST 四个具有代表性的经典模型，除此之外，基于评价实际需要，很多学者在此方法上进行了拓展，有针对无限个决策单元的拓展模型 C^2W；有输入输出方面改进的 DEA 模型；有权重改进的拓展模型 C^2WH、C^2WHL；还有发展 DEA 模型、动态 DEA 模型；等等[181]，本书采用的是经典 C^2R 模型：

$$\max : \frac{\sum_r U_r O_r^{(o)}}{\sum_s V_s I_s^{(o)}} \tag{7.3}$$

S. T.

$$\frac{\sum_r U_r O_r^{(i)}}{\sum_s U_s I_s^{(i)}} \leqslant 1, \qquad i = 1, 2, \cdots, n$$

$$U_r, V_s \geqslant 0$$

其中 O——当前评价的决策单元编号；

i——决策单元的编号；

$O_r^{(i)}$——第 i 个决策单元的第 r 个输出；

$I_s^{(i)}$——第 i 个决策单元的第 s 个输入；

U_r—输出的权重；

V_s—输入的权重。

其等价于以下线性规划模型：

$$\min Z = \theta - \sum_{i=1}^m S_i^- - \sum_{i=1}^m S_r^+ \tag{7.4}$$

s. t. $\sum_{j=1}^n x_{ij} \lambda_j + s_i^- = \theta x_{io}, \qquad i = 1, 2, \cdots, m$

$\sum_{j=1}^n y_{rj} \lambda_j - s_r^+ = y_{(ro)}, \quad r = 1, 2, \cdots, s$

$\theta, s_i^-, s_r^+, \lambda \geqslant 0, \qquad \forall i, r, j$

θ 为有效性系数，X_{ij} 表示第 j 个决策单元的第 i 类指标的输入，Y_{rj} 表示第 j 个决策单元的第 r 类指标的输出。

三 复合 DEA 模型的经济意义

（1）当 $\theta = 1$ 且 $s^- = s^+ = 0$ 时，DMU_{j_0} 为 DEA 有效，即通过这 n 个已知决策单元进行的组合，或是在保持 DMU_{j_0} 投入不变的情况下，产出不能提高，或是在产出不变的情况下，投入的分量不能减少。

（2）当 $\theta = 1$ 且 $s^- \neq s^+ \neq 0$ 时，DMU_{j_0} 为弱 DEA 有效，即通过这 n 个已知决策单元进行的组合，所得到新的 DMU 与原来的 DMU_{j_0} 相比可以减少部分投入量，而产量不减，或是在得到新的 DMU 保持原来

DMU_{j0} 投入不变情况下，可以将其部分产出量（不是全体）提高。

（3）$\theta < 1$ 时，DMU_{j0} 为非 DEA 有效，即可通过这 n 个已知决策单元进行组合，将投入降至原投入 X_{j0} 的 θ 比例而保持原产出 Y_{j0} 不减。

第三节　山东人造板产业集群网络化创新能力评价

一　问卷设计和数据收集

（一）问卷调研步骤

问卷调查法是实证研究中的一种数据获取方法，因其可以直接获取所需数据，与研究问题匹配度高等优点被研究者广泛使用。但如若选择调查对象不当或问项与研究问题不呼应则会大大降低问卷的有效性。因此，问卷设计要遵循以下原则：（1）问卷的问项内容要与研究指标框架一一对应。（2）问卷中的问题表达必须使被调查者便于理解，易于回答。（3）回避被调查者隐私问题。（4）注意问卷前后问题的联系，不要影响被调查者的后续回答。（5）问卷正式调查之前应该有预测环节[182]。

基于上述原则，本次问卷调查的步骤如下：

（1）从研究目的出发，收集相关资料。本书主要基于产业集群网络化创新的研究框架，对山东人造板集群网络化创新能力进行评价，并分析指标对创新能力产生的影响，进而对山东人造板产业集群的发展提出对策。因此，前期收集了关于网络化创新与人造板产业的相关信息。

（2）征求意见，确定评价指标体系。本书构建人造板产业集群网络化创新能力评价指标体系的思路，是将传统 SCEP 范式加以改进，提出网络结构—网络主体行为—创新绩效的研究框架。具体指标层的设计征询了诸多教授和专家的意见，进行指标修订，在调查小组中讨论并达成一致意见。

（3）确定调查对象及评分标准。

根据前文所述，山东省人造板产业集群主要集中在临沂市和菏泽市，本书着重对上述两市的人造板产业集群网络化创新能力进行评价。同时，为了能够使山东省人造板产业集群获取其他地区产业集群成功方面的借鉴，本书的决策单元纳入了全国最具代表性的几大产业集群，最终调查对象选定江苏邳州、浙江嘉善、河北文安产业集群，采用复合 DEA 模型进行创新能力的横断面的分析，横断面即将相同年份下的不同地区的人造板产业集群作为 DMU，得到在此年份不同产业集群网络化创新能力的横向评价指标。采用 Likert 五分量表法对其进行打分，打分范围在 1—5，其中 1 为最差表现，2 为较差表现，3 为一般表现，4 为较好表现，5 为最好表现。

（4）预测试。在山东地区选择部分人造板企业进行预测试，求出信度与效度。

（5）重新修订指标。根据测试结果，调整问卷中前后影响、前后矛盾、前后重复的问题，并征求专家意见，最终确定问卷，问卷所设问题与评价指标一一对应，见表 7-1。

（6）数据收集与整理。本书复合 DEA 方法的测评样本数据收集可以由组织自行收集，也可以通过权威部门发布的数据获取。本书通过不同产业集群之间的科技投入与产出效率来评价产业集群网络化创新能力，按照不同区域的集群企业选取样本，在集群企业内部通过调查问卷的形式获得样本数据。样本数据的获取采取简单抽样的方法，调查信息来源为各人造板产业集群企业的主管人员，包含总经理、技术部门主管、财务主管、人力资源主管等。研究者对山东、江苏、浙江、河北的人造板产业集群进行了实地调研，利用社会关系网络对愿意参与调查的企业通过直接访谈、邮寄和电子邮件三种方法进行调查。问卷从 2014 年 10 月开始，通过直接或间接渠道向山东、江苏、浙江、河北发出，截至 2015 年 1 月共发放 500 份，收回 392 份，其中有效问卷 351 份。在问卷回收的过程中，研究者不断跟进问卷的回收情况，与参与问卷调查的企业进行沟通，并强调问卷的真实性，以确保问卷回收质量。

考虑到集群企业间的数据的可比性要求，对上述集群创新能力的决策单元评价指标的取值进行进一步相对化处理，对样本企业的每一个问项选取众数，将此作为评价的投入与产出数据，调查问卷参见附录。

(二) 投入产出指标体系确定

前文基于改进的 SCEP 范式研究框架，将人造板产业集群网络化创新能力评价的一级指标设置为网络结构、网络主体行为、网络环境及创新绩效，并对每层指标包含的测度进行多层次设计。网络结构指标下设网络结构特征、网络生态特征两个指标；网络主体行为指标下设主生态链节点、辅生态链节点两个指标；网络环境指标下设科技环境、经济环境、政策环境、生态环境四个指标；创新绩效指标下设创新成果、经济效益、生态效益三个指标，构建出人造板产业集群网络化创新能力评价指标体系，将其网络结构、网络主体行为及网络环境设为投入指标，其创新绩效设为产出指标（见表7-1）。

表7-1 人造板产业集群网络化创新能力投入产出指标体系

目标层	准则层	子准则层	指标层
投入指标	S：网络结构	S1：网络结构特征	网络规模适宜度
			网络关系联结适宜度
		S2：网络生态特征	互惠共生性
			协同竞争性
			系统开放性
			系统根植性
			循环经济性
	C：网络主体行为	C1：主生态链节点	企业行为的适宜度
		C2：辅生态链节点	政府部门行为的适宜度
			大学及科研机构行为的适宜度
			中介机构行为的适宜度
			金融机构行为的适宜度
	E：网络环境	E1：科技环境	科教环境支撑度
		E2：经济环境	经济环境支撑度
		E3：政策环境	政策环境支撑度
		E4：生态环境	生态环境支撑度

续表

目标层	准则层	子准则层	指标层
产出指标	P：创新绩效	P1：创新成果	国家重点新产品计划申报数量适宜度
			新产品（工艺、服务）产值适宜度
			企业申请专利数适宜度
		P2：经济效益	总产值适宜度
			产品出口额适宜度
		P3：生态效益	环境污染治理程度
			循环利用程度

根据复合 DEA 的研究需要，设投入指标为 X，产出指标为 Y，将指标层进行评价体系简化，简化后的投入指标为16个，产出指标为7个（如表7-2所示）。

表7-2　　　　　　　　简化指标层

目标层	指标层
投入指标 X	X_{1j} 网络规模适宜度
	X_{2j} 网络关系联结适宜度
	X_{3j} 互惠共生性
	X_{4j} 协同竞争性
	X_{5j} 系统开放性
	X_{6j} 系统根植性
	X_{7j} 循环经济性
	X_{8j} 企业行为适宜度
	X_{9j} 政府部门行为适宜度
	X_{10j} 科研机构行为适宜度
	X_{11j} 中介机构行为适宜度
	X_{12j} 金融机构行为适宜度
	X_{13j} 科技环境支撑度
	X_{14j} 经济环境支撑度
	X_{15j} 政策环境支撑度
	X_{16j} 生态环境支撑度

续表

目标层	指标层
产出指标 Y	Y_{1j} 国家重点新产品计划申报数量适宜度
	Y_{2j} 新产品（工艺、服务）产值适宜度
	Y_{3j} 企业申请专利数适宜度
	Y_{4j} 总产值适宜度
	Y_{5j} 产品出口额适宜度
	Y_{6j} 环境污染治理程度
	Y_{7j} 循环利用程度

二 信度和效度分析

信度又称可靠性、稳定性，是问卷计量的一项重要指标，直接关系到最终结论的可信度，在对问卷进行数据分析前，必须考察其信度，以确保分析的质量。本书采用克伦巴赫（Cronbach）的 α 系数来测量问卷信度。其计算公式为：

$$\alpha = \frac{K}{K-1}\left(1 - \frac{\sum S_i^2}{S_x^2}\right) \tag{7.5}$$

式中，K 为测验的题目数，S_i^2 为某一测验题目分数的变异数，为测验总分的变异数。一般而言，α 系数越大表示信度越高。一般而言，信度系数如果在0.9以上，则说明信度非常好；如果在0.8~0.9，则说明可以接受；在0.7~0.8，则说明该量表需要进行重大修订但不失价值；在0.7以下，则说明应该放弃。

效度即有效性分析，是指所测量的结果反映所测量内容的程度，根据研究目的可以分为内容效度、效标关联度和结构效度。本书采用结构效度来衡量问卷的有效性，利用KMO和Bartlett球形检验，KMO（Kaiser - Meyer - Olkin）检验是为了看数据是否适合进行因子分析，其取值范围是0~1。其中0.9~1表示非常适合，0.8~0.9表示适合，0.7~0.8表示还好，0.6~0.7表示中等，0.5~0.6表示不太适合，0~0.5表示极不适合。Bartlett球形检验是为了看数据是否来自服从多元正态分布的总体。如果Bartlett球形检验的P<0.001，说明

数据来自正态分布总体,效度高,适合进一步分析。

以下是对决策单元分地区进行信度和效度检验。

(1) 山东临沂地区数据的信度和效度检验

表 7-3　　　　　　　　　　　可靠性统计量

Cronbach's α	基于标准化项的 Cronbach's α	项数
0.995	0.995	63

表 7-4　　　　　　　　　　　KMO 和 Bartlett

取样足够多的 Kaiser – Meyer – Olkin 度量		0.644
Bartlett 的球形度检验	近似卡方	418.929
	df	231
	Sig.	0.000

$\alpha = 0.995$,表明这些调查者在对这 23 个指标进行评估时的一致性较强,信度很高。KMO = 0.644,则说明不适合做因子分析;另外,Bartlett 球形度检验的 P = 0 < 0.001,说明因子的相关系数矩阵非单位矩阵,能够提取最少的因子同时又能解释大部分的方差,即完全说明了指标设置的效度高。

(2) 山东菏泽地区数据的信度和效度检验

表 7-5　　　　　　　　　　　可靠性统计量

Cronbach's α	项数
0.994	108

$\alpha = 0.994$,表明这些调查者在对这 23 个指标进行评估时的一致性较强,信度很高。KMO = 0.498,则说明不适合做因子分析;另外,Bartlett 球形度检验的 P = 0 < 0.001,说明因子的相关系数矩阵非单位矩阵,能够提取最少的因子同时又能解释大部分的方差,即完全说明

了指标设置的效度高。

表 7-6　　　　　　　　　　KMO 和 Bartlett

取样足够多的 Kaiser – Meyeer – Olkin 度量		0.498
Bartlett 的球形度检验	近似卡方	466.351
	df	231
	Sig.	0.000

（3）江苏邳州地区数据的信度和效度检验

表 7-7　　　　　　　　　　可靠性统计量

Cronbach's α	项数
0.985	72

表 7-8　　　　　　　　　　KMO 和 Bartlett 检验

取样足够多的 Kaiser – Meyer – Olkin 度量		0.444
Bartlett 的球形度检验	近似卡方	368.666
	df	253
	Sig.	0.000

$\alpha = 0.985$，表明这些调查者在对这 23 个指标进行评估时的一致性较强，信度很高。KMO = 0.444，则说明不适合做因子分析；另外，Bartlett 球形度检验的 $P = 0 < 0.001$，说明因子的相关系数矩阵非单位矩阵，能够提取最少的因子同时又能解释大部分的方差，即完全说明了指标设置的效度高。

（4）浙江嘉善地区数据的信度和效度检验

表 7-9　　　　　　　　　　可靠性统计量

Cronbach's α	项数
0.994	56

表7-10　　　　　　　　　　KMO 和 Bartlett 检验

取样足够多的 Kaiser – Meyer – Olkin 度量		0.344
Bartlett 的球形度检验	近似卡方	532.117
	df	253
	Sig.	0.000

$\alpha=0.994$，表明这些调查者在对这23个指标进行评估时的一致性较强，信度很高。KMO = 0.344，则说明不适合做因子分析；另外，Bartlett 球形度检验的 P = 0 < 0.001，说明因子的相关系数矩阵非单位矩阵，能够提取最少的因子同时又能解释大部分的方差，即完全说明了指标设置的效度较高。

（5）河北文安地区数据的信度和效度检验

表7-11　　　　　　　　　　可靠性统计量

Cronbach's α	项数
0.990	52

表7-12　　　　　　　　　　KMO 和 Bartlett 检验

取样足够多的 Kaiser – Meyer – Olkin 度量		0.450
Barlett 的球形度检验	近似卡方	437.647
	df	253
	Sig.	0.000

$\alpha=0.990$，表明这些调查者在对这23个指标进行评估时的一致性较强，信度很高。KMO = 0.450，则说明不适合做因子分析；另外，Bartlett 球形度检验的 P = 0 < 0.001，说明因子的相关系数矩阵非单位矩阵，能够提取最少的因子同时又能解释大部分的方差，即完全说明了指标设置的效度高。五地区数据的信度效度结论汇总，见表7-13。

表7-13　　　　　　　五地区数据的信度效度结论汇总

地区		山东临沂	山东菏泽	江苏邳州	浙江嘉善	河北文安
度量	α 值	0.995	0.994	0.985	0.994	0.990
	KMO	0.644	0.498	0.444	0.344	0.450
	P	0	0	0	0	0
结论	信度	高	高	高	高	高
	效度	高	高	高	较高	高

三　评价指标数据的处理

应用 DEA 方法评价集群创新能力，投入产出变量的选取是关键，指标太少会导致分析结果的片面性；指标过多，会因指标间的关联性影响结果的准确性及投入产出效率的可比性。第四章已经确定了指标选择原则并制定了评价指标体系，为了运用复合 DEA 数据对集群创新能力进行评价，将已经产生的评价指标体系从投入、产出两方面构成评价指标集，其中投入的一级指标包括网络结构特征、网络环境、网络生态特征、主生态链节点行为、辅生态链节点行为。一级指标下设 16 个二级指标，产出的一级指标包括创新成果、经济效益、生态效益，一级指标下设 7 个二级指标，具体参见第六章，相关指标数据整理见表 7-14。

表7-14　　　　　　人造板产业集群网络化创新能力 DEA
　　　　　　　　　　评价的投入与产出指标统计

评价指标	决策单元	DUM_1 山东临沂	DUM_2 山东菏泽	DUM_3 江苏邳州	DUM_4 浙江嘉善	DUM_5 河北文安
投入	X_{1j}	3	2	4	1	2
	X_{2j}	2	1	3	3	1
	X_{3j}	4	2	4	4	2
	X_{4j}	4	3	5	3	3
	X_{5j}	2	2	4	4	3
	X_{6j}	2	1	4	3	3

续表

评价指标	决策单元	DUM_1 山东临沂	DUM_2 山东菏泽	DUM_3 江苏邳州	DUM_4 浙江嘉善	DUM_5 河北文安
投入	X_{7j}	2	2	3	2	2
	X_{8j}	2	2	4	2	2
	X_{9j}	2	2	4	3	3
	X_{10j}	3	4	3	4	3
	X_{11j}	4	3	4	5	2
	X_{12j}	3	3	5	4	3
	X_{13j}	2	2	5	4	3
	X_{14j}	3	3	4	4	2
	X_{15j}	3	3	4	4	3
	X_{16j}	2	2	4	2	4
产出	Y_{1j}	1	1	5	4	3
	Y_{2j}	1	1	4	3	2
	Y_{3j}	2	1	4	2	1
	Y_{4j}	5	2	4	2	2
	Y_{5j}	4	4	5	3	3
	Y_{6j}	2	2	3	2	3
	Y_{7j}	3	2	4	3	4

（1）效率值分析

本书首先使用未经改进的 DEA 方法的 C^2R 模型对全部决策单元进行投入产出有效性测算。以 DUM_1 临沂产业集群为例，写出线性规划模型。

$$\min\left[\theta - \varepsilon\binom{s_1^- + s_2^- + s_3^- + s_4^- + s_5^- + s_6^- + s_7^- + s_8^- + s_9^- + s_{10}^- + s_{11}^- + s_{12}^- +}{s_{13}^- + s_{14}^- + s_{15}^- + s_{16}^- + s_1^+ + s_2^+ + s_3^+ + s_4^+ + s_5^+ + s_6^+ + s_7^+}\right]$$

(7.6)

$s.t.\quad 3\lambda_1 + 2\lambda_2 + 4\lambda_3 + \lambda_4 + 2\lambda_5 + s_1^- = 3\theta$

$\quad\quad 2\lambda_1 + \lambda_2 + 3\lambda_3 + 3\lambda_4 + \lambda_5 + s_2^- = 2\theta$

$\quad\quad 4\lambda_1 + 2\lambda_2 + 4\lambda_3 + 4\lambda_4 + 2\lambda_5 + s_3^- = 4\theta$

$$4\lambda_1 + 3\lambda_2 + 5\lambda_3 + 3\lambda_4 + 3\lambda_5 + s_4^- = 4\theta$$
$$2\lambda_1 + 2\lambda_2 + 4\lambda_3 + 4\lambda_4 + 3\lambda_5 + s_5^- = 2\theta$$
$$2\lambda_1 + 1\lambda_2 + 4\lambda_3 + 3\lambda_4 + 3\lambda_5 + s_6^- = 2\theta$$
$$2\lambda_1 + \lambda_2 + 3\lambda_3 + 2\lambda_4 + 2\lambda_5 + s_7^- = 2\theta$$
$$2\lambda_1 + 2\lambda_2 + 4\lambda_3 + 2\lambda_4 + 2\lambda_5 + s_8^- = 2\theta$$
$$2\lambda_1 + 2\lambda_2 + 4\lambda_3 + 3\lambda_4 + 3\lambda_5 + s_9^- = 2\theta$$
$$3\lambda_1 + 4\lambda_2 + 3\lambda_3 + 4\lambda_4 + 3\lambda_5 + s_{10}^- = 3\theta$$
$$4\lambda_1 + 3\lambda_2 + 4\lambda_3 + 5\lambda_4 + 2\lambda_5 + s_{11}^- = 4\theta$$
$$3\lambda_1 + 3\lambda_2 + 5\lambda_3 + 4\lambda_4 + 3\lambda_5 + s_{12}^- = 3\theta$$
$$2\lambda_1 + 2\lambda_2 + 5\lambda_3 + 4\lambda_4 + 3\lambda_5 + s_{13}^- = 2\theta$$
$$3\lambda_1 + 3\lambda_2 + 4\lambda_3 + 4\lambda_4 + 2\lambda_5 + s_{14}^- = 3\theta$$
$$3\lambda_1 + 3\lambda_2 + 4\lambda_3 + 4\lambda_4 + 3\lambda_5 + s_{15}^- = 3\theta$$
$$2\lambda_1 + 2\lambda_2 + 4\lambda_3 + 2\lambda_4 + 4\lambda_5 + s_{16}^- = 2\theta$$
$$\lambda_1 + \lambda_2 + 5\lambda_3 + 4\lambda_4 + 3\lambda_5 - s_1^+ = 1$$
$$\lambda_1 + \lambda_2 + 4\lambda_3 + 3\lambda_4 + 2\lambda_5 - s_2^+ = 1$$
$$2\lambda_1 + \lambda_2 + 4\lambda_3 + 2\lambda_4 + \lambda_5 - s_3^+ = 2$$
$$5\lambda_1 + 2\lambda_2 + 4\lambda_3 + 2\lambda_4 + 2\lambda_5 - s_4^+ = 5$$
$$4\lambda_1 + 4\lambda_2 + 5\lambda_3 + 3\lambda_4 + 3\lambda_5 - s_5^+ = 4$$
$$2\lambda_1 + 2\lambda_2 + 3\lambda_3 + 2\lambda_4 + 3\lambda_5 - s_6^+ = 2$$
$$3\lambda_1 + 2\lambda_2 + 4\lambda_3 + 3\lambda_4 + 4\lambda_5 - s_7^+ = 3$$

$\lambda_j \geq 0$, $j = 1, 2, 3, 4, 5$

s_n^-, $s_r^+ \geq 0$, $n = 1, 2, 3, 4, 5, 6, 7, 8, 9, 10, 11, 12, 14, 15, 16$, $r = 1, 2, 3, 4, 5, 6, 7$

求得结果为 $\theta = 1$, $\lambda_1 = 1$, $\lambda_2 = \lambda_3 = \lambda_4 = \lambda_5$

$s_1^- = s_2^- = s_3^- = s_4^- = s_5^- = s_6^- = s_7^- = s_8^- = s_9^- = s_{10}^- = s_{11}^- = s_{12}^- = s_{13}^- = s_{14}^- = s_{15}^- = s_{16}^- = 0$

$s_1^+ = s_2^+ = s_3^+ = s_4^+ = s_5^+ = s_6^+ = s_7^+ = 0$

同样建立其他四个产业集群的模型（略），求解模型结果如表7-15所示。

表 7-15　　　　　　　　　产业集群创新效率值及规模

指标	DUM_1	DUM_2	DUM_3	DUM_4	DUM_5
原始有效性 θ	1	1	1	1	1
λ_1	1	0	0	0	0
λ_2	0	1	0	0	0
λ_3	0	0	1	0	0
λ_4	0	0	0	1	0
λ_5	0	0	0	0	1
s_1^-	0	0	0	0	0
s_2^-	0	0	0	0	0
s_3^-	0	0	0	0	0
s_4^-	0	0	0	0	0
s_5^-	0	0	0	0	0
s_6^-	0	0	0	0	0
s_7^-	0	0	0	0	0
s_8^-	0	0	0	0	0
s_9^-	0	0	0	0	0
s_{10}^-	0	0	0	0	0
s_{11}^-	0	0	0	0	0
s_{12}^-	0	0	0	0	0
s_{13}^-	0	0	0	0	0
s_{14}^-	0	0	0	0	0
s_{15}^-	0	0	0	0	0
s_{16}^-	0	0	0	0	0
s_1^+	0	0	0	0	0
s_2^+	0	0	0	0	0
s_3^+	0	0	0	0	0
s_4^+	0	0	0	0	0
s_5^+	0	0	0	0	0
s_6^+	0	0	0	0	0
s_7^+	0	0	0	0	0

结果与预测一致，全部 DUM 的原始有效性 $\theta=1$，$s^-=s^+$，导致上述结果的原因是，评价对象为 5 个决策单元，每一个决策单元有 16 种投入，7 种产出，指标体系中的评价指标数远远大于 DUM 决策单元数。DEA 方法虽然能够对产业集群网络化创新中科技投入产出有效性进行测定，但其局限性在于投入产出变量的选取有严格限制：指标过少，则分析结果具有片面性；指标过多，则指标间复杂的关联性影响结果的准确性及决策单元之间效率的可比性。另一局限性体现在无法反映出单个指标的变动对科技投入产出有效性影响的大小。因此本书根据上述结果从两方面对上述模型改进，改进后的复合 DEA 模型不仅可以得出 DUM 无论有效还是非有效的优先次序，并且可以看出不同投入产出指标对产业集群 DUM 的影响程度哪些更突出，而且对投入产出指标的数量限制大大减少。

（2）DEA 的复合分析

本书对复合 DEA 模型从两方面进行了相应改进：一方面是将被评价决策单元信息从约束条件中去除，若评价第 j 个 DUM 的有效性，则需要将第 j 个 DUM 的数据信息从约束条件的左端去掉，以便对各有效单元进行排序，进行复合 DEA 评价。另一方面是逐一去掉一个投入指标信息，如果去掉第 i 个投入指标，则只需在上述模型中去掉变量 s_i^- 和第 i 个约束条件。如果去掉第 r 个产出指标，则只需在上述模型中去掉变量 s_r^+ 和第 r 个约束条件。参考公式（7.4），运用改进的复合 DEA 方法，第一步，写出对 DUM_1 在不去掉评价指标时的原始有效性评价的改进线性规划模型：

$$\min\left[\theta-\varepsilon\begin{pmatrix}s_1^-+s_2^-+s_3^-+s_4^-+s_5^-+s_6^-+s_7^-+s_8^-+s_9^-+s_{10}^-+s_{11}^-+s_{12}^-\\+s_{13}^-+s_{14}^-+s_{15}^-+s_{16}^-+s_1^++s_2^++s_3^++s_4^++s_5^++s_6^++s_7^+\end{pmatrix}\right]$$

(7.7)

$$s.t.\quad 2\lambda_2+4\lambda_3+\lambda_4+2\lambda_5+s_1^-=3\theta$$

$$\lambda_2+3\lambda_3+3\lambda_4+\lambda_5+s_2^-=2\theta$$

$$2\lambda_2+4\lambda_3+4\lambda_4+2\lambda_5+s_3^-=4\theta$$

$$3\lambda_2+5\lambda_3+3\lambda_4+3\lambda_5+s_4^-=4\theta$$

$$2\lambda_2 + 4\lambda_3 + 4\lambda_4 + 3\lambda_5 + s_5^- = 2\theta$$
$$1\lambda_2 + 4\lambda_3 + 3\lambda_4 + 3\lambda_5 + s_6^- = 2\theta$$
$$2\lambda_2 + 3\lambda_3 + 2\lambda_4 + 2\lambda_5 + s_7^- = 2\theta$$
$$2\lambda_2 + 4\lambda_3 + 2\lambda_4 + 2\lambda_5 + s_8^- = 2\theta$$
$$2\lambda_2 + 4\lambda_3 + 3\lambda_4 + 3\lambda_5 + s_9^- = 2\theta$$
$$4\lambda_2 + 3\lambda_3 + 4\lambda_4 + 3\lambda_5 + s_{10}^- = 3\theta$$
$$3\lambda_2 + 4\lambda_3 + 5\lambda_4 + 2\lambda_5 + s_{11}^- = 4\theta$$
$$3\lambda_2 + 5\lambda_3 + 4\lambda_4 + 3\lambda_5 + s_{12}^- = 3\theta$$
$$2\lambda_2 + 5\lambda_3 + 4\lambda_4 + 3\lambda_5 + s_{13}^- = 2\theta$$
$$3\lambda_2 + 4\lambda_3 + 4\lambda_4 + 2\lambda_5 + s_{14}^- = 3\theta$$
$$3\lambda_2 + 4\lambda_3 + 4\lambda_4 + 3\lambda_5 + s_{15}^- = 3\theta$$
$$2\lambda_2 + 4\lambda_3 + 2\lambda_4 + 4\lambda_5 + s_{16}^- = 2\theta$$
$$\lambda_2 + 5\lambda_3 + 4\lambda_4 + 3\lambda_5 - s_1^+ = 1$$
$$\lambda_2 + 4\lambda_3 + 3\lambda_4 + 2\lambda_5 - s_2^+ = 1$$
$$\lambda_2 + 4\lambda_3 + 2\lambda_4 + \lambda_5 - s_3^+ = 2$$
$$2\lambda_2 + 4\lambda_3 + 2\lambda_4 + 2\lambda_5 - s_4^+ = 5$$
$$4\lambda_2 + 5\lambda_3 + 3\lambda_4 + 3\lambda_5 - s_5^+ = 4$$
$$2\lambda_2 + 3\lambda_3 + 2\lambda_4 + 3\lambda_5 - s_6^+ = 2$$
$$2\lambda_2 + 4\lambda_3 + 3\lambda_4 + 4\lambda_5 - s_7^+ = 3$$

$\lambda_j \geq 0$, $j = 2, 3, 4, 5$

s_n^-, $s_r^+ \geq 0$, $n = 1, 2, 3, 4, 5, 6, 7, 8, 9, 10, 11, 12, 14, 15, 16$, $r = 1, 2, 3, 4, 5, 6, 7$

求得原始结果为 $\theta = 2.69$，$\lambda_1 = 0$，$\lambda_2 = 1.73$，$\lambda_3 = 0.83$，$\lambda_4 = 0$，$\lambda_5 = 0$。

第二步，将 DUM_1 去掉第一个投入指标 X_{11}，写出有效性评价的改进线性规划模型：

$$\min\left[\theta - \varepsilon\begin{pmatrix} s_2^- + s_3^- + s_4^- + s_5^- + s_6^- + s_7^- + s_8^- + s_9^- + s_{10}^- + s_{11}^- + s_{12}^- + \\ s_{13}^- + s_{14}^- + s_{15}^- + s_{16}^- + s_1^+ + s_2^+ + s_3^+ + s_4^+ + s_5^+ + s_6^+ + s_7^+ \end{pmatrix}\right]$$

(7.8)

s.t. $\lambda_2 + 3\lambda_3 + 3\lambda_4 + \lambda_5 + s_2^- = 2\theta$

$2\lambda_2 + 4\lambda_3 + 4\lambda_4 + 2\lambda_5 + s_3^- = 4\theta$

$3\lambda_2 + 5\lambda_3 + 3\lambda_4 + 3\lambda_5 + s_4^- = 4\theta$

$2\lambda_2 + 4\lambda_3 + 4\lambda_4 + 3\lambda_5 + s_5^- = 2\theta$

$1\lambda_2 + 4\lambda_3 + 3\lambda_4 + 3\lambda_5 + s_6^- = 2\theta$

$2\lambda_2 + 3\lambda_3 + 2\lambda_4 + 2\lambda_5 + s_7^- = 2\theta$

$2\lambda_2 + 4\lambda_3 + 2\lambda_4 + 2\lambda_5 + s_8^- = 2\theta$

$2\lambda_2 + 4\lambda_3 + 3\lambda_4 + 3\lambda_5 + s_9^- = 2\theta$

$4\lambda_2 + 3\lambda_3 + 4\lambda_4 + 3\lambda_5 + s_{10}^- = 3\theta$

$3\lambda_2 + 4\lambda_3 + 5\lambda_4 + 2\lambda_5 + s_{11}^- = 4\theta$

$3\lambda_2 + 5\lambda_3 + 4\lambda_4 + 3\lambda_5 + s_{12}^- = 3\theta$

$2\lambda_2 + 5\lambda_3 + 4\lambda_4 + 3\lambda_5 + s_{13}^- = 2\theta$

$3\lambda_2 + 4\lambda_3 + 4\lambda_4 + 2\lambda_5 + s_{14}^- = 3\theta$

$3\lambda_2 + 4\lambda_3 + 4\lambda_4 + 3\lambda_5 + s_{15}^- = 3\theta$

$2\lambda_2 + 4\lambda_3 + 2\lambda_4 + 4\lambda_5 + s_{16}^- = 2\theta$

$\lambda_2 + 5\lambda_3 + 4\lambda_4 + 3\lambda_5 - s_1^+ = 1$

$\lambda_2 + 4\lambda_3 + 3\lambda_4 + 2\lambda_5 - s_2^+ = 1$

$\lambda_2 + 4\lambda_3 + 2\lambda_4 + \lambda_5 - s_3^+ = 2$

$2\lambda_2 + 4\lambda_3 + 2\lambda_4 + 2\lambda_5 - s_4^+ = 5$

$4\lambda_2 + 5\lambda_3 + 3\lambda_4 + 3\lambda_5 - s_5^+ = 4$

$2\lambda_2 + 3\lambda_3 + 2\lambda_4 + 3\lambda_5 - s_6^+ = 2$

$2\lambda_2 + 4\lambda_3 + 3\lambda_4 + 4\lambda_5 - s_7^+ = 3$

$\lambda_j \geq 0$, $j = 2, 3, 4, 5$

s_n^-, $s_r^+ \geq 0$, $n = 2, 3, 4, 5, 6, 7, 8, 9, 10, 11, 12, 14, 15, 16$, $r = 1, 2, 3, 4, 5, 6, 7$

同样建立其他的所有改进线性模型（略），求解模型结果如表 7-16 所示。

表7-16　　　　产业集群网络化创新能力 DEA 评价结果

评价指标	决策单元	DUM_1 山东临沂	DUM_2 山东菏泽	DUM_3 江苏邳州	DUM_4 浙江嘉善	DUM_5 河北文安
	原始结果	2.69	2.00	2.33	3.00	2.50
投入	去掉 X_{1j}	2.69	2.00	2.33	1.59	2.50
	去掉 X_{2j}	2.69	2.00	2.33	3.00	2.00
	去掉 X_{3j}	2.69	2.00	2.33	3.00	2.14
	去掉 X_{4j}	2.69	2.00	2.33	3.00	2.50
	去掉 X_{5j}	2.69	2.00	2.33	3.00	2.50
	去掉 X_{6j}	2.69	1.70	2.33	3.00	2.50
	去掉 X_{7j}	2.69	2.00	2.33	3.00	2.50
	去掉 X_{8j}	2.69	2.00	2.33	3.00	2.50
	去掉 X_{9j}	2.69	2.00	2.33	3.00	2.50
	去掉 X_{10j}	2.50	2.00	2.00	3.00	2.50
	去掉 X_{11j}	2.69	2.00	2.33	3.00	2.47
	去掉 X_{12j}	2.69	2.00	2.33	3.00	2.50
	去掉 X_{13j}	2.50	2.00	2.33	3.00	2.50
	去掉 X_{14j}	2.69	2.00	2.33	3.00	2.50
	去掉 X_{15j}	2.69	2.00	2.33	3.00	2.50
	去掉 X_{16j}	2.69	2.00	2.33	3.00	2.50
产出	去掉 Y_{1j}	2.69	2.00	2.33	3.00	2.50
	去掉 Y_{2j}	2.69	2.00	2.33	2.85	2.50
	去掉 Y_{3j}	2.69	2.00	1.95	3.00	2.50
	去掉 Y_{4j}	1.64	2.00	2.33	3.00	2.50
	去掉 Y_{5j}	2.69	2.00	2.33	3.00	2.50
	去掉 Y_{6j}	2.69	2.00	2.33	3.00	2.50
	去掉 Y_{7j}	2.69	2.00	2.33	3.00	2.14

表7-16中原始结果来自去除被决策单元的改进的 DEA 模型求解，具体可参见公式（7.7）。从评价结果上看，五个产业集群网络化创新能力的优先排序为浙江嘉善（3.00）、山东临沂（2.69）、河北文安（2.50）、江苏邳州（2.33）、山东菏泽（2.00）。在得到对应不

同投入产出指标的评价结果后,分析某一指标对集群网络化创新能力的影响,为了获得更多的信息,本书将模型进一步扩展为复合 DEA 模型,具体可参见公式(7.8),复合分析结果见表 7-17。

表 7-17　产业集群网络化创新能力复合 DEA 评价结果

评价指标	决策单元	DUM_1 山东临沂	DUM_2 山东菏泽	DUM_3 江苏邳州	DUM_4 浙江嘉善	DUM_5 河北文安
投入	X_{1j}	0.000	0.000	0.000	0.470	0.000
	X_{2j}	0.000	0.000	0.000	0.000	0.250
	X_{3j}	0.000	0.000	0.000	0.000	0.168
	X_{4j}	0.000	0.000	0.000	0.000	0.000
	X_{5j}	0.000	0.000	0.000	0.000	0.000
	X_{6j}	0.000	0.176	0.000	0.000	0.000
	X_{7j}	0.000	0.000	0.000	0.000	0.000
	X_{8j}	0.000	0.000	0.000	0.000	0.000
	X_{9j}	0.000	0.000	0.000	0.000	0.000
	X_{10j}	0.076	0.000	0.165	0.000	0.000
	X_{11j}	0.000	0.000	0.000	0.000	0.012
	X_{12j}	0.000	0.000	0.000	0.000	0.000
	X_{13j}	0.076	0.000	0.000	0.000	0.000
	X_{14j}	0.000	0.000	0.000	0.000	0.000
	X_{15j}	0.000	0.000	0.000	0.000	0.000
	X_{16j}	0.000	0.000	0.000	0.000	0.000
产出	Y_{1j}	0.000	0.000	0.000	0.000	0.000
	Y_{2j}	0.000	0.000	0.000	0.053	0.000
	Y_{3j}	0.000	0.000	0.195	0.000	0.000
	Y_{4j}	0.640	0.000	0.000	0.000	0.000
	Y_{5j}	0.000	0.000	0.000	0.000	0.000
	Y_{6j}	0.000	0.000	0.000	0.000	0.000
	Y_{7j}	0.000	0.000	0.000	0.000	0.168

四 评价结论

五个产业集群网络化创新能力的优先排序为浙江嘉善（3.00）、山东临沂（2.69）、河北文安（2.50）、江苏邳州（2.33）、山东菏泽（2.00），说明从科技创新的投入产出效率看，浙江嘉善的创新能力最强，其次为山东临沂、河北文安、江苏邳州、山东菏泽。

对于山东临沂地区的人造板产业集群，从投入指标来分析，由分析结果可以看出，网络环境维度下的科技环境支撑度指标显著（0.076），对集群网络化创新能力提升表现优于其他集群；从产出指标来分析，创新成果维度下的总产值适宜度指标显著（0.640），对集群网络化创新能力提升表现优于其他集群。

对于山东菏泽地区的人造板产业集群，从投入指标来分析，由分析结果可以看出，网络系统生态特征维度下的网络系统根植性指标显著（0.176）优于其他集群。

对于江苏邳州地区的人造板产业集群，从投入指标来分析，由分析结果可以看出，辅生态链节点维度下的科研机构行为适宜度指标显著（0.165）优于其他集群。从产出指标来分析，创新成果维度下的国家重点新产品计划申报数量适宜度指标显著（0.195）优于其他集群。

对于浙江嘉善地区的人造板产业集群，从投入指标来分析，由分析结果可以看出，网络结构特征维度下的网络规模的适宜度指标显著（0.470）优于其他集群。从产出指标来分析，创新成果维度下的企业申请专利数适宜度指标显著（0.053）优于其他集群。

对于河北文安的人造板产业集群，从投入指标来分析，由分析结构可以看出，网络结构特征维度下的网络关系联结适宜度指标（0.250）显著优于其他集群，网络系统生态特征维度下的互利共生性指标（0.168）显著优于其他集群，辅生态链节点维度下的中介机构适宜度（0.012）显著优于其他集群。从产出指标来分析，由分析结果可以看出，生态效益维度下的循环利用程度指标（0.168）显著优于其他集群。

第四节 山东人造板集群网络化创新能力比较研究

一 投入指标比较分析

（一）网络结构指标比较

（1）网络结构特征比较

通过复合 DEA 数学模型评价，在 S1 网络结构特征指标层下得到了山东与其他人造板产业集群网络化创新能力比较的两个重要指标为网络规模适宜度与网络关系联结适宜度。

1）网络规模适宜度

从复合 DEA 评价结果输出表中可以看出，浙江省嘉善人造板产业集群网络化创新能力的网络规模适宜度这一指标为最优指标，山东省临沂和菏泽的人造板产业集群网络化创新能力在这一指标与浙江嘉善存在差距。说明浙江嘉善人造板集群在当地资源的容纳能力和基础设施的允许条件下，网络节点的数量和节点实际的联结数非常适宜。对于集群网络来说，因为受到网络资源的供应、自然条件等限制，规模并不是越大越好，有时大了反而会使资源紧张，竞争加剧，效率降低。因此，适度的网络规模结构有利于人造板集群网络中知识的流动、资源的获取和创新能力的提高。

浙江嘉善人造板产业集群既没有森林资源，又没有木业加工，其人造板产业集群的崛起源自外商投资促进产业集聚。民营企业与外资企业以不同的作用强度和互动关系，成为网络化创新形成的动力主体，而适度的网络规模发展正是建立在民营企业与外资企业之间的相互竞争、相互制衡、相互合作的基础之上。具体表现在：①外资企业以技术带动民营企业，彼此建立技术链合。由于外资企业的产品也以内销为主，它们进入网络之后在扩大木业规模、增强集群效益的同时，还明显地改变了本地人造板市场的竞争结构。本地企业多为家庭作坊，规模小，工艺落后。而外资企业的规模较大，生产设备先进，管理方式现代化，产品质量和档次较高。它们的规模效益、较高劳动生产率以及较强的竞争力，对民营企业来说，极大地增加了它们的竞争压力，增强了学习动力和创新意识，也起到了良好示范效应。大多数的民营企业积极通过正式或非正式渠道，直接或间接地从外资企业那里获得有用的技术与管理知识。②专业化的分工体系为民营企业提供了广阔的成长空间，与外资企业形成了发达的分工协作体系。具体表现在，外资利用本地企业的原料购进渠道建立本地供货网络和产品营销网络，参加当地行业组织（如木业商会），并通过行业组织的集体活动与同行建立更密切的社会联系，以便及时、准确地了解市场竞争动态。浙江的民营企业在发展中不甘处于价值链低端，在集群创新氛围的影响下，通过持续学习，建立了自己独特的能力与优势，在与外资企业的交易过程中占据了比较有利的地位。③本地企业与外资企业形成竞争与合作的网络联结关系。互为近邻的地理便捷性使外资企业的内部非商业秘密等知识和信息在集群内部迅速扩散，本地企业从外资企业获得技术指导和创新理念，又可以借助外资企业的营销网络以较低的风险进入国外市场，如当地的锦林木业、正原木业依靠与外商合作，迅速打入欧美、日韩市场。这种竞争合作的网络联结关系，极大地促进了整个集群网络化创新合作，提升了集群整体创新能力。④地方政府在促进经济快速增长的同时，注重经济增长的质量和潜力。在大力引进外资的同时，尽力削弱本地创业创新的制度障碍，为促进民营企业与外资企业形成适宜的互动关系提供服务。因此，由于外资企业对先进技术、理念的先行导入，加快了浙江嘉善人造板民营企业的快速成长与网络创新意识，企业数量、规模以及联结密度都实现了适度发展。我国各地人造板民营企业发展之初，大多处于价值链低端，无法获得足够大的网络权力，自主创新能力受限。嘉善人造板民营企业在外资企业的示范带动和竞争压力下，能够通过持续的知识积累和自主创新，不断向生态链的高端移动，建立自己独特的能力与优势，才能占有自己的生态位，在生态链中处于稳定有利的地位。整个创新网络因有效有度的网络规模与联结密度，而获得了较优的创新能力。这种以外资带动的网络化发展模式对山东省人造板产业集群网络化创新具有借鉴意义。

　　山东临沂、菏泽产业集群都是依靠林业资源和民间资本发展起来的内源型产业集群，因为山东人造板产业集群处于产业链的低端，粗放经营比较多，网络中分布了众多技术水平低、实力不强的小加工企业，网络内节点密度过大，高密集度已经形成了一定网络锁定效应，与外界联系较少，不利于外部创新知识的流入。以山东人造板产业集群目前的发展现状看，一方面应进行产业结构升级，以收购兼并方式，扩大优势企业规模，减少集群内低水平企业数量，另一方面应加强网络的外部联结，加强与外资企业的合作，推动集群网络化创新发展。浙江嘉善的网络化联结模式对于山东临沂、菏泽人造板产业集群网络化创新发展具有重要的借鉴作用。山东人造板产业集群目前与外资合作较少，从嘉善人造板产业集群网络规模适宜度的优势分析中可得出几点启示：①引入外资，要注重与地方资本的有效融合，与地方联系强度低，会降低集群的稳定性。而嘉善人造板产业集群中的外资企业主动融入当地产业文化中，增强系统的根植性，实现与当地企业的适度联结。②政府要提供完备有效的支撑系统和制度创新，尽力降低外商进入的制度障碍和中小企业对外合作的交易成本。③提升民营企业的学习能力，嘉善人造板集群网络化创新能力的发展得益于民营企业较强的学习能力和勇于创新的企业家精神，通过学习缩小技术、管理上的差距，突出自身优势，才能依靠内生力量突破原有产业"瓶颈"，扩大规模，避免在产业链低端的恶性竞争，抢夺资源，形成适度竞争合作的网络规模。

　　2）网络关系联结适宜度

　　从复合 DEA 评价结果输出表中可以看出，河北省文安人造板产业集群网络化创新能力的网络关系联结适宜度这一指标为最优指标，山东省临沂和菏泽的人造板产业集群网络化创新能力在这一指标上与河北文安存在差距。说明河北省文安人造板集群网络中网络关系联结适度，具有适度的强联结与弱联结，网络内并不保守封闭，具有畅通的网络渠道，加速了知识、信息和技术等关键性资源的流动，这对于集群创新能力的提升最为显著。

文安产业集群起源于 20 世纪 80 年代初左各庄两家生产板凳桌椅的小作坊。在集群的发展初期，随着天津人造板产业的梯度转移，它们主动引进大量人造板设备、消化吸收新技术，并开辟了新的原料供应渠道、新的产品出口渠道、识别新的产业机会。文安的创新能力处于四大人造板集群的中间位置，但其网络关系联结的适宜度表现优于其他集群。文安人造板产业集群发展之初，网络关系为中小企业组成的平等的强关系网络，网络节点不完整，只有企业节点。强关系网络中存在紧密的联盟，企业间建立了以社会和空间的邻近为基础基于信任的长期关系，初期社会关系网络由家族关系组成。如果创业者与原有企业主具有亲缘关系，创业者往往会得到网络内部原有企业成员在资源或人际等方面的支持；原有企业若要拓展业务关系，一般也会第一时间想到与之有关系的新创企业，从而使新创企业从创立初始就与它存在战略合作伙伴关系。随着企业集群规模的扩张，企业数目达到一定程度。集群网络依靠亲戚、邻里、同学、朋友等多种社会关系组成了多个生产网络，网络内部产生了专业化分工与协作，随着产业集群内社会资本的积累，合作秩序的扩张，强关系网络中的关系强度逐渐弱化，企业合作范围超出了原有的强关系网络，与集群内相关的支持与服务的专业机构开展合作，相关的基础设施通过公共和私人机构逐步完善。文安人造板产业集群网络发展到现在，网络各节点要素已经非常完备，网络节点总数基本达到动态平衡，集群内部大规模使用信息技术，建立柔性分工体系，网络关系联结强弱适度，形成模块化网络关系。

山东省人造板产业集群经实地调研发现，其网络联结方式较为落后，集群网络中以大量强关系联结为主，但缺乏开放、宽松的知识共享交流机制。企业相对比较封闭，担心核心技术扩散，而较少与其他网络主体进行横向交流。没有充分发挥互联网的网络联结作用，借助网络作为沟通、宣传渠道的企业较少，封闭的环境减缓了创新的产生，不利于创新能力的提升。因此，文安人造板集群网络化联结方式对于山东人造板产业集群网络化创新发展提供了可借鉴思路。其强关系联结方式体现在三个方面：①企业间的分工协作。随着多年的发展,龙头企业的数量增加,龙头企业会根据市场和自身发展的特点,逐渐专注于价值链的核心环节,将其他环节分给中小型企业,吸引它们跟随和模仿,出现更为细化的专业化分工。配套企业为了满足龙头企业不断变化的需求,必须加强自身的技术创新能力,也必须加强与龙头企业的联系,以了解龙头企业的想法和需求,这就加强了集群内网络节点的强联系。②企业间的联合创新。通过技术互补,资源共享,建立战略联盟,共同提升竞争优势与创新能力。而文安人造板集群网络的网络关系联结适度,还体现在集群内部不仅存在大量的强联系,还非常重视形成集群的弱联系,网络内一定的弱联系会加速知识、信息和技术等关键性资源的流动,促进创新行为的产生。③产学研联盟创新。文安人造板产业集群借助京津冀地区优越的科研学术环境,加强与高校、科研机构的联系,集群网络中成立有凯跃化工技术研究所、金秋胶粘技术研究所、乾坤木材研究所等科技研究所,同时也与河北农业大学、省林科院等大专院校、科研机构建立技术创新战略联盟。企业与高校或研究院等创新机构的合作无论是在频率上还是在深度上都有所加强,大量的知识溢出以及创新链条上集体学习使网络节点联系更加密切。文安人造板集群在弱联系方面的做法也值得山东人造板产业集群借鉴。具体体现在:①集群内诚信意识的建立,弱联系是以非契约发生联结的非正式关系,如公共关系、人际关系。以这种关系加速知识的扩散、信息的反馈,需要促进社会诚信机制的建立,消除产业集群的制度壁垒。②现代企业家队伍的建立,现代化的管理理念可以打破企业封闭僵化的制度,促进企业内部的横向沟通交流,促进现代化企业制度。③合理的人才培养与选聘制度,加速技术人才在集群中的流动,人才流动有助于人际交流,加速知识的传播。④信息网络化平台的建立,顺应互联网的发展趋势,使网络的交流和信息传播成为非正式联结的主要渠道。文安人造板企业在日常的工作、学习、生活交流中,隐性知识的溢出,让企业明白自己的差距,而更加积极地寻求与其他网络节点的合作交流,适度的强弱关系联结,对于文安人造板产业集群网络化创新能力提升产生了显著影响。

(2) 网络系统生态特征指标比较

通过复合 DEA 数学模型评价，在 S3 网络系统生态特征指标层下得到了山东与其他人造板产业集群网络化创新能力比较的两个重要指标：互利共生性与系统根植性。

①互利共生性

从复合 DEA 评价结果输出表中可以看出，河北省文安人造板产业集群网络化创新能力的互惠共生性这一指标为最优指标，山东省临沂和菏泽的人造板产业集群网络化创新能力在这一指标上与河北文安存在差距。说明河北文安人造板集群网络中主生态链上下游企业充分进行了资源共享、优势互补的合作共生，专业化分工协作水平高，这一方面对于集群创新能力的提升最为显著。

河北文安人造板产业集群，通过政府的积极引导与鼓励措施，形成了"小企业、大协作"的群落效应。这种协作效应的产生主要来自市场需求和利益驱动。文安人造板产业集群在北京、天津等巨大市场需求带动和对需求不断升级的环境下，不断进行产品的升级与创新，为了追求生产效率和降低交易成本，上下游企业间的分工协作不断深化，通过产业链上各环节盈利能力的对比，将上下游企业之间进行垂直整合资源，加大企业重组力度，实现了产业链上专业化分工协作的纵深发展。同时，由于文安人造板集群中企业规模普遍偏小，存在资金紧缺、技术薄弱等问题，专业化分工的发展，实现了资源互补与共享，降低了信息搜寻成本，弥补了中小企业规模不经济的缺陷。目前，文安人造板产业集群已经发展为具有"专、精、深、新"特点的专业化协作集群网络，各类木业生产配套加工企业近年来不断壮大，从原木加工、旋皮到细木工板、多层板加工，从原木的购进到产品的产出，从板材加工到家具制造、制胶、木材废料加工等，形成了完整的产业链，实现了木材综合利用，积极引进发展高附加值产品，产业链的延伸提高了网络内企业交易成本优势，实现了木材综合利用，进一步提升了网络化创新能力。

从山东人造板产业集群网络化发展现状来看，主生态链有了一定专业化分工，但尚有进一步专业化的空间。区域内依然存在众多专业化程度低的小型企业。这种"小而全"的企业阻碍了产业链上的专业化分工与协作，成为了链条上的断点，在创新网络中结成一个不稳定的节点，对创新网络的知识流、技术流的扩散造成影响。河北文安人造板产业集群的这种基于市场带动与创新产品需求拉动下的网络化分工协作模式对于山东人造板产业集群的网络化创新协作机制的建立提供了选择路径。

②系统根植性

从复合 DEA 评价结果输出表中可以看出，山东省菏泽人造板产业集群网络化创新能力的网络系统根植性这一指标为最优指标，说明山东菏泽人造板集群网络中网络主体的活动嵌入了当地特定的文化环境之中，具有较强的地方属性，这种基于共同环境所产生的信任、理解有助于集群网络中知识、信息的流动，这对于菏泽人造板集群创新能力的提升最为显著。

菏泽人造板产业集群起源于 20 世纪 90 年代中期，最初是以家庭为单位的小工厂生产细木工板，逐步由家庭小作坊模式为主的分散经营向众多企业联合生产集约化、规模化转变，并形成了集聚效应，这种依靠集群内部民间资本驱动发展壮大的内源式产业集群，具有较好的系统根植性，这种系统根植性是菏泽人造板集群成长的基因，在当地已经形成了浓厚的人造板产业文化氛围，网络主体分布的地理临近性，共同的行为规则和价值观促使集群内部形成一种相互信赖关系，大大减少交易费用，使企业家之间的协调与沟通容易进行，企业之间的深度劳动分工得以执行。集群中形成了诚实守信的合作氛围，成立了集群内部的自治组织，进一步理顺企业间的关系，尽量按产业链分工协作，制定集群的信用规则、违约处罚规则。在龙头企业的带领下，进行集群内的协作创新和集群品牌建设，以尽量少的投入，获取最大的收益。

因此，山东人造板产业集群的网络化创新发展，应向菏泽学习如何营造产业文化氛围，注意挖掘和培植当地的社会文化精髓，弘扬尊重知识、尊重人才、崇尚诚信、崇尚财富创造的产业文化，倡导"蚁群驱赶大象狮子群"的团队精神，为集群的成长与壮大提供精神动力。

(二) 网络主体行为指标比较

通过复合 DEA 数学模型评价,在 C2 辅生态链主体行为指标层下得到了山东与其他人造板产业集群网络化创新能力比较的两个重要指标,科研机构行为适宜度与中介机构行为适宜度。

(1) 科研机构行为适宜度

从复合 DEA 评价结果输出表中可以看出,江苏省邳州人造板产业集群网络化创新能力的科研机构行为适宜度这一指标为最优指标,山东省临沂和菏泽的人造板产业集群网络化创新能力在这一指标上与江苏邳州存在差距,说明江苏邳州人造板集群网络中科研机构与人造板产业技术的关联度较高,促进了产学研合作,这一方面对江苏邳州人造板产业集群网络化创新能力的培育最为显著。

邳州人造板产业集群的产学研合作行为优于其他集群,其发展经验对山东人造板集群网络化创新具有指导作用。当地政府先后聘请了 20 多所大专院校和科研院所的教授专家担任邳州人造板产业集群的技术顾问,与南京林业大学、北京林业大学、国家人造板标准化委员会等院校和机构建立了长期合作关系,严格执行国家技术标准,大力推进规范化生产,促进产业集群不断升级。产学研合作遵循以下的原则:一是可持续发展的原则。积极引进国内外先进技术,利用非杨木原料生产高密度纤维板、薄型高密度纤维板、麦秸人造板、无胶纤维板。重视节能环保和可持续发展,包括人造板产品的游离甲醛释放、木材加工和人造板回收利用。二是通过新技术、新工艺提高人造板质量水平,对人造板企业进行技术改造,并获得"创建全国优质人造板生产基地先进市"称号,国家木制家具及人造板质量监督检验中心的建成,使邳州人造板集群在家具、人造板和原材料方面的检测能力和技术水平达到国内领先,为邳州及全国木制家具和人造板产业提供检测、科研、生产工艺改造、新产品开发等技术支持,推动国家建筑装饰材料绿色环保工程的全面实施。三是积极参与国际交流和合作,合作研发符合国际标准的环保产品,以规避国际贸易壁垒,参与国际竞争与合作。

（2）中介机构行为适宜度

从复合 DEA 评价结果输出表中可以看出，河北省文安人造板产业集群网络化创新能力的中介机构行为适宜度这一指标为最优指标，山东省临沂和菏泽的人造板产业集群网络化创新能力在这一指标与河北文安存在差距，说明河北文安人造板产业集群的中介机构在推动创新活动实现过程中起到了重要作用，为企业主体与资源链条上的主体联结提供了信息、咨询服务，提高了网络化创新的运行效率。这对文安人造板产业集群网络化创新能力的提升作用显著。

从山东省临沂、菏泽两个人造板产业集群的发展现状来看，中介服务机构虽然起到了一定辅助联结作用，但由于当地中介机构的组织形式落后，缺乏提供信息、技术、投资及管理咨询的高级人才，导致中介机构服务水平不高，无法为企业提供专业化、全方位的服务。从国外成功的产业集群发展经验来看，中介服务机构在集群成长过程中发挥了重要作用。因此，山东人造板产业集群网络化创新的发展，还应加快健全中介服务体系，充分发挥中介服务机构的纽带与桥梁作用，促进产业集群的健康成长。

文安产业集群网络中介机构行为对网络化创新的推动主要体现在以下几方面：首先，充分发挥了人造板行业协会的作用。行业协会通过与政府、企业以及国内外行业协会的密切联系，向集群内企业提供市场信息，通过分析北京、天津人造板市场需求，预测人造板产品发展趋势，推进优势产品尽快进入生产环节，投产达效；为集群内企业提供国外人造板科技发展水平、技术标准、生产工艺流程等信息，引导国内木材加工企业改进生产技术、提高生产效率及企业管理水平等；在集群的产品及区域品牌的宣传与推介方面发挥自身功能，积极参加全国性及国际性的木材加工产品展览会与推销会等，通过集中宣传，加强了集群"区域品牌"的形成与推广。其次，文安产业集群中的其他中介服务机构功能也相对完善，这得益于当地政府部门对中介服务机构作用的高度重视。根据当地人造板产业发展的具体情况，将所缺少的中介服务机构引入集群内部，进行了专业化分工，目前集群拥有完善的律师咨询机构、会计咨询机构、专利咨询机构、质量认证机构、人才中介机构等其他中介服务机构，为集群内各企业提供了专业性的服务，在人造板集群网络化创新中发挥了重要作用。

(三) 网络环境指标比较

通过复合 DEA 数学模型评价，在网络环境指标层下得到了山东与其他人造板产业集群网络化创新能力比较的重要指标为科技环境支撑度。

从复合 DEA 评价结果输出表中可以看出，山东省临沂人造板产业集群网络化创新能力的科技环境支撑度这一指标为最优指标，说明其科技环境直接影响人造板产业集群的知识获取的速度、质量，进而影响集群网络化创新能力。山东临沂的人造板集群在日后的集群网络化发展中，依然要将已形成的优势持续发展下去。网络科技环境指标主要指当地教育机构、科研机构的硬件资源，公众的受教育水平及创新意识等方面。科技环境对网络化创新的影响主要体现在山东省内的教育机构和科研机构是新知识的产生、传播的源头，也是高端人才的重要培育基地，能够为山东人造板产业集群技术创新提供知识和智力支持。山东省临沂市兰山区已经拥有较为完善的质量检测、产品研发、培训教育、营销物流等服务体系，服务涵盖全区的板材企业。该区在质检方面，拥有通过国家实验室认可的计量所和质检所。在产品研发方面，山东新港集团设有"环保人造板工程技术中心"，极大地促进了全区环保型板材产品的研发。在培训教育方面，具有以 28 所社会力量办学机构为骨干的职业技能培训体系。临沂市与山东省家协、国内高等院校、知名家具企业联合组建了研发中心，临沂市人造板龙头企业新港集团还与中国林科院木材工业研究所合作成立研发中心。另外，山东地处孔孟之乡，学术氛围、创新精神对企业家行为构成了影响力，增强了其创新意识。目前临沂的科技环境指标对当地集群网络化创新能力提升影响最大。

二 产出指标比较分析

(一) 创新成果指标比较

通过复合 DEA 数学模型评价，在 P1 创新成果指标层下得到了山东与其他人造板产业集群网络化创新能力比较的两个重要指标为新产品产值适宜度与企业申请专利数适宜度。

(1) 新产品产值适宜度

从复合 DEA 评价结果输出表中可以看出,浙江省嘉善人造板产业集群网络化创新能力的新产品产值适宜度这一指标为最优指标,山东省临沂和菏泽的人造板产业集群网络化创新能力在这一指标上与浙江嘉善存在差距,这一指标反映了集群内的产品、服务更新换代的速度和集群技术创新的能力。嘉善人造板产业集群在这一指标上的突出表现,是其产业集群已纳入全球价值链、产业升级带来的结果。嘉善原来是中国最大的胶合板生产地,从人造板产业链和价值链角度分析,从原木采伐到终端产品家具,胶合板是产业链的中间环节,附加值不高,加之山东、江苏产业集群中大批人造板企业的崛起,对于"零资源经济"的嘉善人造板产业集群带来极大的冲击,进行集群网络化创新与产业升级成了嘉善人造板集群寻求更有发展前途的必然选择。随着大型跨国公司台升家具公司及其协作企业的到来,嘉善人造板产业集群的重心从胶合板生产转向了家具生产,据相关部门的统计,这一重心的转变,全行业产品附加值提高了 20%,家具的附加值远远高于一般的胶合板,一扇没有上油漆的素门就可以卖到 50 美元以上。台升家具公司对整个产业链条上的资源进行整合,利用已有的人造板产业集群基础,与另行设立的配套产业工厂,形成上游产业和配套产业互动的巨型家具工业园区。许多人造板企业看到了与之配套的巨大商机,中等生产规模的高升木业和翔华木业与台升率先建立合作。台升的进入,不仅扩大了嘉善人造板产业集群的生产规模,而且对集群升级产生了重大影响,促使人造板企业改变生产方式,进入国际市场,增强品牌观念,加速产品的升级换代。嘉善人造板产业集群创新网络在外资企业的驱动下已嵌入了全球价值链中,以家具企业为创新主体,核心企业将业务集中于研发和营销,而将生产业务外包给产业集群中的中小企业,在全球化经营中,积极进行自主知识产权的研发,学习和掌握国外先进的市场营销理念,而中小企业主动加入价值链中,并加强与核心企业的信息交流,为核心企业做好配套服务。

这种以外资驱动，产业链重心转向高附加值环节，并嵌入全球价值链的产业升级路径，大大加强了集群的新产品研发速度与销售能力，新产品的高附加值给企业带来了巨大利润，提升了整个集群网络化创新能力，也给山东人造板产业集群网络化发展与升级带来了重要启示，其升级路径具有借鉴作用。

（2）企业申请专利数适宜度

从复合 DEA 评价结果输出表中可以看出，江苏邳州人造板产业集群网络化创新能力的企业申请专利数适宜度这一指标为最优指标，山东省临沂和菏泽的人造板产业集群网络化创新能力在这一指标与江苏邳州存在差距，这一指标代表了研发产出的重要成果。在实地调查中发现，江苏邳州人造板产业集群中，企业的创新意识较浓，人造板专利技术成果丰富，主要得益于政府对集群中企业创新行为的大力支持。政府搭建了公共服务平台，为集群内企业提供技术、质量检测、信息、人才培训等一揽子公共服务。搭建技术开发平台，针对板材行业共性、关键性、前瞻性技术进行联合开发，形成重大技术的联合开发，成果共享和技术扩散机制；通过建立集群内创新机制，对创新主体进行鼓励、引导，鼓励龙头企业的自主创新行为，并投入科研启动基金，扶持大企业创办研究中心。对于中小企业，通过行业协会牵头，引入外部科研院所的研发力量。以搭建技术服务平台、引入激励创新机制为主要手段的政府行为，提高了邳州人造板集群内个人与企业的创新意识与科技热情，增加了网络化创新中的技术专利产出，进而提升了网络化创新能力。

（二）经济效益指标比较

通过复合 DEA 数学模型评价，在 P2 经济效益指标层下得到了山东与其他人造板产业集群网络化创新能力比较的重要指标为总产值适宜度。从复合 DEA 评价结果输出表中可以看出，山东临沂人造板产业集群网络化创新能力的总产值适宜度这一指标为最优指标，说明山东临沂人造板产业集群规模较大，产值高，与目前临沂人造板集群的发展相适应，对其网络化创新能力的提升影响巨大。

从图 7-1 可以看出山东临沂的人造板工业总产值最大，从前文研究可以看出，山东省是人造板产业大省，人造板产业分布于临沂、菏泽所处的鲁西南区域，因森林资源较为丰富，为人造板产业发展提供了丰富的原料资源，使该区域成为省内人造板产业集聚区。但从网络化创新能力评价研究结论可以看出，该人造板产业集群网络化创新能力的投入产出效率总体评价低于浙江嘉善人造板产业集群，位于第二，菏泽位于第五，说明山东省人造板产业集群由于所处区域经济欠发达，工业基础一般，人造板产业集群在生产技术及产品质量方面仍处于弱势地位，人造板产业停留在价值分配的底层，同质化的产品也会造成集群的恶性竞争，使企业的生态位狭窄，弱化资源优势。浙江嘉善人造板产业集群虽然与山东临沂人造板产业集群相比，规模不大，工业总产值不高，但由于外资驱动，实现了外资企业与民营企业的竞争与合作，积极促进网络内的创新学习，知识共享，将整个集群网络嵌入全球价值链中，实现产业升级，由此实现了网络化创新投入产出的高效率。因此，山东省人造板产业集群应在自身资源优势的基础上，积极提高产业集群网络化创新的投入产出效率，从其他产业集群的对比中汲取提高自身网络化创新能力的成功经验。

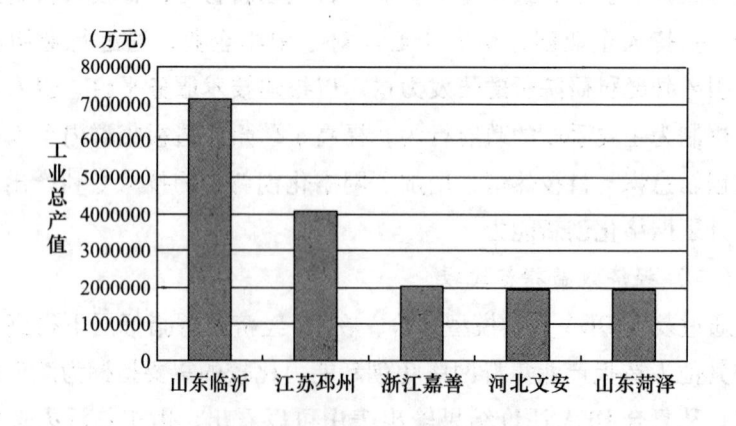

图 7-1　2013 年五大人造板产业集群工业总产值

（三）生态效益指标比较

通过复合 DEA 数学模型评价，在 P3 生态效益指标层下得到了山东与其他人造板产业集群网络化创新能力比较的重要指标为循环利用程度。

从复合DEA评价结果输出表中可以看出，河北文安人造板产业集群网络化创新能力的循环利用程度这一指标为最优指标，山东省临沂和菏泽的人造板产业集群网络化创新能力在这一指标上与河北文安存在差距。据统计，2012年中国人造板的木材综合利用率为60%，文安县人造板产业中像金秋、洪宽、大地、凯跃等重点企业的木材综合利用率可高达80%以上，众多企业的木材综合利用率与全国平均水平持平。"十二五"期间，河北省加大政策引导和扶持力度，鼓励废旧商品回收企业联合重组，每个设区市重点培育2—3家经营规模大、回收网络健全、经济效益好、研发能力强、技术装备先进的大型龙头企业。2007年，河北文安通过了环境保护部对再生资源加工园区的验收，是全国第一批再生资源回收体系试点城市。近年来，当地政府加大对人造板产业的污染治理与循环利用的政策力度，加大对企业排污行为的处罚力度；加大对循环利用企业的奖励，以前很多企业没有形成资源循环利用的意识，是因为循环利用的成本高，不经济，政府将污染企业的处罚，一部分用于循环利用的奖励，调动其积极性；鼓励企业进行循环利用技术研究，积极促成当地企业与京津地区大学与科研院所的合作，对于资源循环利用、生产过程污染、最终产品污染等问题加大了科研投入，并对资源利用技术进行广泛推广。另外，企业家的创新意识、长远性的战略观念也对文安产业集群的循环经济发展起到重要作用。当地企业家经历了从初创到稳定成长的全部历程，具备较强的创业意识和敏锐的市场判断力。在发展过程中，他们不断鼓励创新，重视集群发展的经济效益与生态效益，积极发展资源循环利用技术与环保技术，从而造就了促进集群发展的有利氛围，其知识与技术的溢出效应又驱使更多的企业改进生产工艺，生产工艺逐渐实现环保化。最终，文安人造板产业集群网络通过建立循环生态链，对使用资源进行再利用，有效降低了生产过程中产生的废料污染，实现了文安人造板产业集群向"绿色化"的转变。

山东省人造板产业集群资源循环利用的发展尚处于起步阶段。临沂市自2009年6月被商务部确定为全国第二批再生资源回收体系建设试点城市以来，经过近6年的发展，再生资源循环产业已经初具规模，目前已建立大型再生资源集散市场10余家，回收网点14600多个，全市规模以上再生资源加工企业已达78家。但山东省人造板产业集群网络目前仍存在再生资源回收秩序乱、回收网络不健全、政策不完善等问题。由于对再生资源回收利用行业缺乏管理，致使回收秩序混乱、废品利用率低，一些回收站存在利大抢收、无利不收的现象，相关部门之间缺乏协调，没有形成支持再生资源产业持续发展的长效机制，因此，山东人造板产业集群网络回收利用再生资源任重道远，要提高再生资源利用率、推动循环经济快速发展，亟须来自资源循环利用方面具有优势的产业集群的成功经验，文安产业集群资源循环利用的相关做法具有借鉴作用。

第五节　本章小结

本章利用前文构建的人造板产业集群网络化创新能力评价指标体系，采用复合DEA改进模型，以临沂、菏泽为例，对山东省人造板集群网络化创新能力进行了综合效率评价。同时，还对全国最具代表性的江苏邳州、浙江嘉善、河北文安人造板产业集群进行评价，以及对山东省人造板产业集群网络化创新能力进行比较研究。实证结论一：得到了五大产业集群网络化创新能力的综合排序为浙江嘉善、山东临沂、河北文安、江苏邳州和山东菏泽。实证结论二：通过投入产出指标的比较研究，发现山东人造板产业集群网络化创新能力与其他三个样板集群比，有些指标为优势指标，有些指标则不具优势。在投入指标中，山东的优势指标为科技环境支撑度指标与系统根治性指标，网络规模适宜度指标不如浙江嘉善，网络关系联结适宜度、互利共生性、中介机构行为适宜度指标不如河北文安，科研机构行为适宜度指标不如江苏邳州；在产出指标中，山东的优势指标为工业总产值适宜度指标，而新产品产值适宜度指标不如浙江嘉善、企业申请专利数适宜度指标不如江苏邳州、循环利用程度指标不如河北文安。在上述分析的过程中，还给出了山东省人造板产业集群网络化创新应该从中得到的有关启示。这些为山东省人造板产业集群网络化创新能力的提升与转型升级提供了实证依据。

第八章　基于生态链的山东省人造板产业集群网络化创新路径与对策

第一节　山东省人造板产业集群网络化创新路径

在山东省人造板产业集群发展过程中，企业作为创新主体，在网络化创新中起决定性作用。基于生态链的结构特征与运行机制所构建的创新网络中，应发挥由企业主体组成的主生态链网络在整个集群网络化创新中的核心作用，以主生态链网为主导进行网络化创新路径研究。

就山东人造板产业集群网络化创新而言，应提升企业创新主体的创新能力和核心竞争力，积极拓宽可利用原料资源，加强废弃资源的回收再利用，以闭合的循环生态链提高创新网络的稳定性，调整产品结构，突出差异化特色，加强品牌建设，开拓国际市场，拓宽网络主体的生态位，实现网络主体的良性竞争与互利共生。

一　优化集群网络结构要素

（一）完善主生态链营养结构

自然生态网络中各营养级呈金字塔式结构，底层营养越丰富，结构也越稳定，这是因为能量在生态链传递过程中，每经过一个营养级就会出现大量的能量损失，底层越富饶，所能够维持的营养级越高，物种数量会随着营养级增高而逐渐减少。而在集群创新网络中，也可以把构成主生态链的上下游企业群落看成由低到高的营养级。

第八章 基于生态链的山东省人造板产业集群网络化创新路径与对策

长期以来，山东省人造板产业集群供应端存在木材资源紧张、发展规模受限、技术创新能力低、同类企业扎堆、产品结构单一等问题，这些问题导致了主生态链底层营养结构失调，从而影响了主生态链的网络化创新速度。因此，需要重新树立理念，把原料供应环节放在重要的战略位置对待，提高山东省人造板的原料供应的规模与质量，完善生态链底层的营养结构，是推进主生态链发展的重要手段。

（1）原料供应重点依靠人工速生林和小径材利用

随着天然林资源在世界范围的日益匮乏，中国人造板生产的主要原料已从大径材转为重点依靠人工速生林和小径材。山东本是森林资源相当匮乏的省份，在人造板生产的拉动下，经过十几年时间，人工林资源已经快速发展壮大，也印证了人造板产业原料利用的发展方向。目前，木材资源紧张依然是制约山东省人造板集群发展的瓶颈，虽然从政策导向以及技术支持上都在寻求扩大原料来源的有效途径，但今后一段时期，人造板生产的最主要原料依然是木材资源，山东人造板产业集群网络化创新的可持续发展也依赖于木材原材料的充分供应。因此，山东省人造板企业应进一步推进林板一体化原料基地建设，同时致力于提高小径木旋切技术。提高旋切技术、提高单板整板率，减少厚度偏差和背面裂隙，并提高出板率和劳动生产率。从原料端延伸人造板产业链条，既为企业的生产提供了稳定的原料保障，也解决了山东农村的部分剩余劳动力，实现经济效益与社会效益双赢。投资造林的人造板企业应建立有效的营林战略目标，与人造板生产战略有机结合，完善林板一体化建设的法制保障体系与运行机制，确保合作造林后，投资造林的人造板企业能够如期获得生产原料，维护企业造林的投资积极性。

（2）积极开发非木材植物纤维资源

为缓解木材资源的紧张，非木材植物纤维资源被作为替代原料应用于人造板加工中。所谓非木材植物纤维资源，就是除木材资源以外的一切能够提供木质部成分或植物纤维以供利用的天然物质，如在人造板制作中，竹材人造板、亚麻屑人造板、甘蔗渣人造板、秸秆人造板等所使用的竹材、亚麻屑、甘蔗渣、各种作物的秸秆等原材料。

①开发竹材资源

竹子具有生长周期短、再生能力强、材质好、产量高等特点，可永续利用而不破坏生态环境。与木材相比，具有强度高、韧性好、硬度大等特点，是制造人造板的好原料。我国竹材资源丰富，竹材产量居世界前列。因此，大力开发竹材资源，提升竹材人造板工艺技术，可在相当程度上缓解我国木材的供需矛盾。对于山东人造板产业集群，竹材作为人造板原材料的应用，需要解决的问题是：(a) 扩大人工竹林种植。山东因其地理位置的局限性，野生竹类资源较少，以人工竹林为主，竹种稀少，以观赏居多。应改变竹种的利用方向，开发材用竹，比如，毛竹就是生产竹材人造板的主要原料，毛竹丰产林相对于其他一些森林类型而言，能够获得较高的生物量，从而获得较高产量，经济价值也高。(b) 加大科技投入，开发竹材高利用率的新产品、新工艺。(c) 拓宽竹材综合利用的范围与领域。(d) 研制竹材人造板专用胶黏剂的新配方、新工艺。(e) 研究竹材人造板厚板生产的热压工艺。

②开发农作物秸秆资源

我国作为农业生产大国，每年产生大量农业剩余物秸秆资源。农作物秸秆原料可分为两大类：粮食作物秸秆（包括小麦、水稻、玉米、高粱秸秆等）和经济作物秸秆（包括油菜籽、烟草、花生、蓖麻秆等）。农业剩余物资源来源广泛，只要有人类的生产活动，就要产生大量的农业剩余物秸秆资源，这一生物质材料同样具有可持续利用的特性。加速农作物秸秆人造板技术开发与产业化，需要从以下几方面入手：(a) 原料可以一次性收购，但要足够的场地且注意防腐，防火。(b) 高校、科研单位应与企业紧密合作，通过技术创新，攻克秸秆人造板生产中的技术难题，改性、降低胶黏剂在产品成本中所占的比重、降低脱模剂的成本、改善板坯初强度等，不断提高利润率。(c) 客观评价秸秆人造板的性能，通过具体监测数据消除消费者对秸秆人造板产品的不信任，在价格、质量上树立秸秆人造板的产品形象。(d) 要加强秸秆利用研究的国际合作。

虽然因技术、经营等原因，山东的一些秸秆人造板生产企业相继倒闭，但由于我国木材的缺乏，秸秆人造板的性能与木质人造板相似，且市场广阔。在政府优惠政策鼓励下，坚持下来的企业在秸秆板材的技术创新方面取得了突破性进展。山东清风生物工程公司利用秸秆年产 8 万立方米纤维人造板，联产 10 万吨生物有机肥。该公司与国内各大科研院校合作，进行技术交流与转让，结合中国农业大学有关秸秆利用的最新科研成果，在技术上得到有效保证。

非木材植物纤维是非常好的人造板生产原料，具有巨大开发潜力，但由于技术制约，非木质人造板尚存在很大的发展空间。目前山东省人造板集群中专门进行非木材资源利用的科技公司较少，政府应积极鼓励非木材植物纤维资源应用技术的开发，给予资源再生公司更多的政策支持与资金优惠，以鼓励非木质人造板的研发，推动人造板生产方式向低木材消耗转变。非木材植物纤维资源利用可以拓宽网络中企业主体的生态位，降低网络中的竞争程度，拓宽了链条底层的营养结构，有助于增强创新网络的稳定性。

（二）建立主生态链创新通道

在自然生态系统中，每一种生物在生态链上的位置和作用是不断变化的。当其在生态系统中的作用越大，位置越高时，下层食物结构就越复杂，那么它在生态链上的位置就越巩固，繁衍的能力就越强[183]。因此，越简单的食物链条，其稳定性就越差，也更加脆弱。而复杂的系统，因为具有生物多样性的特征，其结构并不是单一的线性结构，那么它的稳定性就越强，抵抗外部干扰的抗风险能力也越强。从这个角度说，山东人造板产业集群网络化创新的完善应具备持续稳定的食物网络结构特点，将众多单一耗散的产业链条有机联结，构成具备复杂营养关系、多样性种群结构的生态链网，每一个处于节点上的企业具有更强的抗风险能力和获利能力。在这一完善路径中，应协调上下游产业链，促进上下游之间的互利共生，对上游的原料利用领域进行技术创新与开发，对下游的深加工企业进行规模化扩张，如深加工高档木地板、发展家具装修业等，延长产业链条。同种群企业间加强合作，以龙头企业带动中小企业的发展。大型人造板企业与中小型代加工企业之间要形成命运共同体的意识，进行技术交流、知识共享，建立相互信任的共生关系，创建风险共担、利益共享的机制。内部产业链的专业化分工与协作,合作与创新,使网络资源得到最优配置,充分吸收集群网络的外部效应,降低网络节点的生产成本,增强网络创新能力。

(三)发展循环主生态链网

建立专业化程度高、配套完整的良性生态循环创新链网,是完善山东人造板集群网络化创新的可行路径。在集群网络中,当单一网络主体的活动影响范围超出自身利益边界,就会给其他主体带来正面或负面影响,而产生正或负外部效应。如山东人造板集群目前的资源单一性利用方式,大量的资源以废物或垃圾形式排放,从而引起负外部效应。通过重新调整产业结构、配置产业和整合某些企业,全面实行资源循环利用和综合利用,可以实现外部效应的内部化或减少乃至吸收外部效应,这是构建集群网络化创新的重要路径。自然生态系统中的生态链是闭合的链条,物质流得到有效循环,而人造板产业链条现状多是单一的耗散链条。使用后报废的木质材料大多采取随同其他垃圾焚烧或填埋,不仅大量资源没有充分利用,还增加了对环境的污染,产生负外部效应。有效路径是发展循环生态链网,积极进行废弃木材资源回收利用,扩展和完善全社会资源回收网络。

(1)建立闭合循环主生态链

在山东省人造板产业集群网络化创新中,大多数主生态链条是单一式耗散链条结构,从长远来看不具有可持续性,因为没有实现物质与能量的循环利用,最终使资源不断减少和废物不断产生,为集群带来大量的负外部效应。因此,在这种原有的集群网络中,资源和废物的进出量则受到资源数量与环境容量的共同制约,无论是经济效益还是生态效益都没有得到充分发挥。本书提出在主生态链建立闭合循环生态链(见图8-1),其中资源供应与初加工企业、产品生产企业、分解企业构成以人造板产品为主的循环生态链,同时为了使物质得到完整循环和废料的充分利用,纳入下游的延伸产品企业,延长人造板生态链,形成闭合循环主生态链。其闭合循环生态链的运行关键在于分解环节能不能发挥作用。生态链中所设置的"分解者"即对"废物"和副产品等进行处置、转化、再利用等的企业,如废物回收公司、资源再生公司等，从山东人造板产业集群现状来看，缺少这类专项分解的公司，大多由一些生产企业来承担部分分解职能，不利于分解效率的提高，而废旧人造板回收多是一些小的废品回收站，而回收后很少进入再利用渠道而直接作为垃圾处理。政府应积极鼓励资源再生应用技术的开发，给予资源再生公司更多的政策支持与资金优惠，以鼓励废旧木材的循环利用研发。

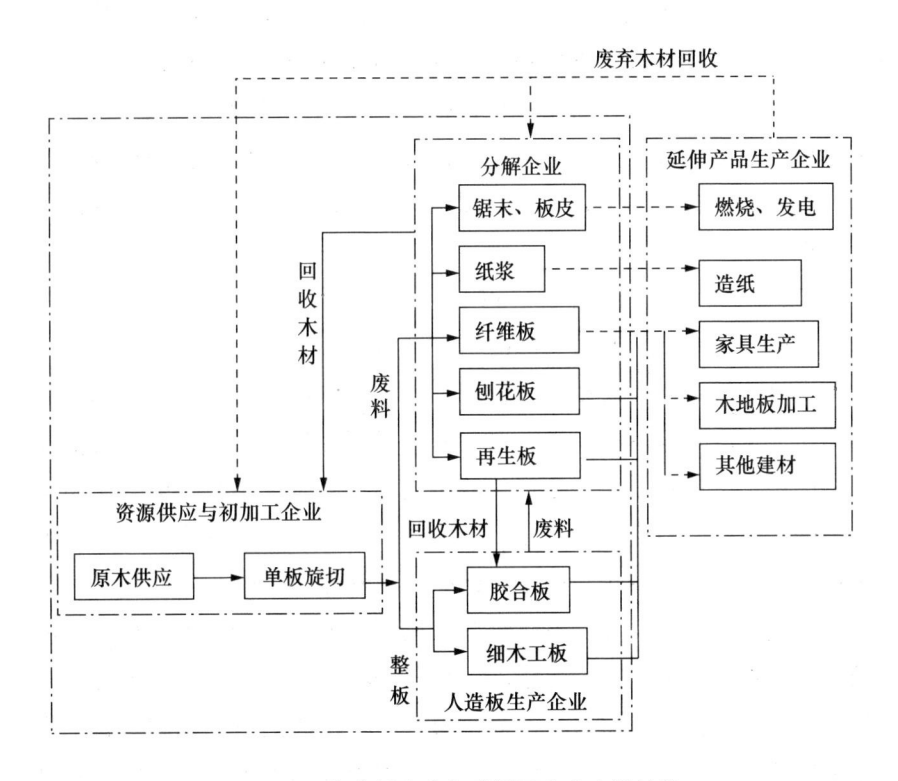

图 8-1 人造板产业集群循环主生态链结构

对于本集群创新网络内部分解不了的废物，如果能被另一个创新网络的某个网络主体作为原料进入新的生产环节，那么就真正实现了废料的充分分解与循环。如把人造板生产加工中产出的废板皮、锯末作为燃料发电，则人造板集群网络与发电厂构成了一个新的生态系统，使原种群间的"抗生"关系转变为新网络系统中的"互利共生"

关系。而这关键在于找到新的循环利用途径或通过技术创新使废料被网络中其他主体所利用。

目前，闭合循环生态链网的建立应主要解决以下问题：①国家政策法规的配套问题。例如，规定人造板企业在生产中必须添加一定比例的废旧木材；对采用废旧木材为原料的人造板企业在税收方面予以优惠政策鼓励。②建立废旧木材回收利用管理和运行机制，开展废旧木材回收利用规模化生产示范。通过建立废旧木材回收、分拣、加工、销售循环体系和管理体系，促进新旧木材的合理流动，实现全部木材资源的循环利用。③增加科技投入，加强国际合作，大力支持废旧木材用于人造板产业关键技术的研发。④扩大宣传，营造废弃人造板回收利用的社会氛围，发挥新闻媒体作用，宣传人造板循环利用的重要性。

（2）对废弃资源的分解再利用

①积极进行废弃木材资源的回收利用

废弃木材资源主要指人造板产业链上从原木采伐到人造板加工过程中所产生的大量木材废料。对废弃木材资源进行回收利用，既能在相当程度上缓解目前木材原料供应不足的问题，又可减少废弃木材对环境的污染。以杨树多层板生产过程中产生的废弃木材为例，从原木采伐开始，产生的树皮、树枝、树根可再利用于燃烧、发电。原木旋切加工过程中产生的废板皮、锯末依然可用于燃烧、发电。切割下的长边可用作大芯板原料，短边可用作刨花板原料，木芯可作为拖把杆，木粉可用作皮革原料。目前，山东木材资源高效利用和综合利用水平较低，原因是回收成本较高，综合利用技术水平不高，废弃木材回收与循环利用刚刚起步。目前中国在废弃木材回收再利用方面，缺乏强制性法规和政策扶持，许多废弃木材利用产品并未纳入国家《资源综合利用目录》，更无从享受政策优惠。除"三剩物"和次小薪材外，生产企业利用废弃木材生产人造板及其他产品，在增值税、所得税方面都享受不到即征即退等优惠政策和补贴政策，某种程度上阻碍了废弃木材的回收利用。

废弃木材的回收利用，不仅要依靠技术进步，降低利用成本，还应在产业政策上予以优惠与扶持，促进人造板生产的低废弃、高利用生产模式形成。人造板生产企业必须改变过去只依靠规模扩张的发展模式，要通过节约、环保的低碳生产方式，注重技术进步，提高产品附加值，实现集约型增长。

②合理进行废弃人造板的回收利用

扩展和完善全社会资源回收网络，包括回收工业建材和废旧家具的体系。国家通过专项法律规定，强制要求有关企业实行废旧产品回收制度和全过程环境影响评价，例如，家具生产厂家有义务回收本厂生产经消费后需要回收的废旧家具，可以由本厂定点回收或上门回收，也可由多家企业联合回收或委托第三方回收。在不同区域建立回收废旧木材并集中进行资源化处理的回收产业，并同主导生产加工产业结合起来，实行以后者扶持带动前者发展的政策。除建立回收政策切实解决资源收集、分离和贮存等问题外，还需要考虑加工工艺上可能产生的以下问题：（a）原料质量。被使用的人造板由于表面可能接触过来自水泥板、涂料、脱模剂等物质，再次利用时，可能会改变废旧木材与胶黏剂之间的胶合性能。同时，由于湿度、温度、化学腐蚀等自然力作用，可能发生木材腐朽、强度降低等性能的下降。（b）杂质含量。废弃人造板中含有金属、砂石，在进行粉碎处理时，可能会损坏设备，如热磨机和刨片机等。（c）环境负担。废弃人造板多采用脲醛树脂胶绳生产，存在游离甲醛释放的问题，若全部以此为原料再生产人造板，有可能导致板材甲醛释放量增加。因此，以循环经济为导向的网络化创新应重点致力于解决上述问题，如建立完备的检测和清理系统；调整设备切削方式，防止损坏；通过新旧木材混合来保证人造板质量等方式的探索。若能合理充分利用废弃人造板，则节约了资源，减少了污染，实现了主生态链网络的闭合回路，促进集群网络化创新的可持续发展的同时，也改善了生态环境。

（四）加强主生态链的专业化分工

主生态链位于集群创新网络的核心，其内部成长依赖于分工协作，而精细化的分工协作取决于两方面，一方面是集群内更低的交易费用，另一方面是集群内分工协调费用低于企业同集群外企业进行分工合作的协调费用，这是集群内纵向关系网络形成的关键。如果集群内企业的专业化能力不能充分展现，那么企业可能宁肯支付更高的交易费用，谋求同外部的、具有更高专业化能力的企业合作。虽然集群提供了降低交易费用的市场环境，但能否实现更为精细的分工专业化，使集群内分工合作的收益大于同外部企业的分工合作收益，则取决于集群企业的专业化能力。专业化能力同企业的技术水平有很大关系，即企业是否有能力采用最为前沿的技术，并不断地进行技术的革新。

在山东人造板产业集群创新网络中，作为供应端的原木采伐、原木旋切、木材碎料的原料及半成品加工环节发展滞后，受下游人造板加工环节带动发展，一定程度上增加了其下游人造板加工环节的交易成本，增大了下游企业向集群外部寻求合作的可能，因此应重视供应端的专业化能力提升，培育原料供应的龙头企业，提升原木采伐及原木旋切技术的自主创新水平，围绕胶合板、纤维板、刨花板主要板材加工建立相应的原料供应链条。

地方政府要积极发挥作用，引导集群中的大中型企业进行技术改造与企业重组，围绕自身的核心资源来展开，而将人造板加工的其他环节，层层扩散到集群网络中的其他网络节点中去，形成主生态链上的专业化分工网络。如利用税收政策刺激核心企业将"非核心资源"的生产制造环节"外包"出去。地方政府可以组织中小型企业定期参观大企业，促进相互之间的学习交流，通过对大企业的生产流程的了解，寻求合作机会。同时大企业也可以在沟通交流中，寻找到与自身相匹配的合作者，一旦确立合作关系，大企业会对中小企业进行技术指导、设备改进、资金援助等，实现了技术、资金、物质的流动，带动了中小企业的技术创新。这样，不仅疏通了内部创新网络的知识流动，当大企业参与国际市场竞争时，也为集群网络中的小企业带来了机会，将配套产品跟随进入国际市场，甚至与当地集群形成网络联结，网络的外部联结可以为集群内部注入新的技术、知识与资源，有助于集群创新水平的提高。

二 引导网络主体创新行为

(一) 适度培育企业创新种群

规模经济并不是要求生产规模越大越好,而是相对于现实的生产资源,要求一个最佳的规模。对于不同的经济活动,最优规模是不同的。在山东人造板产业集群的发展过程中,对最优规模的要求也不同。随着产业集群发展阶段的不同,规模也应该具有适应性。山东各地区人造板产业发展水平不平衡,结合各地区产业发展特点,山东人造板产业集群中,企业规模应实行大、中、小有机结合的原则,不同地区侧重点各有不同。对于山东主要人造板集聚区的鲁西南地区,人造板产业发展水平较好,生产资源相对丰富,市场需求旺盛的人造板集群可以适当发展大型人造板龙头企业,如临沂和菏泽人造板产业集群;对于鲁中南地区工业基础好,但缺乏资源基础的产业集群,以建设中型人造板生产企业为主,逐步淘汰技术设备落后、污染严重的小型企业,同时重点扶持技术设备先进、创新能力强的小型企业,形成大中小企业互动发展的良性竞争局面。同时,基于生态链思想,大中型企业应加强以扩大原料范围、提高木材综合利用率为重点的技术创新活动,鼓励、扶持企业发展原料林基地建设,以缓解资源紧张,避免企业间的寄生与恶性竞争行为,促进网络化创新协同进化。

(二) 拓宽上下游企业种群生态位

在山东省人造板集群创新网络中,主生态链中存在产品结构单一、下游产品深加工数量较少、产品附加价值低的问题,尤其是胶合板产品比重过大,造成了对上游的原材料使用单一,网络内资源紧张,竞争加剧。山东省政府为了解决上游资源紧张问题,积极建立速生林基地,虽然取得了很大成效,但是随着需求的增长速度过快,整个集群网络的原材料受限问题依然难以缓解。因此,对产品结构进行差异化,开发人造板的新品种,拓展上下游企业种群生态位,是缓解网络内部资源紧张、促进网络主体共生合作,稳定发展的有效路径。

(1) 实现差异化产品结构

山东省目前人造板产品结构主要由胶合板、刨花板、硬质纤维板和中密度板构成,其中胶合板比重较大,占总产量的70%左右,刨花板占总产量的20%左右，纤维板与中密度板仅占总产量的10%。胶合板是由单板胶合而成的人造板，原料以优质大径级阔叶材为主，但现有的木材资源存量已经不适合保障其生产。因此，目前山东人造板产品结构应适度控制胶合板的生产规模，避免胶合板企业之间过度竞争，同时胶合板企业应积极进行技术创新，采用纵横拼接技术扩大单板的幅面。单板的接长和横拼技术是解决小径木原材料的关键。随着原料径级变小，单板规格只能通过后续纵横拼接技术来达到胶合板生产的要求，提升机械拼接技术，为胶合板生产提供原料保障。鉴于山东省的小径材资源丰富，在产品结构中应提升刨花板和纤维板的非单板型人造板的比重，优先发展定向刨花板，薄型刨花板在成本上与胶合板和中纤板比较有较大优势，将来在家具市场将发挥更大替代作用。原先薄型胶合板在家具、内装修市场的应用，绝大部分已经被薄型中密度纤维板所代替。产品结构的转换对于节约木材资源使用、提高木材综合利用率及满足市场需求有着非常重要的意义。而板材用途也应有所调整，胶合板应将发展重点放在建筑领域，胶合板作为水泥模板是如今胶合板市场的一大亮点，国内市场由于土建工程持续升温，木模板应用比例不断增加，市场需求量逐年增加，国际木模板市场也是如此。纤维板的发展方向是低醛与环保化，应致力于改进环保胶黏剂技术，降低其使用成本。刨花板的发展方向是加大新型原材料研发利用的力度，同时提升产品质量，开发新品种，拓宽产品应用领域。

另外，积极开发以玉米秸秆、麦秸、稻草等具有广泛资源的农副产品或农林废弃物作为原料的人造板新产品，为人造板产业集群拓展了全新的生态位空间，是企业间避开恶性资源竞争的有效途径。部分企业的实践证明，以玉米秸秆等农副产品作为原料的人造板材各方面指标完全可以达到各方面使用的要求，并且可以同时做到农业与人造板行业的双赢。

（2）提升人造板产品性能

山东人造板产业集群产品目前主要用于家具制造业与室内装饰装修，而从世界人造板产品发展看，人造板产品已大范围应用于建筑业，山东的人造板生产应以消费趋势为导向，逐渐向建筑业包括墙体、装修和模板用材倾斜，扩大室外用和结构用人造板应用领域，同时继续保证家具、车船制造和包装人造板用材。

室外用人造板和结构用材对人造板产品的性能要求较高，主要表现在原料要求、功能要求、使用性能等方面，相应的对人造板生产的技术要求也不断提高。家具制造、室内装饰装修用材虽然多为普通人造板，但目前的性能要求也越来越高，主要表现在使用性能、产品外观、产品服务、订制要求以及环保要求等方面。这些都要求人造板产品由低技术含量和低附加值向高技术含量和高附加值转变，实现性能提升和服务升级，注重产品的功能性和个性化，以不断满足人造板细分市场的需求，企业只有不断为市场创造更多的价值，市场才能为企业带来更多的回报。

(3) 提高技术关联程度

人造板产品虽然品种多样，但产品在原料准备、板坯成形、热压、模压、制胶等环节的设备与工艺往往具有相似性，产品间的相互替代性也高。当人造板企业经过集群内的技术创新而开发出了一项先进技术，应充分发挥技术对生产的关联效应，实现相似工艺的人造板规模化生产，实现规模经济效益，同时对产业链条专业化分工，以提高工艺水平与生产效率。但山东人造板生产中由于"小而全""大而全"的企业模式降低了应有的关联效果和专业化水平，影响了产业的技术发展速度，是人造板产业结构上的重要缺陷。因此，企业必须发挥技术对生产的关联效应，拉动人造板产量和品种的不断扩大，推动人造板生产跨向一个新台阶。

(4) 突出人造板产品品牌特色

集群内的人造板企业应实施产品差异化策略和特色经营策略，积极加强人造板品牌建设，在某一道工艺、某一种产品或某一个细分市场突出自己的差异化优势，并做精、做深、做强，建立自己的核心竞争力和品牌特色。人造板的差异化途径可将不同材料或材种集成和单板层积，生产不同功能产品，山东省人造板生产企业应积极与众多科研院校与院所进行合作，更好地实现诸如薄型芯板的复合胶合板、木塑复合材料等新型人造板产品的研发和生产。功能型产品开发能引领行业的发展，更能带动企业自身的发展，也从根本上解决了集群内部过度竞争和恶性仿冒等现象，不断优化整个集群的产品结构。因此，企业应以差异化战略为导向，积极加强人造板品牌建设，逐渐加快企业创造名牌、维护品牌意识，并加强产品品牌建设，从而实现以品牌求发展、以质量求生存、以规模求效益的企业发展思路。

三　完善集群网络创新环境

（一）集群政策环境

山东人造板产业集群的建立与发展具有较强的自发性和调整性，随着集群网络化逐渐发展壮大，在原材料配给、市场规范等方面需要政策环境的支持。山东省政府出台了大量用于促进人造板产业集群发展的政策，然而，在实际调研中却发现政府在实际促进产业集群发展过程中所起到的作用并不如企业以及产业集群的影响大，这说明政府部门还有待于进一步开展更加深入细致的调研工作，政策制定上存在一定的"急功近利"，使集群发展成为政府的政绩工程。因此，在优化山东省人造板产业集群政策环境方面，政府部门应将政策的重心放在促进企业与周围环境，包括企业与企业之间、企业与高校之间以及企业与研究所之间等的合作上，并且为这些合作创造良好的环境和必要的条件；发展产业集群要突破行政区域的限制，发展跨区域特色工业园区，着重提高区域经济的竞争力；产业政策制定以分类指导、提高层次为方针，根据人造板产业特色和生产水平，加大对人造板企业准入的监管与审批力度，将现有生产企业进行分类，针对不同类型的企业，采取不同措施，加大企业的改造、整治，提升工作力度；完善产业普查调研，形成涵盖林木种植、采伐、加工利用、环境保护以及木材流通、运输管理等比较全面的产业，开发中长期规划和分行业短期发展计划，建立起有序、稳定的产业运作机制，使整个产业有条不紊地健康发展。

（二）集群科技环境

技术创新不足，产品档次偏低，是山东省人造板产业集群普遍存在的问题。虽然经比较研究中可知，山东省人造板产业集群的科技环境优良，但山东省人造板企业中，资金重点投放在扩大生产规模上，技术资金投入少，鲜少设立科研实验室。同时，企业较少与有着众多先进技术待转化的高校、科研院所进行交流合作，使高校、科研院所所开发出的最新技术束之高阁，限制了新设备的投入使用和新产品的开发。因此，山东省人造板产业企业自身应加强对技术创新的重视，加大研发投入，并逐渐加强与高校、科研院所的合作，提高新技术的转化效率。政府各级管理部门层面及人造板行业协会组织，应积极引导产业集群企业加大对技术创新的工作力度，保护知识产权，促进产品结构的升级换代。同时，科技环境优势应持续发展下去，以"科研平台＋重点实验室＋产业园区＋企业＋产品"的方式，抓好产业配套建设，延伸做强产业链。建立木材加工产品研发公共平台，加强对山东省出入境检验检疫局国家木制品与家具重点实验室建设的支持，建设行业加工产学研基地，逐步实现对家具、木门、地板、橱柜、集装箱底板等特种产品的生产；同时加快建设木业加工设备制造及其零部件加工生产聚集区、化工原料生产聚集区、木业旋皮加工基地和物流运输网络。

（三）集群融资环境

随着山东人造板产业集群的网络化发展，其资金量的需求十分庞大。由于我国与欧美发达国家在人造板产业的技术和资金方面的差距逐渐缩小，山东省人造板产业进一步呈现出资本密集型产业的特点。特别是随着市场对人造板产品质量安全要求的提高，政府及相关部门对资源环境保护的加强，山东省人造板产业的科研、购买环保型生产设备都需要雄厚的资金。山东省人造板产业面临的投融资瓶颈，需要人造板生产企业采取灵活多样的形式进行破解，为保障产业持续发展筹集资金。

其一，政府应搭建融资平台，进一步引导集群与金融、信托机构合作。政府可建立和完善以政府财政投入为引导、企业投入为主体、金融贷款为支撑、外资和社会集资为补充的多渠道、多层次的科技投入体系。例如，开展中小企业信用评级，建立信用档案，建立人造板产业风险补偿机制和公共担保机制，充分利用山东省各市、县（区）的中小企业信用担保基金等金融手段；适当引导商业银行开展对人造板企业提供差别化金融支持，金融部门适当放宽贷款条件，开展包括林权抵押贷款在内的多种信贷模式融资业务，推动林木和林地使用权的合理流转；鼓励和支持中小企业上市融资、直接融资，积极开展中小企业集合债券发行试点工作，帮助中小企业解决资金瓶颈，实现多渠道筹集。其二，积极招商，通过合资、合作等方式吸引外商投资木材加工行业，坚持产业链招商、产品配套和协作企业招商，以更好地解决企业融资问题。其三，改善人造板企业交易方式。定期发布经济发展动态，开展信息服务；为符合条件的人造板企业申办自营进出口权；积极推进电子商务、物流配送、网上交易等现代流通方式，引导交易方式由现货交易向"展示交易、期货交易、物流配送"方向转变。

（四）集群生态环境

随着环境保护的呼声越来越大，绿色经济必将成为世界经济新的增长点和新的引擎。人造板企业的生态环保意识已经逐渐增强，绿色生产以及善待环境对人造板行业的持续发展具有决定性作用。优化山东省人造板产业集群网络生态环境的目标就是要追求环境友好、资源节约、生态保护。山东的林木资源并不发达，发展人造板产业集群，应改变传统认识，进行思维创新。首先，必须坚持生态保护优先原则。我国现代林业建设的核心是生态建设，因此人造板产业发展不能以牺牲环境为代价。其次，对于资源循环利用、生产过程污染、最终产品污染等问题加大了科研投入，并对资源利用技术进行广泛推广。再次，改变传统人造板产品观念，通过技术革新，大量采用非木质原材料，如利用玉米秸秆、麦秸、稻草、园林绿化废弃物等，实现产业与生态的双赢。最后，开发绿色生态、节能环保型人造板机械，利用可再生能源提高资源利用率。

第二节　山东省人造板产业集群网络化创新优化对策

前文围绕主生态链网的内部种群关系、链网结构对山东人造板产业集群网络化创新路径进行探讨，本节从辅生态链对主生态链的推进，横向生态链与主生态链的合作，外部网络与内部网络的合理链合的角度对山东省人造板产业集群网络化创新提出具体对策。

一 促进辅生态链向主生态链的资源推进

主生态链上各企业节点为网络化创新活动的主要载体，承担着技术创新、科技成果转化的重要作用，辅生态链上各节点则发挥着技术创新、价值创造的辅助推动作用，将资金、人才、技术受政策引导向中心推进。

（一）政策链条推进

完善山东省人造板产业集群网络化创新，要明确政策链条的政府服务作用，政府在山东省人造板集群网络完善中发挥着重要作用，但政府在发挥调节服务作用的同时，要防止政府对集群发展的"越位干预"，通过规划与引导，充分发挥市场对集群资源的有效配置功能，发挥政府辅助并服务市场的扶持者作用。

（1）制定人造板产业的发展规划

山东人造板产业发展规划应与国家经济发展战略相互对接。人造板产业的发展要符合国家经济结构调整与经济增长方式转变的要求，在总量稳定基础上，进行结构性调整，拓宽产品应用领域，扶持骨干企业，明确产业发展目标与发展方向。

（2）完善人造板产业制度

建立促进网络化创新发展的利益导向机制，实行财税和金融政策优惠和倾斜，引导对人造板循环经济产业项目的优选；完善国民经济核算方法，将环境资源消耗纳入企业总成本核算管理，建立全面反映经济与生态效益共赢的核算体系；变革环境管理方式，形成政府、社区、市场三位一体的环境信息公开制度；根据不同区域的主体功能定位，实行有差别的政绩考核办法，加大资源循环利用和环境保护方面的考核分量；建立和完善生态补偿机制，提高补偿水平等。

（3）加强行业管理

政府作为保证集群网络化创新发展的强劲推动力，应积极加强行业管理。在网络中重点扶持一批有竞争力的龙头企业，积极开展人造板名牌产品的评选工作，帮助企业树立品牌意识，形成一批国内外知名的人造板品牌；积极开展各类人造板标准的制订修定工作，尽快实现与国际接轨，有助于国际市场的开拓；加快推行人造板产品的环境认证，拟定产业准入标准等，以增强山东人造板产业集群网络的整体竞争力。

（4）积极培育中小人造板企业科技创新

出台企业培育、融资、公共平台建设、人才培训等方面的优惠政策，为中小型人造板企业提供良好的资金、人才和技术方面的服务。加快中小企业的技术研发，尤其是以原料开发、资源循环利用、高附加值、环保为重点的新材料、新产品研发。

就山东省人造板产业集群而言，地方各级政府出台了大量关于集群发展的政策，但产业集群中的中小企业对于政府的行为并不完全满意，主要原因是政府往往出于政绩工程的考虑，优先发展大中型生产企业，而忽视了中小人造板企业在发展过程中出现的诸如资金短缺、原材料紧张以及科研创新性差等问题。倘若这些问题长期得不到有效解决，将会严重影响产业集群的健康有序发展。这说明政府部门还有待于进一步开展更加深入细致的调研工作，更好地制定和实施有利于产业经济发展的政策，政策重心放在促进企业与周围环境，包括企业与企业之间、企业与高校之间以及企业与研究所之间等合作，并且为这些合作创造良好的环境和必要的条件，积极为各网络主体搭建合作交流平台，组织各种形式的"推介会"、产品博览会、贸易洽谈会等，并增强主体之间的联系频率和密度，促使区内形成主体间密切合作的氛围，更好地为地区经济的发展提供助力。

（5）完善创新网络的内外部联结

山东省政府应继续完善社会服务体系和文化网络，包括木材交易专业市场、公共研发机构、教育培训机构等，继续引导人造板龙头企业参与、组建行业协会，强化行业协会的引导。同时，政府部门应加强网络开放性，实现网络化创新的跨区域、国际范围联结。要密切关注世界人造板贸易动向，及时发布人造板贸易信息，加强与贸易伙伴国非政府组织的沟通和联系，努力疏通和拓宽贸易渠道，充分发挥行业协会优势，开展人造板产品的维权，积极应对人造板贸易壁垒和贸易制裁。积极实施科技开放互动战略，开展跨区域科技合作和跨区域创新体系建设，推进山东人造板集群网络创新主体融入更大区域乃至全球人造板价值链体系，积极为企业搭建实现区际、国际合作的经济技术平台，积极出台鼓励企业嵌入区际、国际市场，通过举办各种合作交流活动促进山东人造板集群网络化创新跨省、跨国范围的融合，实现创新资源跨区域和在国际范围内流动。

（二）技术链条推进

（1）加快技术人才的流动

技术链条主要向主生态链输送人才、信息与技术。科技人才的推进带动创新知识和技术的交流与共享，人才对于创新主体的创新活动起着关键作用。目前，山东省人造板集群区域的硬件设施和软件开发尚不能满足偏好高生活质量的各类高素质人才，同时培养人才的教育资源匮乏。随着人造板产业的发展，技术创新、产品升级、节能环保要求的提升，迫切需要高素质的技术人才。主生态链的企业节点要积极营造良好的人才环境，吸引和留住人才。同时通过搭建各类创新科研项目平台，为创新型科技人才提供成长的舞台。积极为高尖端人才的引进创造条件，通过高端人才带项目，通过项目带队伍。保持创新主体的人才结构多样化，形成可持续协调。同时政府也应该积极制定相关政策，为吸引和留住高尖端人才创造良好的政策环境，吸引重要产业创新项目落户山东，提供完善的相关社会服务，为人才的去留提供畅通的渠道。作为技术链条起点的大学、科研机构，作为人才的发射器，应为人造板产业集群网络化创新搭建知识基础设施平台。如大学及科研机构通过科学技术传播为人造板产业集群网络化创新过程中的学习与创新提供必要的技术支持，并通过出版物的形式，在创新网络内传递基本性、科学性的技术及知识等。另外，创新网络内的公共服务平台（如公共孵化器、生产力促进中心及公共交流场所等），还为网络内节点间的交流与沟通提供场所，通过为网络化创新创造的有利条件，促进人造板产业集群网络化的学习与创新。

（2）加强技术链条的产学研联结

大学和科研机构在集群网络化创新中占据着重要位置，是技术链条上关键性技术和知识的推进器，产学研合作是实现创新资源有效利用的重要方式。集群企业对高端技术的需求一方面来自企业内部的研发部门，另一方面来自集群外的重点院校和科研机构。研究表明，山东人造板产业集群并没有局限在山东区域的产学研合作，而是积极地寻求与全国各地的研究机构和高校进行技术合作，使集群知识不断更新，基本上克服了集群学习的锁定效应。集群中的大企业节点与高校和科研机构基本上都建立了紧密的合作关系，其创新能力较强，创新成果较多。网络中的中小企业节点与大学和科研机构的联结较少，往往出于短期利益的考虑，才与高校及科研机构开展短期合作，购买相应的技术或专利，但彼此之间尚未形成紧密的合作关系。因此，要提高集群网络整体的创新能力，应加强中小企业经营者创新意识，为中小企业与大学和科研机构合作创造条件。

整个集群网络应建立和完善产学研合作机制，鼓励大学、科研院所面向企业，为企业的技术创新提供先进的科技资源和可靠的技术支持，促使企业成为技术创新的主体。鼓励和引导大学、科研机构、企业以及社会的各类科技资源进行整合。通过网络主体之间有机地结合，促进战略性高新技术科技成果的高效转化，在强化集群内部创新网络体系建设的同时，促进集群与外界技术创新互动，形成教育、科技与产业紧密联合的机制，提升集群整体创新优势。建立一种富有活力的创新环境，尊重人才的创新文化，有意识地在科技研究中鼓励开展跨学科合作，为进行多种形式的学科间对话创造条件，理顺创新主体之间的关系。

（三）金融链条推进

金融链条为集群创新与发展提供资金支持，向主生态链输送研发资金。目前，山东人造板产业集群的融资服务主体主要以商业银行为主，出于规避风险的考虑，大型商业银行将融资对象定位于大型企业，小型商业银行虽然会针对中小企业提供一些小额贷款，但依然难以满足中小企业的融资目标。因此，为更好地推动集群网络的良性发展，应积极推动多类金融机构参与到产业集群的融资服务中来，实现融资主体多元化。其中，担保公司、金融租赁公司等都可以作为产业集群的融资服务主体。例如，保险公司可以为产业集群中的中小企业提供融资服务，还可以退出各类信用保险产品，满足企业多样化需求。在增加合规金融机构的同时，对民间金融渠道加以规范，使其呈现出规范化和制度化，进而有效规避民间融资中的风险，促进集群网络的健康发展。山东汶上县农行为加大扶持力度，在各木材加工户之间建立了互保联保制度，不仅加大了放款额度，而且减轻了放款风险，有效缓解了木材加工企业融资难问题。龙口港将金融服务融入港口操作，开展木材质押融资，其中龙强公司通过港口物流金融获得30余次共计6亿元的资金支持，已成长为山东省最大的木材进口商，明显带动了龙口港的木材吞吐量，而龙口港也将依托该企业建设一个示范性木材加工基地。

二 鼓励横向生态链的合作关系

（一）促进企业链的共栖联结

自然界中同种生物间存在着资源共享的共栖关系，也存在着争夺资源的竞争关系。在集群创新网络内横向生态链中主要是竞争与合作关系。创新网络中的横向竞合关系对于促进集群形成创新的氛围、提高创新的效率起着关键性作用。在集群内，同类企业由于地理临近性面临着较大的竞争压力，集群企业在竞争中立足的关键，已不在于是否拥有先进技术，而在于是否具有持续创新能力。这使技术创新氛围下，同类企业之间出现了合作创新的可能，对于有创新实力的大企业，在全球竞争格局下，会将竞争视野放于更大范围的竞争者，而寻求与同类企业的联盟创新。对于集群内的大多数尚不具备自主创新能力的中小企业，通常会利用集群网络内知识和技术的快速扩散，采取低成本、低风险的模仿创新模式。该模式虽然有助于减少重复性创新所带来的社会资源浪费，但也会危害到自主创新企业的创新收益，影响自主创新企业的创新积极性。因此，政府及相关机构应该发挥对集群创新的引导、扶持和保护知识产权的作用，建立知识有偿保护和技术有偿转让机制，以保护集群网络化创新中的企业自主创新动力。

(二) 发挥中介链的网络联结作用

位于产业集群创新网络中间层的中介链条在整个网络中起到调节网络关系、协调社会资源的作用,为创新主体的创新活动发挥了杠杆作用。面向人造板企业的中介服务机构包括人造板行业协会,科技咨询服务中介机构,为技术市场、人才市场、技术产权交易、风险投资等服务的金融中介服务机构以及经济与科技相关的知识产权、法律、产品质量监督等所属服务中介机构,不但为生态链上的企业提供专业化服务,使各个创新环节的联系更加紧密,而且能够帮助企业更好地发挥生态链功能。因此要积极引导和发挥其合作、协调的行业职能,积极协调政府、科研机构、金融机构和企业之间的关系,及时掌握和发布有利于人造板生产企业的有关科技、市场、资源等各方面的信息,从而更好地为山东省人造板产业的可持续发展提供重要的协调联结作用。

从前面的调研中发展,山东省的各类中介服务目前力量薄弱,水平有待提升,山东省及各市县政府应该充分发挥调控作用,加快发展为技术市场、人才市场、技术产权交易、风险投资等服务的金融中介机构的步伐,发挥证券公司、投资银行的作用。重点支持面向产业、行业企业的科技咨询服务中介机构,以及经济中与科技相关的知识产权、法律、产品质量监督等所属服务中介机构,大力培育多种顾问代理机构,如会计师事务所、法律咨询机构、管理咨询机构、市场调查服务公司、国际贸易代理公司、人力资源培训机构等。发展人造板行业协会,为集群网络化创新完善的相关制度推进提供信息支持,为中介机构的发展创造良好的政策环境。同时,积极为各网络主体搭建合作交流平台,组织各种形式的"推介会"、产品博览会、贸易洽谈会等,并增强主体之间的联系频率和密度,促使区内形成主体间密切合作的氛围。

(三) 加强资源链的互利共生联结

在生物群落中指两种不同物种之间紧密结合,通过功能互补,彼此生利;在集群网络化创新中则指各种网络主体通过合作可以使双方共同获利。外围层资源链由政府机构、金融机构、大学及科研机构等节点组成，这些节点为人造板产业集群创新网络提供政策、资金、技术及人才等创新资源，并对科技中介机构起到指导方向与传递资源的作用。节点的横向合作，可以实现共同获利。政府机构在资源链上占据主导地位，以推动人造板产业发展的宏观目标，对金融机构与科研机构的创新活动进行政策引导，同时为科研机构、金融机构提供必要的决策支持、资金支持，三大节点通过资源流动及共享，为人造板产业集群创新网络提供充足的创新资源保障，推动人造板网络化创新的发展。

政府与科研机构的联结体现在合作创新政策上的积极引导，可以采用鼓励自主创新的政策以及公共财政投入、补贴等措施来促进企业自主创新能力的形成和大学知识创新能力的转移。实践中比较有效的做法是政府通过合作项目方式吸引和鼓励大学、研究机构、大中小企业参与实施政府科技计划项目。同时，规定大学、研究机构的项目必须要有企业参加，企业的项目必须要有大学或企业的参加，才能获得中心的资金或科研项目。虽然这种投资支持的资金数量与企业本身在上的资金投入相比可能很小，但正是这样的直接支持，激发和引导了企业在这方面的更多的投入，并将政府、大学、研究机构、企业有机结合。

政府与金融机构的联结表现在投融资政策支持，完善投融资相关的法律、法规，构建金融服务体系。目前山东的中小人造板企业融资难问题严重，政府应当降低市场准入门槛，加大资金和投融资政策支持的力度，比如可以建立人造板产业发展专项资金，安排适量的财政资金扶持人造板产业发展。在集群网络中积极构建开放的企业信息评价平台，真实反映企业的经营信息，帮助金融机构更好地了解企业，增加对其的信任值，从而为集群内企业赢得更大的融资机率，更好地促进产业集群的健康、可持续发展。

三　建立网络外部合理链合

产业集群的生命周期理论表明，某一产业集群仅局限于内部创新是不完善的，产业集群自身所具有的调整能力、开放化和国际化对于产业集群的发展和延续是非常重要的。人造板产业集群网络化创新的持续发展也需要保持系统开放性，促使网络各个节点不断与区域外的网络节点发生多方位、多层次的联结，寻找新的合作伙伴，开辟新的市场，拓展区域创新空间，以获取远距离的知识和互补性资源，完成集群外部的合理链合。具体表现为以下几个方面：①获取网络外部资源用于创新活动，外商直接投资可以为集群网络化创新带来技术、知识、信息等方面的创新资源。②企业直接参与国外技术的购买，为网络直接带来技术源，同时企业还可以对购买技术进行吸收和集成，再次创新，不断提升网络的创新能力。一般认为，系统开放程度越高，越容易从系统外界吸收知识、信息、技术等能量，保持持续的创新活力，促使集群网络化创新不断向高级化方向演化。

山东人造板产业集群由于内源式的集群发展模式，整体对外开放程度表现不明显，缺乏与国际企业的交流与合作，进而限制了集群的网络化创新发展。在完善人造板集群网络化创新的过程中，应增强网络开放程度和人造板企业的国际化视野，实现面向国家化、开放性的生产理念的转变，重视科技创新与生产设备的更新换代，利用先进的现代管理思想，逐渐打造具有国际化、现代化的产业集群。从浙江嘉善的外资驱动模式中吸取经验，从以下几个方面获得提升：①政府提供有效的支撑系统和制度创新，积极实施科技开放互动战略，开展跨区域、国际化的科技合作和创新体系建设，推进网络创新主体融入更大区域乃至全球产业价值链体系，积极为企业搭建实现区际、国际合作的经济技术平台，积极出台鼓励企业嵌入区际、国际市场，通过举办各种合作交流活动促进我国区域网络化创新跨省、跨地域范围的融合，实现创新资源跨区域和国际范围内流动。②引入外资，要注重与地方资本的有效融合，与民营企业建立良好的本地关系，形成分工协作体系。③提升民营企业的学习能力，通过学习从外资企业获得技术指导和创新理念，缩小技术、管理上的差距，借助外资企业的营销网络以较低的风险进入国外市场，实现与网络外部的合理链合。

第三节 本章小结

基于前文理论研究和实证结论,本章提出山东省人造板产业集群网络化创新的路径与对策。以网络结构要素、网络主体行为、网络创新环境的优化为主线,构建了山东省人造板产业集群网络化创新的路径。包括完善主生态链底层营养结构,建立主生态链创新通道,发展循环主生态链网,加强主生态链的专业化分工的网络结构优化和适度培育企业创新种群,拓宽上下游企业种群生态位的网络主体行为引导以及从政策、科技、融资、生态环境等方面完善。为了保证上述路径的实现,本章还以辅生态链、横向生态链以及外部网络对主生态链的配套与完善为思路,提出了山东人造板产业集群网络化创新优化对策。包括以辅生态链为载体,搭建创新服务平台,发挥辅链主体的辅助作用,加强产学研联合,明确以市场为导向的政府服务与扶持角色,实现金融服务主体的多元性和以横向生态链为载体,促进企业链的共栖联结,发挥中介链的桥梁作用,加强资源链的互利共生联结,以生态链机理形成纵横网络的交叉联结以及增强网络开放性,加强外资驱动力,将创新网络纳入全球价值链。

第九章 结论及展望

第一节 结论

本书从网络化创新视角出发，运用生态链思想，结合经济学、管理学等学科理论，对山东省人造板产业集群创新进行了理论与实证研究。在研究中，通过对生态学理论与产业集群创新网络理论的梳理与分析，揭示了人造板产业集群创新网络与自然生态系统的特点与运行机制的相似性与切合性。以此为逻辑起点，将生态链思想嵌入集群创新网络中，构建了人造板产业集群创新网络，并以该网络为载体，结合山东省人造板产业集群发展的实际，对人造板产业集群网络化创新的影响因素与创新机制进行了理论分析，并对山东省人造板产业集群网络化创新能力进行了评价与比较研究，从而提出了山东省人造板产业集群网络化创新的路径与对策。本书的主要研究工作与研究结论如下：

（1）基于生态链的人造板产业集群创新网络内涵界定及其特征的分析。通过对产业集群创新网络的生态学属性分析，发现集群网络与自然生态系统具有相似性，在生态链思想与集群创新网络融合的基础上，界定了人造板产业集群创新网络内涵，并分析了该集群创新网络具有的互利共生性、协同竞争性、系统根植性、系统开放性和循环经济性等生态学特征。

（2）运用生态链思想，构建了人造板产业集群创新网络系统，并对该网络系统的结构及其关系进行了系统分析。通过分析认为人造板产业集群创新网络系统是以人造板产业为主导产业,上下游配套产业为辅助产业,政府机构、行业协会、大学及科研机构、金融机构等支撑机构在一定区域空间内集聚,进而获得创新优势的网络组织。该网络组织由垂直生态网链与水平生态网链构成,垂直生态网链与水平生态网链通过相互联系、互利共生、协同进化推动人造板产业集群的网络化创新。

(3)从一般机制和协同机制两方面,对山东省人造板产业集群网络化创新机制进行了分析。在一般机制探讨中,根据 Logistic 生态学模型建立相应的创新种群竞争关系模型和互利共生关系模型以及网络主体的生态位现象,阐述了集群内种群间的生态平衡机制,包括资源利用机制、规模扩张机制、集体学习机制、激励约束机制、信任合作机制、生态平衡机制等。同时,还结合生态学中的协同进化理论从网络主体关系协同、网络目标要素协同以及网络主体与环境的协同三方面探讨了网络化创新的协同机制,得出的结论是集群创新网络主体之间以及网络主体与环境存在协同发展的条件,网络主体之间的利益协同是网络化协同创新的核心;网络目标要素协同是网络化协同创新的的根本前提;网络主体与网络环境要素协同是网络化协同创新的重要条件和保障。

(4)以临沂与菏泽人造板产业集群为例,从网络节点、垂直创新生态链、水平创新生态链及网络环境要素四个方面,对山东省人造板产业集群网络化创新现状与问题进行了分析。通过分析发现两个人造板产业集群形成了成熟的产、供、销一体化产业链条,实现了集约化、规模化的生产模式,并形成了集群网络化创新的优势。然而,目前还存在着许多制约集群创新的问题,包括网络规模大、个体规模小,缺乏有效协作,科技创新投入不足,管理人才短缺,网络联结方式较为落后等网络主体问题;还包括节点过度依赖大企业、生态位狭窄等网络结构问题,以及在国外贸易保护壁垒限制,国内经济结构调整带来的挑战以及森林资源缺乏、产品结构失调、产业布局失控等网络环境问题。

(5)运用改进的 SCEP 范式,建立了人造板产业集群网络化创新能力评价指标体系。依据网络结构—网络主体行为—网络环境—网络创新绩效的体系框架，按照前文基于生态链的网络构建原理，在评价指标中增加了生态指标，包括网络结构要素中的网络生态特征指标，网络环境要素中的生态环境指标，创新绩效要素中的生态效益指标，以实现从生态学的视角对山东省人造板产业集群网络化创新能力的全面评价。

（6）运用复合 DEA 模型，以山东临沂与菏泽为评价对象和以浙江嘉善、江苏邳州、河北文安为比较对象，对山东省人造板产业集群网络化创新能力进行了评价与比较研究。通过评价得出五大产业集群网络化创新能力的综合排序为浙江嘉善、山东临沂、河北文安、江苏邳州和山东菏泽；通过投入产出指标的比较研究，发现山东人造板产业集群网络化创新能力与其他三个样板集群比，具有优势指标和劣势指标。在投入指标中，山东的优势指标为科技环境指标与系统根植性指标，网络规模适宜度指标不如浙江嘉善，网络关系联结适宜度、互利共生性、中介机构行为指标不如河北文安，科研机构行为指标不如江苏邳州；在产出指标中，山东的优势指标为工业总产值指标，而新产品产值率指标不如浙江嘉善、企业申请专利数指标不如江苏邳州、循环利用率指标不如河北文安。在上述分析的过程中，还给出了山东省人造板产业集群网络化创新应该从中得到的有关启示，这些为山东省人造板产业集群网络化创新能力的提升与转型升级提供了实证依据。

（7）以主生态链的完善与链合行为的优化为主线，构建了山东省人造板产业集群网络化创新的路径和对策。以网络结构要素、网络主体行为、网络创新环境的优化为主线，构建了山东省人造板产业集群网络化创新的路径，包括完善主生态链底层营养结构，建立主生态链创新通道，发展循环主生态链网，加强主生态链专业化分工的网络结构优化和适度培育企业创新种群，拓宽上下游企业种群生态位的网络主体行为引导以及从政策、科技、融资、生态环境的网络创新环境完善。以辅生态链、横向生态链以及外部网络对主生态链的配套与完善为思路提出了山东省人造板产业集群网络化创新对策。如以辅生态链为载体,搭建创新服务平台,发挥辅链主体的辅助作用,加强产学研联合,明确以市场为导向的政府服务与扶持角色,实现金融服务主体的多元性和以横向生态链为载体,促进企业链的共栖联结,发挥中介链的桥梁作用,加强资源链的互利共生联结,形成纵横网络的交叉联结以及增强网络开放性,加强外资驱动力,将创新网络纳入全球价值链等的外部网络合理链合的措施。

第二节　创新点

本书的创新点主要有以下几点:

（1）将生态学理论嵌入人造板产业集群网络化创新理论中,揭示了人造板产业集群网络及网络化创新的生态学属性。从生态链的视角,构建了人造板产业集群创新网络系统,并对其系统结构及其关系进行了理论分析。

（2）基于生态链思想,对山东省人造板产业集群网络化创新机制进行分析。与以往的产业集群创新机制研究不同,本书将种群生态学理论引入集群网络化机制研究,运用自然生态系统中生态链上种群间的相互作用和运行机理来探讨集群网络经过生态适应达到生态平衡的创新过程,对网络化创新机制进行全新的探索。

（3）基于改进的 SCEP 范式,建立了人造板产业集群网络化创新能力评价指标体系。提出网络结构—网络主体行为—网络环境—网络创新绩效的研究框架,并基于生态链的网络构建原理,在评价指标中增加了生态特征指标,突破以往单纯从产业集群内少数创新主体孤立的行为研究集群创新能力的方式,从一种网络系统的观点出发,评价网络结构、网络主体行为、网络环境以及创新绩效对创新能力的影响,对于创新能力的评价指标体系建立提供了新的视角。

（4）运用改进的复合 DEA 评价方法,对山东省人造板产业集群网络化创新能力进行了评价与比较研究。该方法在多投入、多产出的创新能力评价中有相对优势,能够消除不同产业集群因基础条件不同产生的影响，客观反映产业集群网络化创新能力的有效程度；同时不需要对各个指标赋予权重，避免因人为确定指标权重系数而影响评价结果的客观性问题。通过实证研究与评价，本书得出了山东省人造板产业集群网络化创新能力的发展状态，并通过比较研究，找出对创新能力的影响要素，从而为山东产业集群网络化创新能力的提升提供策略依据，这对于我国人造板产业集群网络化创新能力评价研究实现了方法突破。

第三节 研究的展望

本书对于山东省人造板产业集群网络化创新的理论与实证研究，基本达到了预期目标，并得到了相关的结论。但是由于笔者的学识有限，本书尚存在一些局限性，需要在未来研究中加以改善。

在运用生态链的特征及运行机理构建集群创新网络时，虽然对网络中链条的不同结构与功能进行了研究，但对网络内在机理方面的研究有待于深入。今后应借助系统优化的分析方法，对集群网络内多点联结、多链交叉的复杂网络进行更加深入的研究。此外，对于人造板产业集群网络化创新的协同机制研究方面还不够深入等。

总之，本书虽然尚存不足，但得出了一些有意义的结论，并希望以此能对山东省人造板产业集群网络化创新机制的完善和创新能力的提升起到一定的推动作用。对于未来可能的研究方向，还有待笔者及相关领域的学者进行更深入的研究。

附　　录

人造板产业集群网络化创新能力调查问卷

尊敬的业界先进：

您好！非常感谢您能在百忙之中抽出时间接受本次问卷调查。

本次调查是为了获取人造板产业集群网络化创新能力综合状况，调查从网络结构入手，评估集群网络内网络成员的行为与互动关系，在此基础上评估集群的创新绩效，从而为集群网络化创新能力的提升提供正确的政策建议，因贵公司在本地区属于代表性的公司，特恳请您在百忙中抽出时间填写下列问卷。

本问卷采用匿名调查方式，所获得的数据仅供科学研究之用。我们将恪守科学研究道德规范，不以任何形式向任何人泄露信息。请您放心并尽可能客观地回答，选择您认为最贴切的答案。为保证问卷统计的有效性，请您将问卷填写完整。

由衷地感谢您拨冗填答，谨致真诚谢意！

Ⅰ　企业基本情况

企业名称：_____ 法人代表：_____

1. 填表人基本信息：

被访问人信息	
职务：1）高层管理人员；2）中层管理人员；3）基层管理人员；4）其他
年龄：1）小于30岁；2）30—40；3）40—50；4）50—60；5）60岁以上
文化程度：1）初中及以下；2）高中或中专；3）大专；4）本科；5）研究生及以上

2. 企业规模

单位：m², 万元, 人, 万元

年度	占地面积	员工数量	总资产	总投资	外商投资额	总产值	总销售收入
2014							

3. 企业研发能力

单位：m², 万元, 人, 个

年度	科研投入	科研产出	国外技术专利购买额	科研人员数量	企业申请专利数	新产品产值	国家重点新产品计划申报数量	资源循环利用技术研发投入
2014								

4. 集群所在区域的企业合作状况

单位：个

集群内的供应商数量		合作的供应商数量	
集群内的采购商数量	( )	合作的采购商数量	( )
集群内同行业企业数量	( )	合作的同行业企业数量	( )
集群所在区域科研机构数量	( )	合作的科研机构数量	( )
集群所在区域大学数量	( )	合作的大学数量	( )
集群所在区域金融机构数量	( )	合作的金融机构数量	( )
集群所在区域技术中介机构数量	( )	合作的中介机构数量	( )

Ⅱ 产业集群网络化创新情况

1. 您认为目前集群网络内所容纳的创新主体（企业、科研机构、大学、政府机构、金融机构、技术中介结构等）的节点数量与节点联结的密度适宜集群网络化创新能力的提高吗？

1）不适宜　　　2）不太适宜　　3）一般　　　4）比较适宜

5）非常适宜

2. 您认为目前集群内企业及相关机构的联结方式是以正式契约关系还是非正式关系（公共关系和人际关系）适度联结来加速知识、技术的流动？

1）不适度　　　2）不太适度　　3）一般　　　4）比较适度

5）非常适度

3. 您认为集群的上下游人造板产业链的专业化协作水平如何？

1）非常低　　　2）比较低　　　3）一般　　　4）比较高

5）非常高

4. 您认为集群企业间以战略联盟方式开展合作创新的情况如何？

1）几乎没有　　2）比较差　　　3）一般　　　4）比较好

5）非常好

5. 您认为集群内创新主体是否广泛地与集群外部发生合理链合（从集群外部获取技术、信息、资金等创新资源）？

1）几乎没有　　2）比较少　　　3）一般　　　4）比较广泛

5）非常广泛

6. 您认为集群的产业文化氛围对于形成集群网络成员的相互信赖关系的促进作用如何？

1）非常低　　　2）比较低　　　3）一般　　　4）比较高

5）非常高

7. 您认为集群企业对于人造板制造过程中资源循环利用的重视程度如何？

1）几乎没有　　2）比较小　　　3）一般　　　4）比较大

5）非常大

8. 您认为集群内企业的研究开发经费投入对集群网络化创新发展的适宜程度如何？

1）很不适宜　　2）不太适宜　　3）一般　　　4）比较适宜

5）非常适宜

9. 您认为当地政府在技术创新基础配套设施建设方面的投入适宜

集群网络化创新能力提升吗？

  1）很不适宜 2）不太适宜 3）一般 4）比较适宜

  5）非常适宜

  10. 您认为集群内的产学研合作行为适宜集群网络化创新能力提升吗？

  1）很不适宜 2）不太适宜 3）一般 4）比较适宜

  5）非常适宜

  11. 您认为集群内科技中介机构的四技（技术转让、技术咨询、技术服务、技术开发）服务水平适宜集群网络化创新能力提升吗？

  1）很不适宜 2）不太适宜 3）一般 4）比较适宜

  5）非常适宜

  12. 您认为集群内金融机构的融资服务水平适宜集群网络化创新能力提升吗？

  1）很不适宜 2）不太适宜 3）一般 4）比较适宜

  5）非常适宜

  13. 您认为贵公司所在集群的科技环境对集群网络化创新的支撑作用如何？

  1）几乎没有 2）比较小 3）一般 4）比较大

  5）非常大

  14. 您认为贵公司所在集群的经济环境对集群网络化创新的支撑作用如何？

  1）几乎没有 2）比较小 3）一般 4）比较大

  5）非常大

  15. 您认为贵公司所在集群的政策环境对于集群网络化创新的支撑作用如何？

  1）几乎没有 2）比较小 3）一般 4）比较大

  5）非常大

  16. 您认为贵公司所在集群的生态环境对于集群网络化创新的支撑作用如何？

  1）几乎没有 2）比较小 3）一般 4）比较大

5）非常大

17. 您认为集群所在区域的国家重点新产品计划申报数量与集群目前网络化创新发展的适宜程度如何？

1）很不适宜　　2）不太适宜　　3）一般　　4）比较适宜

5）非常适宜

18. 您认为集群所在区域创新产品产值与集群目前网络化创新发展的适宜程度如何？

1）很不适宜　　2）不太适宜　　3）一般　　4）比较适宜

5）非常适宜

19. 您认为集群所在区域年均申请到的专利授权数与集群目前网络化发展的适宜程度如何？

1）很不适宜　　2）不太适宜　　3）一般　　4）比较适宜

5）非常适宜

20. 您认为集群所在区域的人造板工业总产值与集群目前网络化创新发展的适宜程度如何？

1）很不适宜　　2）不太适宜　　3）一般　　4）比较适宜

5）非常适宜

21. 您认为集群所在区域的人造板产品出口额与集群目前网络化创新发展的适宜程度如何？

1）很不适宜　　2）不太适宜　　3）一般　　4）比较适宜

5）非常适宜

22. 您认为集群所在区域的环境污染治理程度如何？

1）非常差　　2）比较差　　3）一般　　4）比较好

5）非常好

23. 您认为集群所在区域的资源循环利用程度如何？

1）非常差　　2）比较差　　3）一般　　4）比较好

5）非常好

参考文献

[1] Asheim B., *Industrial Districts: The Contributions of Marshall and Beyond*. Ch21 in Clark G. L., Feldman M. Gertler M. (Eds.) The Oxford Handbook of Economic Geography, Oxford: Oxford University Press, 2000, 413 -431.

[2] Ayres R., *Industrial Metabolism: in Technology and the Environment*. Washington, DC: Natl. Acad Press, 1989: 23 -49.

[3] Baptista R., SwannG. M. P., Do firms in clusters innovate more. *Research Policy*, 1998, 27: 525 -540.

[4] Baptista, Research Round Up: Industrial Clusters and Technological Innovation. *Business Strategy Review*, 1996, (2): 59 -64.

[5] Bell, M. and Albu, M. Knowledge Systems and Technological Dynamism in Industrial Clusters in Developing Countries. *World Development*, 1999 (27): 1715 -1743.

[6] Boyle CA, Baetz BW. A Prototype Knowledge -based Decision Support System for Industrial Waste Management: II. Application to a Trinidadian Industrial Estate Case Study. *Waste Manage*, 1997, 17 (7): 411 -428.

[7] Bramanti A., Maggioni M. A., *The Dynamics of Milieux: The Network Analysis Approach*. Edited by Ratti R, Bramanti A, Gordon R. The Dynamics of Innovative Regions: The GREMI approach. Ashgate Publishing Ltd. 1997, 31.

[8] Camagni R. (eds). *Innovation Networks: Spatial Perspectives*. London: Beelhaven -Pinter. 1991.

[9] Camagni, R. Local "milieu", Uncertainty and Innovation Networks: Towards a New Dynamic Theory of Economic Space. Camagni, R. (Ed) Innovation Networks: Spatial Perspectives. London, Belhaven, 1991: 121-142.

[10] Capello R., Spatial Transfer of Knowledge in HiTech Milieux: Learning Versus Collective Learning Progresses. *RegionalStudies*, 1999, (33): 352-365.

[11] Colin J. Hazley. Forest-Based and Related Industries of the European Union-Industrial Districts, Clusters and Agglomerations. ETLA the Research Institute of the Finnish Economy, 2000.

[12] Cooke, Schienstock. Structural Competitiveness and Learning Region. *Enterprise and Innovation Management Studies*. 2000, 1(3): 265-280.

[13] Daniel, C. E., Industrial Ecology and Competitiveness Strategic Implications for the Firm. *Journal of Industrial Ecology*, 1998, 2(1): 48-52.

[14] Debresson, C, Amesse F. Networks of Innovators: A Review and Introduction to the Issue. *Research Policy*, 1991, 120: 363-379.

[15] Domenech T., Davies M. Structure and morphology of industrial symbiosis networks: The case of Kalundborg. *Procedia - Social and Behavioral Sciences*, 2011, 10: 79-89.

[16] Dott. Paolo. Gardino Consulting Company. Furniture Industry Clusters in Italy [R]. http://www.livinglegacytrust.org/PDF/Furniture_Industry_Clusters-Paolo_Gardino.pdf.

[17] Dou X. S.. Low Carbon-Economy Development: China's Pattern and Policy Selection. *Energy Policy*, 2013, 63(12): 1013-1020.

[18] Douglas R. Wholey, Susan M. Sanchez. The Effects of Regulatory Tools on Organizational Populations. *Academy of Management Review*, 1991, 36(5): 743-767.

[19] DvorákováLilia, ZborkováJitka. Integration of Sustainable Development

at Enterprise Level. *Procedia Engineering*, 2014, 69 (3): 686 - 695.

[20] Elton C. S., *Animal ecology*. University of Chicago Press, 2001.

[21] Esa Viitamo. Cluster Analysis and the Forest Sector - Where Are We Now? http://www.cenet.org.cn/cn/CEAC/2005in/qyjjx033.doc. 2001.

[22] Freeman, C., Networks of Innovators: A Synthesis of Research Issues. *Research Policy*, 1991, 20 (6): 499 -514.

[23] Frosch R. A., Gallopoulos N. E.. Strategies for Manufacturing. *Sci. Am*, 1989: 156.

[24] Geoffrey G. Bell, Clusters, Networks, and Firm Innovativeness. *Strategic Management Journal*, 2005 (26): 287 -295.

[25] Graedel T. E., Allenby B. R.. Industrial Ecology. 清华大学出版社 2004 年版。

[26] Graedel, T. E., Allenby, B. R., Linhart, P. B., Implementing Industrial Ecology. *IEEE Technology and Society Magazine*, 1993: 18 - 26.

[27] G. Oggioni, R. Riccardi, R.. Toninelli. Eco - efficiency of the world cement industry: Adata envelopment analysis. Energy Policy, 2011: 39.

[28] Hakansson H.. *Industrial technological development: A network approach*. London: Routledge, 1987.

[29] Hannan, Freeman. *Organizational Ecology*. Boston: Havard University Press, 1989.

[30] Heim B. T., Isaksen A., Regional Innovation Systems: The Integration of Local - Sticky and Global - Ubiquitous Knowledge. *Journal of Technology Transfer*. 2002, 27: 77 -86.

[31] Huang Y., Luo J. W., Xia B.. Application of cleaner production as an important sustainable strategy in the ceramic tile plant - a case study in Guangzhou, China. *Journal of Cleaner Production*, 2013, 43 (3):

113 - 121

[32] Hutchinson G. E. , *The multivariate niche* [C] . 1957.

[33] H. Shi, Marian Chertow, Y. Song. Developing country experience with eco - industrial parks: a case study of the Tianjin Economic - Technological Development Area in China. *Journal of Cleaner Production*, 2010, 18 (3): 191 - 199.

[34] H. Hakansson. *Industrial Technological Development: a Network Approach*. Croom Helm, London. 1987.

[35] Kadri Ukrainski, Urmas Varblane. Sources of Innovation in the Estonian Forest and Wood Cluster [D] . Tartu University Press, 2005.

[36] Karim, E. . The relationship between the performance of industrial clusters and renovation of small industries. Research Journal of Applied Sciences, Engineering and Technology, 2013, 5 (3): 889 - 897.

[37] Kassinis GI. Industrial Reorganization and Inter - firm Networking in Search of Environmental Co - location Economies. Princeton University, 1997.

[38] Keeble D. , Lawson C. , Moore B. , Wilkinson F. , Collective learning processes, networking and - institutional thickness. in the Cambridge region. *Regional Studies*, 1999, 33 (4): 319 (1) .

[39] Kennedy L. Cooperating for Survival: Tannery Pollution and Joint Action in the Palar Valley (India) . *World Development*, 1999, 27 (9): 1673 - 1691.

[40] Korhonen J. . Four Ecosystem Principles for an Industrial Ecosystem. *Journal of Cleaner Production*. 2001, 9 (3): 253 - 259.

[41] Krugman, P. , *Geography and Trade*. MA: MIT Press, 1991.

[42] Lifset R. . *Industrial Symbiosis in Denmark*. New York: New York University, Stern School of Business Press, 1997: 25 - 26.

[43] Long. C. , Zhang X. B. . Cluster - based industrialization in china: financing and performance. *Journal of international Economics*, 2011 (84): 112 - 123.

[44] Lundvall B. A.. *National Systems of Innovation. Towards a Theory of Innovation and Interactive Learning*. Pinter Publishers. 1992.

[45] L. Chen, R. Wang, J., Yang et al.. Structural complexity analysis for industrial ecosystems: A case study on Lu Bei industrial ecosystem in China. Ecological Complexity, 2010 (7): 179 – 187.

[46] Maggion. *Clustering Dynamics and the Location of High – Tech – Firms*. New York, Physica verlag.

[47] Manuel Bonita, Fernando Correa, Pertti Veijalainen, et al. Forest Clusters: A Competitive Model for Latin Ametica. http://www.iadb.org/sds/doc/ENV – IDB Forest Clusters. pdf.

[48] Michael F., Martina K., The Impact of Network Structureon Knowledge Transfer: An Application of Social NetworkAnalysis in the Context of Regional Innovation Net – works. *The Annals of Regional Science*, 2010, 44 (1): 21 – 38.

[49] M. Mirata, T. Emtairah. Industrial Symbiosis Networks and the Contribution to Environmental Innovation: The Case of the Landskrona Industrial Symbiosis Programme. *Journal of Cleaner Production*. 2005 (13): 993 – 1002.

[50] M. T. Hannan. G. R. Carroll. *Dynamics of Organizational Populations: Density, Legitimation and Competition*, Oxford University Press, 1992.

[51] M. Vanhanen. Finland – a Living Example That the Sustainable Use of Forests is Feasible. http: www.fao.org/docrep/008/y6006e/y6006e08.htm.

[52] OECD. *Innovative Clusters: Drivers of National Innovation Systems*. Paris, France, 2001.

[53] Padmore, T. & Gibson, H. Modelling systems of Innovation: A Framework for Industrial Cluster Analysis in Regions. *Research Policy*, 1998, 26 (6): 625 – 641.

[54] R. A. Frosch. Industrial Ecology: Minimizing the Impact of Industrial

Waste. Phys Today, 1994, 47 (11): 63-68.

[55] Schiffauerova, A. and Beaudry, Catherine. Canadian Nanotechnology Innovation Networks: Intra-cluster, Inter-cluster and Foreign Collaboration. *Journal of Innovation Economics*, 2009 (2): 119-146.

[56] Schwarz, E., K. Steininger. The Industrial Recycling-Network Enhancing Regional Development. *Research Memorandum*, 1995 (9501): 96-100.

[57] Storper M.. Regional technology coalitions: an essential di-mension of national technology policy. *Research Policy*, 1995, 24: 895-911.

[58] Tracey, Paul and Clark, Gordonl. Alliances, Networks and Competitive Strategy: Rethinking Clusters of Innovation. *Growth and Change*, 2003, 34 (1): 1-16.

[59] T. Mrosek, A. Schulte. Cluster Organization in Forestry: Supporting Information and Knowledge Transfer in the Practice, Science and Policy of Sustainable Forest Management. http://www.fs.fed.us/pnw/pbus/pnw-gtr688/papers/Sci%20Pol/session2/Mrosek.pdf.

[60] Wallner H. P.. Towards Sustainable Development of Industry: Networking, Complexity and Eco-clusters [J]. *Journal of Cleaner Production*, 1999, 7 (1): 49-58.

[61] Zaichkowsky J. L.. Measuring the involvement construct. *Journal of Consumer Research*, 1985, 12 (3): 341-352.

[62] Zeng Y., Xiao R. B., Li X. M.. Vulnerability analysis of symbiosis networks of industrial ecology parks. *Procedia Computer Science*, 2013, 17: 965-972.

[63] Zheng H. M., Zhang Y., Yang N. J.. Evaluation of an Eco-industrial Park Based on a Social Network Analysis. *Procedia Environmental Sciences*, 2012, 13: 1624-1629.

[64] ［美］保罗·霍肯:《商业生态学:可持续发展的宣言》,上海译文出版社2001年版。

[65] ［美］约瑟夫·熊彼特:《经济发展理论》,商务印书馆1990

年版。
[66] 蔡宁、吴结兵：《产业集群的网络式创新能力及其集体学习机制》，《科研管理》2005年第4期。
[67] 曹玉贵：《企业集群共生模型及其稳定性分析》，《华北水利水电学报》2005年第1期。
[68] 陈建伟：《专业化产业簇群与竞争优势》，《商业研究》2003年第2期。
[69] 陈麟：《邳州板材产业发展对策研究》，《专家论坛》2007年第10期。
[70] 陈柳钦：《产业发展的可持续性趋势——产业生态化》，《未来与发展》2006年第5期。
[71] 陈秋红：《福建产业集群创新生态系统的发展及其升级途径》，《泉州师范学院学报》2011年第6期。
[72] 陈永红、何鹏：《基于产业生态学视角的产业集群生态化研究》，《经济论坛》2006年第14期。
[73] 陈宇菲、丁静、刘志峰：《产业集群生态系统的结构、演化及运作机制研究》，《科技管理研究》2009年第29期。
[74] 成娟、张克让：《产业集群生态化及其发展对策》，《经济与社会发展》2006年第1期。
[75] 程宝栋、宋维明：《浙江嘉善木材产业发展及启示》，《林业经济》2007年第4期。
[76] 程秀芳：《内源型产业集群升级策略研究：以邳州板材产业集群为例》，《科技信息》2008年第36期。
[77] 程郁、王胜光：《创新系统的经济学新释：创新经济体》，《中国科技论坛》2010年第6期。
[78] 池仁勇、陈宝峰、杨霞：《创新网络的功能：基于绍兴纺织小企业集群的实证研究》，《技术经济》2005年第6期。
[79] 慈福义：《基于循环经济的产业集群和企业发展若干问题探讨》，《辽宁师范大学学报》2006年第5期。
[80] 达尔文：《物种起源》，商务印书馆1963年版。

[81] 邓刚：《山东省人造板产业集群竞争力分析及战略研究》，博士学位论文，南京林业大学，2011年。

[82] 董智勇：《世界林业发展道路》，中国林业出版社1992年版。

[83] 樊纪亮、陈永富：《浙江省木材加工产业集群发展影响因素的实证分析》，《中国林业经济》2008年第5期。

[84] 冯江、高玮盛、连喜：《动物生态学》，科学出版社2005年版。

[85] 付丙海、韩雨卿、谢富纪：《产业知识基础、协同创新网络与企业技术能力》，《科学管理研究》2014年第6期。

[86] 傅羿芳、朱斌：《高科技产业集群持续创新生态体系研究》，《科学学研究》2004年第22期。

[87] 傅羿芳、朱斌：《高科技产业集群持续创新生态体系研究》，《科学研究》2004年第22期。

[88] 盖文启：《创新网络——区域经济发展新思路》，北京大学出版社2002年版。

[89] 盖文启：《创新网络——区域经济发展新思想》，北京大学出版社2002年版。

[90] 耿焜：《产业集群生态化发展模式探索——以苏南地区为例》，《宏观经济管理》2006年第5期。

[91] 顾骅珊：《构建产业集群创新生态系统，推动浙江经济转型升级》，《消费导刊》2009年第3期。

[92] 关军：《基于知识链的产业集群创新网络结构特征研究》，《商业时代》2010年第10期。

[93] 何继善、戴卫明：《产业集群的生态学模型及生态平衡分析》，《北京师范大学学报》2005年第1期。

[94] 何明升、徐占忱：《区域集群创新：一个基于生成式的分析框架》，《自然辩证法研究》2007年第4期。

[95] 何亚琼、秦沛：《一种新的区域创新能力评价视角——区域创新网络成熟度评价指标体系建设研究》，《哈尔滨工业大学学报》2005年第6期。

[96] 胡孝权：《产业生态化与产业集群生态化发展策略研究》，《天津

商业大学学报》2011 年第 1 期。
- [97] 胡宇辰：《产业集群支持体系》，经济管理出版社 2005 年版。
- [98] 黄海云：《区域创新网络的构建及运行研究》，博士学位论文，福州大学，2006 年。
- [99] 黄玮强、庄新田、姚爽：《基于动态知识互补的企业集群创新网络演化研究》，《科学学研究》2011 年第 10 期。
- [100] 黄艳艳：《基于数据包络分析法的科技创新能力评价研究》，南京工业大学 2012 年。
- [101] 黄中伟：《产业集群的网络创新机制和绩效》，《经济地理》2007 年第 1 期。
- [102] 揭筱纹、董秋云：《生态化——中小企业集群持续发展的保证》，《贵州社会科学》2006 年第 4 期。
- [103] 雷如桥、陈继祥：《纺织产业集群创新网络形成演化机理研究》，《天津工业大学学报》2005 年第 4 期。
- [104] 李梅英：《基于生物学的企业生态系统共生模式研究》，《江海学刊》2006 年第 6 期。
- [105] 李文华、韩福荣：《电冰箱行业种群演化规律与实证研究》，《技术经济与管理研究》2004 年第 6 期。
- [106] 李文秀：《基于非正式创新网络建设的产业集群升级实证研究》，《工业技术经济》2007 年第 10 期。
- [107] 李英、张怀：《产业集群生态化政策研究综述》，《科技进步与对策》2014 年第 3 期。
- [108] 林明、熊庆云、任浩：《创新网络内企业间关系能力的形成路径：一个内外来源的整合观》，《科技管理研究》2015 年第 1 期。
- [109] 林秋月、王文平、王娇俐：《产业集群创新网络结构特征的仿真分析——基于 March 利用式 - 探索式创新分析框架》，《管理学报》2010 年第 7 期。
- [110] 刘宏莉：《苏北木材加工产业集群演化过程及规律研究》，博士学位论文，南京林业大学，2009 年。
- [111] 刘天卓、陈晓剑：《产业集群的生态属性与行为特征研究》，《科学学研究》2006 年第 4 期。

[112] 刘闲月、孙锐、赵大丽：《网络结构对集群知识分布与企业创新的影响》，《科技管理研究》2014 年第 22 期。

[113] 刘友金、易秋平：《技术创新生态系统结构的生态重组》，《湖南科技大学学报》2005 年第 5 期。

[114] 刘志彪：《现代产业经济学》，高等教育出版社 2003 年版。

[115] 柳劲松、王丽华、宋秀娟：《环境生态学基础》，化学工业出版社 2003 年版。

[116] 娄海、王振波、李振：《邳州市板材产业集群发展战略定位》，《徐州教育学院学报》2005 年第 1 期。

[117] 陆菊春、韩国文：《企业技术创新能力评价的密切值法模型》，《科研管理》2002 年第 1 期。

[118] 陆立军、于斌斌：《产业集聚、创新网络与集群企业技术能力》，《中国科技论坛》2010 年第 3 期。

[119] 吕柳、张智光、卢晓宁：《我国四大人造板集群案例分析》，《林业经济》2010 年第 11 期。

[120] 吕品、郑亚莉、张树义：《小企业集群下的产业生态化分析》，《浙江金融》2004 年第 4 期。

[121] 罗珉：《组织理论的新发展——种群生态学理论的贡献》，《外国经济与管理》2001 年第 10 期。

[122] 罗亚非、张勇：《奥运科技集群创新生态系统初探》，《生态经济》2008 年第 2 期。

[123] 梅小安、彭俊武：《评价企业技术创新能力的弱势指标倍数法》，《科技进步与对策》2001 年第 2 期。

[124] 潘小炜：《基于 DEA 的高新区产业集群竞争力研究——以江苏盐城为例》，博士学位论文，浙江理工大学，2012 年。

[125] 任胜钢、胡春燕、王龙伟：《我国区域创新网络结构特征对区域创新能力影响的实证研究》，《系统工程》2011 年第 2 期。

[126] 沈建红、张弘：《基于循环经济理论的产业集群生态化发展评价研究》，《南京工程学院学报》2014 年第 1 期。

[127] 沈文星、杨红强：《非公有制林业发展的法律政策问题研究》，《林业经济问题》2005 年第 5 期。

[128] 沈勋丰、胡剑锋：《企业网络的种群生态学模型》，《科技进步与对策》2007 年第 8 期。

[129] 唐承林、顾新：《知识网络知识优势的种群生态学模型研究》，《科技进步与对策》2010 年第 10 期。

[130] 唐炎钊：《区域科技创新能力的模式综合评价模型及应用研究——2001 年广东省科技创新能力的综合分析》，《系统工程理论与实践》2004 年第 2 期。

[131] 唐炎钊、邹珊刚：《企业技术创新能力的多层次灰色评价》，《科技进步与对策》1999 年第 5 期。

[132] 汪少华、佳蕾：《浙江省企业集群成长与创新模式研究》，《科研管理》2003 年第 1 期。

[133] 王建国、刘珂：《基于集群创新网络的产业集群升级研究》，《盐城师范学院学报》2008 年第 1 期。

[134] 王凯：《基于网络结构的中卫型企业集群创新能力评价》，《科技进步与对策》2009 年第 12 期。

[135] 王伟、霍瑞燕：《"中国板材之都"风景独好》，《中国绿色时报》2012 年第 2 期。

[136] 王艳：《集群创新网络的内部运行机理及动态演化》，华东师范大学出版社 2009 年版。

[137] 王艳：《集群创新网络的内部运行机理及动态演化》，华东师范大学出版社 2009 年版。

[138] 王玉梅、林洲钰、邢小强、林汉川等：《中国企业转型升级的若干技术创新问题研究》，企业管理出版社 2014 年版。

[139] 王兆君：《集群成长：我国木工机械产业发展转型升级的思考》，《林业机械与木工设备》2013 年第 11 期。

[140] 王正国、段新芳、任庆明等：《临沂人造板产业 SWOT 分析》，《中国人造板》2012 年第 8 期。

[141] 魏江：《创新系统演进和集群创新系统构建》，《自然辩证法通

讯》2004 年第 1 期。

[142] 魏江：《小企业集群创新网络的知识溢出效应分析》，《科研管理》2003 年第 4 期。

[143] 魏江、寒午：《企业技术创新能力的界定及其与核心能力的关联》，《科研管理》1998 年第 6 期。

[144] 魏江、叶波：《企业集群的创新集成：集群学习与挤压效应》，《中国软科学》2002 年第 10 期。

[145] 魏旭：《东北老工业基地体制机制变迁中的路径依赖与锁定效应分析》，《商业研究》2006 年第 23 期。

[146] 文宁一、张艳荣：《食物链与企业生态链的比较及启示》，《湖南农业科学》2009 年第 2 期。

[147] 吴德进：《产业集群的组织性质：属性与内涵》，《中国工业经济》2004 年第 7 期。

[148] 吴德进：《产业集群的组织性质：属性与内涵》，《中国工业经济》2004 年第 7 期。

[149] 吴飞美：《基于循环经济视角的产业集群生态化探析》，《东南学术》2008 年第 6 期。

[150] 吴广谋、盛昭瀚：《复合 DEA 方法及应用》，《管理工程学报》1993 年第 4 期。

[151] 吴松强：《产业集群生态化发展策略：基于循环经济的视角》，《科技管理研究》2009 年第 7 期。

[152] 吴先华、郭际、胡汉辉：《复杂性理论和网络分析方法在产业集群创新能力问题中的应用——基于江苏省三个产业集群的实证研究》，《科学学与科学技术管理》2008 年第 7 期。

[153] 吴晓波、郑健壮：《企业集群技术创新环境与主要模式的研究》，《研究与发展管理》2003 年第 2 期。

[154] 武晓辉、韩之俊、杨世春：《区域产业集群生态位理论和模型的实证研究》，《科学学研究》2006 年第 6 期。

[155] 谢范雄：《基于生态链的农业物联网应用商业模式研究》，复旦大学出版社 2011 年版。

［156］徐盟:《产业集群内创新网络运行机制研究》,博士学位论文,山东大学,2009 年。

［157］许庆瑞、郭斌、王毅:《中国企业技术创新——基于核心能力的组合创新》,《管理工程学报》2000 年第 14 期。

［158］许志晋、凌奕杰:《企业技术创新能力的模糊综合评判》,《科学学研究》1997 年第 1 期。

［159］颜永才:《产业集群创新生态系统的构建及其治理研究》,博士学位论文,武汉理工大学,2013 年。

［160］杨迅周、王玉霞、魏艳、任杰:《产业集群生态产业链构建研究》,《地域研究与开发》2010 年第 2 期。

［161］杨毅、赵红:《企业集群的生态学诠释》,《工业技术经济》2004 年第 23 期。

［162］杨毅、赵红:《企业集群的生态学诠释》,《工业技术经济》2004 年第 5 期。

［163］叶文忠、刘友金:《集群式创新网络与区域国际竞争力分析》,《湖南科技大学学报》2007 年第 2 期。

［164］于洪波、郑文范:《科技演化论视域下装备制造业发展探析》,《东北大学学报》2008 年第 5 期。

［165］张建斌:《资源型产业集群可持续发展的路径选择——基于生态学产业集群"S"型增长模型的思考》,《科技进步与对策》2012 年第 19 期。

［166］张萌、姜振寰等:《工业共生网络动作模式及稳定性分析》,《中国工业经济》2008 年第 6 期。

［167］张玉明、刘德胜:《区域创新网络与中小型科技企业技术创新关系实证》,《科技管理研究》2009 年第 11 期。

［168］张治河、黄海霞、谢忠泉、孙丽杰:《战略性新兴产业集群的形成机制研究——以武汉·中国光谷为例》,《科学学研究》2014 年第 1 期。

［169］赵广超:《环境保护概论》,安徽师范大学出版社 2011 年版。

［170］赵海民、李建民:《北方区域人造板产业集聚成因及发展对策研

究》,《林业经济问题》2008 年第 1 期。

[171] 赵进、刘延平:《产业集群生态系统协同演化的环分析》,《科学管理研究》2010 年第 28 期。

[172] 赵斯亮:《我国汽车产业集群创新网络的合作机制及演化研究》,博士学位论文,哈尔滨工程大学,2012 年。

[173] 赵云君:《基于循环经济模式的产业集群生态化转型研究》,《经济纵横》2010 年第 2 期。

[174] 郑浩然:《产业集群创新的影响因素与动力研究》,电子科技大学出版社 2007 年版。

[175] 郑秀峰、刘汴生:《同质企业群聚结构及其复杂性研究——基于管理仿生视角的探讨》,《管理世界》2009 年第 5 期。

[176] 周浩:《企业集群的共生模型及稳定性分析》,《系统工程》2003 年第 4 期。

[177] 周文宗等:《生态产业与产业生态学》,化学工业出版社 2005 年版。

[178] 周毓萍:《企业技术创新能力的神经网络检验分析》,《科技进步与对策》2000 年第 6 期。

[179] 周毓萍:《企业技术创新能力的神经网络检验分析》,《科技进步与对策》2000 年第 6 期。

[180] 朱华晟:《基于 FDI 的产业集群发展模式与动力机制——以浙江嘉善木业集群为例》,《中国工业经济》2004 年第 3 期。

[181] 朱玉林、何冰妮、李佳:《我国产业集群生态化的路径与模式研究》,《经济问题》2007 年第 4 期。

[182] 邹珊刚、方旋、唐炎钊:《区域科技创新能力的灰色综合评估——广东省科技创新能力的综合分析》,《科学学与科学技术管理》2001 年第 2 期。